유럽연합 연속성과 정체성

EUROPEAN UNION
CONTINUITY & IDENTITY

장붕익, 김용민
김일곤, 송병준, 이선필

HUEBOOKs

머리말

상호 전략적 동반자관계로 규정하고 있는 한국과 유럽연합은 2011년 7월 1일부로 양 지역 간 자유무역협정 및 기본협정서 합의를 2011년 7월 1일 부로 발효시켰으며, 이를 통해 두 지역은 경제를 포함한 제 분야에 있어서의 긴밀한 협력관계를 구축해 나갈 것임을 천명하고 있다. 이는 한-EU가 자유무역을 통한 상호 공동번영을 기할 뿐 아니라 사회, 문화, 교육, 환경, 안보, 인권 등 제 분야에 걸친 협력 및 공동프로젝트 추진을 통해 국제사회의 주도적 일원으로서의 토대구축을 의미하고 있는 것이다.

상호대립과 파괴의 역사로 얼룩진 유럽에서 각국이 자발적으로 동참해 항구적 평화 정착과 공동번영을 추구하는 유럽통합이라는 초유의 실험은 전 세계 모든 국가에게 큰 영감을 주고 있다. 그리고 유럽의 공존공영 모델은 그 외연을 전 세계로 확장시킬 수 있는 보편성을 가지고 있는데, 그 이유는 유럽통합운동이 바로 가장 기본적인 인권, 즉 자유, 평등, 복지에 기초하고 있기 때문이다. 우리가 직면하고 있는 21세기 국제화시대는 과거 존재한 특정 국가 주도의 역학관계를 넘어선 다자관계 속의 폭 넓은 합의와 협력을 통한 신질서 구축을 요구하고 있다. 이런 점에서 우리에게 있어 유럽연합은 매우 중요한 전략적 동반자인 것이며, 유럽연합이라고 하는 파트너에 대한 폭넓고 심도 있는 이해가 필요할 것이다.

유럽연합에 대한 이해 증진 및 유럽통합운동의 현재와 미래에 대한 내용을 담고 있는 이 책은 한-EU 관계가 그 어느 때보다 밀접해지고 있는 현 시점에 매우 시의적절하고 유용한 연구결과라 하겠다. 모쪼록

이 책이 유럽에 대해 관심을 가진 많은 이들에게 훌륭한 지침서가 되기를 기원하며, 이 책의 출간을 위해 각고의 노력을 기울이신 공동저자들에게 깊은 존경과 감사의 뜻을 전하는 바이다. 덧붙여 한국외국어대학교 EU연구소 및 HUFS-HRI EU Centre는 향후 유럽연합 관련 서적을 지속적으로 출간하고 연구를 진작함으로서, 국내 최고의 EU관련 정보·지식 생산과 관련연구의 허브역할에 매진 할 것이다.

한국외국어대학교 EU연구소/HUFS-HRI EU Centre 소장
장붕익 교수

목차

제1부 유럽통합의 사상과 역사

제2부 유럽연합의 기구와 운영

제5장 유럽연합의 정책결정기구

제6장 유럽연합의 입법, 사법 및 자문기구

제7장 유럽연합의 정책결정과정

제8장 유럽연합의 제도적 구조와 운영

제3부 유럽연합의 경제정책과 유로화

제9장 유럽연합의 단일시장

1 유럽통합의 사상과 역사

제1장 '유럽'의 탄생과 배경

제2장 냉전과 유럽통합

제3장 유럽공동체의 형성과 발전

제4장 유럽연합의 탄생과 발전

유럽연합: 연속성과 정체성

제1장

'유럽'의 탄생과 배경

1. '유럽'의 탄생

오랫동안 유럽(Europe)은 문명적 개념이 아니라 단순한 지리적 개념이었다. 고대 오리엔트인들에게 있어서 유럽은 '해가 지는 어두운 지역'이란 의미를 가지는 Erek일 뿐이었고, 그리스에서 유럽은 신화 속에 등장하는 여인(에우로파)으로 인식되거나 그리스 서쪽에 위치하는 지리적인 개념이었다. 즉, 유럽은 동방(지금의 중동지역)이 자신의 서부 지역을 바라보는 지리적 개념이었다. 그리스인들은 세계가 유럽, 아시아 그리고 리비아(아프리카)로 나뉘어져 있다고 생각했는데, 아리스토텔레스(Aristoteles)가 '정치학'에서 유럽과 아시아는 비정치적이고, 그리스만이 세계를 통치할 능력이 있다고 말했듯이 문명권 개념은 아니었다. 결국 그리스인들이 사용했던 유럽이라는 개념 속에는 자신들을 포함하지 않는 비문명화된 단순한 지리적 개념으로 사용되었다.

로마제국 시대에는 지리적인 의미에서 이전 시기보다 더욱 더 많은 지역이 알려지게 되었지만 그렇다고 해서 유럽이 정치적 의미로 사용되지는 않았다. 이 시기에는 유럽보다는 로마라는 용어가 보편적 용어로 사용되었다. 헬레니즘 전통을 계승한 로마제국은 유럽제국이라기보다는 하나의 세계제국이었다. 에코(Umberto Eco)는 유럽문명이 단일 문명으로 구분되기 시작한 것은 로마제국의 종말과 로마-이민족 왕국 형성 이후라고 지적한다. 그러나 로마제국 시기에 이미 유럽이 통일성을 유지하면서 문명적 개념으로 변화하고 있었다고 할 수 있다. 이는 라틴어의 사용, 도로, 도시문화 그리고 여러 농업 형태 등에서 유럽만의 공통적인 특징이 나타나고 있었기 때문이다.

395년 동로마제국과 서로마제국의 분리, 476년 서로마제국의 멸망으로 그나마 남아있던 지리적 개념으로서의 유럽의 통일성도 사라지게 되었다. 그 후 유스티니아누스가 서방의 옛 제국을 대부분 수복해 지리적 통일성을 다시 회복했으나 568년 롬바르디아족의 이탈리아 침략, 571년 서고트족의 안달루시아 침략, 반달족의 아프리카 점령, 프랑크족의 골 지역과 게르마니아 지역 점령으로 유럽의 지리적 통일성이 다시 사라지게 되었다. 이로써 비문명 세계인 서유럽과 문명지역인 비잔틴제국이라는 유럽의 동-서 간 문화적 분열이 나타나게 되었다. 한편 5세기 이후 아프리카 북부 비잔틴제국이 장악하고 있었던 지역을 이슬람교도가 장악하고, 이탈리아의 시칠리아와 스페인이 이슬람 손에 들어감에 따라 '로마의 호수'로서의 지중해 개념이 사라지고, 서유럽은 남-북으로 분리되어 유럽에 가톨릭과 이슬람 세계가 공존하게 되면서 문화적 분열은 더욱 커지게 되었다.

유럽이 본격적으로 다른 지역과 구분된 단일 문명권으로 인식되고 고유한 정체성을 얻기 시작한 것은 8세기 아랍인들과의 투쟁과 기독교의 확대 속에서였다. 샤를마뉴(Charlemagne) 대제는 732년 피레네산맥을 넘으려는 이슬람을 막아내고 서유럽과 동유럽으로 영토를 확장하여 유럽공동체 초기의 지리적 경계와 유사한 지역을 통일하였다. 800년에는 로마에서 서로마제국의 황제제관을 받음으로써 유럽의 정치적, 지리적 통일성을 유지하였다. 한편 카롤링왕조는 지배지역에 기독교를 전파함으로써 유럽 이외의 지역과 구분되는 종교적 정체성을 가져

다주었다. 샤를마뉴 시대부터 '유럽'이란 단어는 기독교 세계를 대신하여 사용되기 시작했다. 샤를마뉴를 '유럽의 존엄한 지도자,' '유럽의 존경할 만한 등불,' '유럽의 아버지' 등과 같이 묘사하면서 기독교와 유럽을 동일시하였다. 따라서 이 시기의 문헌들에서는 유럽이라는 단어가 자주 나타나는 것을 볼 수 있다.

2. 역사 속의 유럽통합 사상

샤를마뉴 대제 사후부터 유럽이라는 단어의 쓰임새는 점점 줄어들고 기독교계라는 용어가 자주 사용되기 시작했다. 기독교세계가 점점 확대되고 특히 예루살렘 성지탈환으로 기독교세계가 유럽 밖으로 향하면서 유럽이라는 단어는 더 이상 무의미해지게 되었다. 이에 따라 11세기부터 유럽이라는 단어가 나타나는 중세문헌을 찾아보기 힘들어진다. 이제 교회는 기독교를 상위공동체로 하는 신성질서를 구축하려 하였다. 하지만 교권과 속권의 대결로 인해 기독교세계 역시 완전한 통일성을 이룰 수는 없었다.

12~13세기 국가들이 대두하게 됨에 따라 유럽이라는 용어는 점점 더 사용하지 않게 되었다. 이후 교회의 분열과 이에 따른 기독교 권위의 약화를 대신하여 민족국가가 성장한다. 이미 백년전쟁(1337~1453) 시기에 사람들은 자신을 기독교인(유럽인) 대신에 영국인, 혹은 프랑스인으로 인식하기 시작하였다. 하지만 민족국가로의 분열과 기독교적 정체성의 약화에도 불구하고 유럽의 기독교적 정체성이 완전히 사라진 것은 아니었다. 기독교는 12세기 말 아랍인들의 예루살렘 정복에 대항하여 유럽인들을 뭉치게 했듯이 여전히 유럽을 묶는 하나의 끈이었다.

14세기 유럽의 기독교적 정체성은 카롤링 시대의 그것과는 사뭇 달랐다. 백년전쟁을 전후로 해서 사람들은 기독교인보다는 프랑스인이나 영국인으로 불리기를 더 좋아했다. 하지만 이 시기에는 민족국가 의식과 기독교적 정체성이 혼재하였다. 1306년 프랑스인 뒤브와(P. Dubois)는 유럽에서 새로운 십자군 조직을 제안하면서 그 중심적인 지도력은 프랑스에서 나와야 한다고 주장하였는데, 이는 외부의 적(이슬람)에 대해 전 유럽이 기독교 공동체라는 의식을 가지고 뭉쳐야 하지만 기독교계(교황)가 중심이 아니라 민족국가가 중심이 되어야 함을 의미한다. 이렇듯 근대 초기 유럽은 많은 정치적 통일체로 이루어져 있었고, 기독교(교황)의 영향력은 이전보다 훨씬 약화되었다.

정치, 종교적으로 파편화된 유럽에서 유럽의식이 되살아난 계기는 1453년 투르크인들에 의한 동로마제국의 콘스탄티노플 점령이었다. 기독교 세계가 이슬람에 의해서 파괴되었다는 사실에 기독교 세계는 위기의식을 느끼기 시작했다. 사람들은 "유럽, 즉 우리의 조국에, 우리의 가정에, 우리의 영지에" 이슬람인이 있다는 사실에 분노를 표출하고, "가련한 유럽"을 구해내기 위한 "유럽"의 십자군을 조직할 것을 요구했다. 1464년 보헤미아의 왕 포데브라(G. von Podebrad)는 교황을 배제하고 군주들간의 유럽동맹을 만들어 터키에 대항하자는 제안을 하기도 했지만, 당시의 많은 시인, 철학자, 신부 등은 기독교 세계를 유럽과 동일시하면서 유럽이라는 단어를 많이 사용하였다. 신대륙의 발견 또한 유럽인들에게 성찰과 비교의 대상을 제공함으로써 자신들을 바라보게 했다는 점에서 '유럽'의 개념을 형성하는데 기여했다.

14-15세기에 일어난 일련의 사건들은 샤를마뉴시대에 이어 다시 유럽 개념을 활성화시켰다. 하지만 이어 종교개혁과 30년전쟁(1618- 648)을 거치면서 유럽은 종교적, 지리적, 정치적으로 파편화되었다. 역설적이게도 유럽의 파편화는 다시 통합의 필요성을 제기해 주었다. 1638년 프랑스의 슐리 공(Duke of Sully)은 유럽통합을 제안하였다. 그는 유럽에서 이미 지배적 집단이 된 가톨릭, 칼빈교 및 루터교의 존재를 인정

하고 국가들로 통합된 유럽을 제안하였다. 즉, 국가들의 대표자들로 구성된 상원을 통해 정치, 종교 및 사회적 분쟁을 조정한다는 것이었다. 하지만 그는 강대국과 약소국의 차이를 인정하여 조직을 구상했다. 이는 당시 민족국가가 정착하고 국가간 힘의 차이가 분명히 나타나고 있었기 때문이다. 하지만 그의 계획은 합스부르크 왕가를 분열시켜 유럽에서 국가간 힘의 균형을 바꾸어보려는 정치적 의도를 포함하고 있었기 때문에 결국에는 실패로 돌아갔다. 한편 펜(W. Penn)은 유럽의회의 창설을 제안했고, 1713년 생피에르(A. de Saint-Pierre)는 유럽의 현상유지에 기초한 영구평화 방안을 제안하였다. 이러한 사상들은 모두 당시 유럽에서 만연한 전쟁상태를 종결시키기 위해 국가간 연합 방안을 담은 것이었다. 하지만 보다 현실적인 논의는 루소(J. J. Rousseau)로부터 나왔다. 그는 유럽동맹이 과연 바람직한 것인가를 먼저 생각해야 한다고 언급하면서, 공상적인 연방(federation) 대신에 오히려 느슨한 국가간 연합(confederation)을 주장하였다.

18세기 계몽 사상가들은 유럽이 전통이나 관습 등 정신적, 지적으로 통일되어 있다고 생각하였다. 이 시대의 사상가들은 유럽을 공동의 역사에 기원한 하나의 문화적 통일체로 인식하고 있었다. 예를 들어 루소는 유럽국들은 종교, 법, 전통, 문학 등에서 공통성을 갖는다고 생각하였다. 따라서 이전 세기와는 달리 1700년대에 '유럽'이라는 용어는 매우 빈번하게 사용되었고 이전의 '기독교성'을 대체하기 시작하였다. 이와 같이 계몽주의적 유럽주의는 기독교적 유럽주의와는 명확히 구분되었다.

18세기에서 19세기로 넘어오면서 유럽이 공동의 역사적, 지적 유산에 기초한 정치·문화적 통일체라는 계몽주의 사상이 종말을 고하였다. 버크와 같은 계몽주의자들과는 달리 이 시기에 등장한 새로운 사상가들은 유럽의 과거에 얽매이지 않고 현실을 직시했다. 독일의 노발리스(Novalis), 영국의 블레이크(W. Blake), 프러시아의 겐츠(F. Gentz)와 같은 문학가들은 전쟁으로 피폐해진 유럽의 현실에서 영구평화라는 개념을 통해 유럽의 통합을 갈망하였다. 생시몽(Saint-Simon)과 티에리(A. Thierry)는 1815년 비엔나회의를 전후한 시기에 새로운 형태의 유럽통합 방안을 제시하였다. 이들은 대륙의 미래는 각 민족국가들의 이해와 이익이 아니라, 공동선에 있다는 사실을 유럽인들이 깨달아야 한다고 주장하였다. 티에리에 따르면 유럽의 미래는 중세사회를 떠올리는 연방공동체를 형성하는 것이고, 이러한 연방공동체는 각 국가 의회에 의해 선출된 유럽의회(European Parliament)와 같은 제도로부터 나와야 했다. 생시몽은 유럽의회 의원들은 국가이해를 초월하고 세계주의 사상을 통해 국가이해가 아니라 유럽 국민들의 이해를 추구해야 한다고 역설하였다.

유럽사에서 19세기는 민족주의의 세기였다. 하지만 19세기의 민족주의는 보편주의와 대립적인 개념은 아니었다. 유럽에 민족주의를 전파해 준 나폴레옹 자신도 민족주의 속에서 새로운 유럽주의의 정신적 기원을 찾았고, 유럽이 역사적, 문화적으로 통일성을 가지기 때문에 민족국가간 조화로운 공존이 가능하다고 생각했다. 따라서 이 시기 민족주의자들은 민족주의와 유럽통합을 융합하려는 움직임을 보였다. 헤겔(G. W. F. Hegel)이나 쥬프르와(T. S. Jouffroy) 같은 일부 민족주의자들은 유럽통합을 각 민족들의 임무로 보았으며, 이들은 각기 독일과 프랑스를 유럽을 주도할 국가로 고려하였다. 그러나 이탈리아의 통일운동가인 마치니(G. Mazzini)를 위시한 일단의 민족주의자들은 민족국가들간 조화로운 공동체로서 유럽통합 사상을 제시하였다. 1849년에는 낭만주의 유럽주의자인 위고(V. Hugo)가 파리에서 개최된 국제평화회의에서 유럽합중국(United States of Europe)이란 말을 최초로 사용하였다. 한편 1800년대 후반 푸르동(P. J. Proudhon)은 민족국가들의 국경은 인위적으로 그어진 것이며, 이것보다 더 큰 문제는 그 내부의 불평등이라고 지적하였다. 그러나 그는 당시 유럽의 정치상황을 인정하여 민족국가를 단번에 제거하는 것이 아니라, 오히려 강화하여 유럽이 점진적으로 새로운 민족국가들의 연방으로 대체되어야 한다고 생각하였다. 그는 민족국가는 인민의 민주적 권리를 보장할 수 없으며, 진정한 국가는 위계적 권력구조에 따른 중앙집중화된 국가와 달리 연방주의 구조인 코뮨(Comune)이라고 주장하였다.

민족국가의 극복이나 민족국가간 조화를 꿈꾸던 유럽이념들은 19세기 말에서 20세기 초에 등장한 제국주의를 막을 수 없었다. 제1차 세계대전이라는 전쟁의 참화를 겪으면서 발레리(P. Valéry)와 같은 지식인들은 민족주의와 제국주의의 문제점을 깊이 깨닫게 되었다. 이 시기에는 또한 유럽의 미래에 대한 비관적인 사고들이 유행처럼 번져갔는데 볼셰비키 혁명과 제국주의 일본의 등장으로 이러한 비판적 사고는 위기의식으로 변해갔다. 데만전(A. Demangeon)과 슈펭글러(O. Spengler) 같은 지식인들은 유럽의 붕괴를 공공연하게 제기할 정도였다. 이에 가제트(J. O. Gasset), 브리앙(A. Briand) 그리고 칼레르기(R. Coudenhove-alergi) 같은 사람들은 공동의 유럽문명을 바탕으로 하나의 유럽을 형성해야 한다고 주장하였다. 특히 오스트리아의 칼레르기는 1923년 「범유럽*Pan-Europe*」이라는 저서 속에서 유럽이 미래를 보지 않고, 과거에만 집착하여 세계의 중심에서 밀려나게 되었다고 진단하였다. 그러므로 그는 유럽문명을 보존하기 위해서 범유럽 연방인 유럽합중국을 건설해야 한다고 역설했는데, 이러한 사상은 당시 많은 유럽의 정치지도자들에게 공감을 얻고 추종자들을 낳았다.

이처럼 20세기 초에 나타난 수많은 통합운동이나 사상들은 일부 지식인들에게만 한정된 것으로 일반 대중들의 관심을 끌지는 못하였다. 유럽에서는 여전히 민족주의가 맹위를 떨치고 있었다. 성공적이지 못한 전후 처리는 이탈리아와 독일에서 민족주의를 강화시켰다. 나아가 이는 1930년대 초 세계적 경제공황을 거치면서 극단적인 민족주의로 바뀌어 유럽을 다시 전쟁으로 끌어들였다.

제2장

냉전과 유럽통합

1. 민족국가의 위기와 유럽통합

제2차 세계대전은 유럽인들이 유럽이념에 대해 다시 관심을 돌리는 계기를 만들어 주었다. 이러한 관심은 파시즘에 대항한 각국의 저항운동가들 중에서 특히 두드러지게 나타났다. 그들은 유럽에 평화를 영구히 정착시킬 계획들을 구상하기 시작했다. 저항운동가들의 이러한 구상은 유럽통합이라는 원대한 계획으로 수렴되었다. 유럽통합 사상은 이전에도 존재했지만 저항운동가들의 유럽통합 사상은 몇 가지 측면에서 기존의 그것들과 차이를 보였다. 먼저 새로운 유럽통합 사상은 정복전쟁이나 어느 한 국가의 헤게모니에 의한 유럽의 통합이 아니라 자발적 주권의 양도에 의한 평등한 통합을 추구하였다. 다음으로 기존의 유럽통합 사상들이 이념적 수준에 머물렀다면, 새로운 유럽통합 사상은 실천적 측면을 가지고 있었다. 따라서 이 시기부터 유럽통합에 대한 명확한 정치적 목표와 구체적 형태가 갖추어지기 시작했다.

저항운동가들의 유럽통합 사상의 공통점은 그들 모두가 주권 민족국가 체제의 한계와 위험성을 제기했다는 점이다. 그들은 가장 이상적인 공동체 형태라고 믿었던 민족국가가 사실은 시민의 자유와 안전을 제공해 주지 못한다는 사실을 깨달았다. 주권 민족국가 체제는 필연적으로 전쟁으로 이끌어 시민의 생명을 위협하고 자유(정치, 경제적 자유)를 제한한다는 사실을 발견했다. 따라서 그들은 유럽을 항구적인 평화로 이끌고 시민들에게 더 많은 자유를 제공할 수 있는 새로운 시스템을 연방적 유럽통합 속에서 찾았다. 이 시기의 대표적 연방주의자인 스피넬리(A. Spinelli)는 1942년 벤토테네 선언서(Ventotene Manifesto)에서 "사람들은 국가(State)를 인간 사회의 집단적 삶을 조직하는 효과적인 수단으로 생각해 왔다. 그러나 민족(nation)은 더 이상 (그러한) 사람들 사이 상호공존의 역사적 산물로 간주되지 않는다. 민족은 오로지 자신의 존재만을 생각해야 하는 신성한 것이 되었다... 국가는 신민을 예속상태로 만드는 주군이 되었고, 최대의 전쟁자산을 가지기 위한 모든 힘을 가지게 되었다... (전후) 가장 먼저 해결되어야 할 문제는 유럽의 민족, 주권국가로의 분열을 완전히 제거하는 것이다..."고 지적했다. 그는 전쟁이 끝난 이후에 민족국가들은 위기를 느껴 스스로 주권을 제한하면서 유럽통합이 이루어질 것이라고 예언했다. 이 선언서는 이후 유럽 연방주의자들에게 있어서 하나의 강령이자 정신적 토대를 구축해 주었다.

기존까지의 유럽통합 사상이 이념적 수준에서 머물렀다면 1940년대의 그것은 실천적 사상이었다. 이는 2차 세계대전 이후 스피넬리 등 연방주의자들이 예견했던 민족국가의 종말이 현실로 드러난 것처럼 보였기 때문이다. 따라서 연방주의자들은 유럽 각지에서 다양한 형태의 유럽통합을 위한 단체들을 조직했고, 대부분의 유럽 정치인들 역시 이들 단체에 가입하면서 유럽통합의 대의에 동참하였다. 스페넬리는 1943년 밀라노에서 다수의 연방주의자들과 함께 유럽연방주의운동(MFE)을 설립하였고, 1946년 9월에는 스위스에서 16개 유럽 국가의 연방주의자들이 모여 유럽연방주의자동맹(UEF)이 설립되었다. 한편 영국 수상인 처칠(W. Churchill)은 취리히 대학교에서 "... 우리는 일종의 유럽합중국을 건설해야 한다... 유럽 차원에서 서로 다른 국민들에게 좀 더 폭 넓은 애국심과 공통되는 민족적 감정 같은 것을 느끼게 해 줄 연합이 왜 이루어질 수 없는 것일까"라는 연설을 통해 유럽통합의 필요성을 역설한 이후 이듬 해 7월 유럽운동(European Movement)를 설립해 활동했다. 이들 조직들은 상호 연계되어 전 유럽적인 수준에서 유럽통합을 고무하는 역할을 수행했다.

이러한 노력에도 불구하고 전후 유럽통합 움직임은 지지부진했다. 사실 스피넬 리가 예언한 민족국가의 위기와 종말이라는 예언과는 반대로 전후 민족국가들이 더욱 공고한 형태로 재건되었다. 따라서 전쟁 기간 중에 유럽통합 움직임에 동참했던 정치인들 대부분이 국가 재건에 몰두하면서 유럽통합에는 관심을 기울이지 못했다. 1940년대 유럽통합 노력이 실패한 또 다른 이유는 이 시기 유럽통합 세력들이 목표와 수단에 있어서 분열되어 있었다는 점이다. 1946년 당시 가장 거대한 조직이었던 UEF에 가입되어 있던 조직들은 목표와 방법에 있어서 분열되어 있었다. 이들은 1948년 5월 네덜란드의 아야(Aja)에 모여 유럽통합의 미래에 관한 회의를 개최했는데, 회의에서 그들은 유럽통합을 위한 목표와 방법이 각각 다르다는 것을 발견했다. 가장 두드러진 대립은 연맹(union) 혹은 연합(confederation)을 목표로 하는 사람들과 연방(federation)을 목표로 하는 사람들 간의 대립이었다. 회원국의 정치인들은 주로 전자를 선택한 반면, 스피넬리와 같은 연방주의자들은 후자를 주장했다. 더욱 큰 문제는 연방주의자들 조차도 세계연방을 지향하는 사람들과 유럽연방을 우선적 목표로 하는 사람들로 분열되어 있었다는 점이다. 그들은 또한 미국을 모델로 하는 연방주의와 스위스를 모델로 하는 연방주의로 분열되기도 하였다. 한편 유럽통합을 이루기 위한 방법에 있어서도 스피넬리를 위시한 연방주의자들은 입헌적 방법(constitutional method)을 선택한 반면, 다른 사람들은 점진적 통합을 추구하는 기능주의(functionalism)를 주장했다.

이러한 분열에도 불구하고 유럽통합주의자들은 이듬 해 5월 10개국이 참여해 유럽평의회(Council of Europe)을 결성해 경제, 사회, 문화, 과학 등 분야에서 회원국 공동의 이해에 관련된 문제를 논의하기 위한 회원국 간의 협력의 토대를 구축했다. 하지만 이 기구는 어떠한 초국가적 기구도 가지고 있지 못했기 때문에 통합이라기보다는 단순한 협력의 틀을 벗어나지 못했다는 한계를 가지고 있다.

2. 냉전과 유럽협력

전후 유럽통합 움직임이 지지부진했던 또 다른 이유는 냉전의 도래였다. 1947년경부터 본격화되기 시작한 냉전은 유럽인, 특히 서유럽인들로 하여금 국가들의 정치, 경제적 재건에 우선순위를 두게 만들었다. 모든 서유럽 국가들의 일차적인 관심은 하루 빨리 정치, 경제적 제도를 안정시켜 공산주의를 봉쇄하는 것이었지, 유럽통합이라는 주제는 그들에게 시급한 것이 아니었다.

하지만 역설적이게도 냉전은 유럽통합을 위한 또 다른 자극제가 되면서 유럽통합에 동기를 제공해 주었다. 1947년 6월 5일 미국의 국무장관인 마샬(G. Marshall)은 하버드 대학교에서 유럽에 대한 집단적 경제원조 프로그램을 제안했다. 마샐플랜(Marshall Plan)으로 알려진 이 원조 프로그램은 집단원조를 통해 유럽 국가들의 협력을 요청하였다. 이는 사실 미국의 대유럽정책을 변화시키는 것으로 유럽문제에 적극 개입하겠다는 것과 유럽 국가들의 협력(통합)에 대한 기존의 부정적인 입장을 변화시키는 것이었다. 그동안 미국은 유럽으로의 수출을 증가시킬 수 있는 자유주의적 노선의 통상경제 분야에서의 통합 이외에는 어떠한 형태의 유럽통합도 고려하지 않았다. 하지만 냉전이 본격화되면서 유럽, 특히 서유럽 국가들의 협력의 필요성을 느꼈고 유럽통합에 대해 호의적으로 바라보기 시작했다. 마샬플랜이 발표되기 전 미 의회는 초국가적 "유럽합중국의 형성을 지지"하는 풀브라이트(Fulbraight)의 결의안을 통과시키면서 유럽통합에 대한 입장을 완전히 변화시켰다.

마샬의 연설

미국 정부가 유럽의 상황을 극복하고 재건의 시작을 돕기 위해 더욱 많은 노력을 시작하기 전에, 유럽 국가들은 미국이 취할 행동이 적절한 효과를 가지도록 하기 위해 자신들이 할 역할에 대한 합의가 있어야 한다. 유럽이 경제적으로 재기할 수 있도록 고안된 프로그램을 미국정부가 일방적으로 입안하는 책임을 지는 것은 이치에 맞지도 않을 뿐더러 효과적이지도 않다. 이것은 유럽인들의 일이다. 미국의 역할은 유럽 프로그램의 토대화를 호의적으로 돕고 그러한 프로그램을 지원하는 것이어야 한다(Ducci, 1970 : 98-100).

마샬플랜을 통한 서유럽 국가들의 협력은 소련에 대항해 자본주의 진영의 결속을 강화하고 유럽 경제의 부흥을 가져와 내외적으로 공산주의자들의 선전책동으로부터 방어할 수 있는 수단이었다. 결국 마샬플랜은 트루먼독트린을 완결하는 공산주의 봉쇄정책의 경제적 도구였다. 마샬플랜을 수용한 17개 유럽 국가들은 1948년 4월 유럽경제협력기구(OEEC)라는 기구를 형성했지만, 이 기구는 미국의 정책 입안자들이 의도한 초국가적 유럽기구에는 미치지 못하고 단순히 마샬원조를 분배하기 위한 국가들 간의 협의체에 지나지 않았다.

OEEC의 한계에도 불구하고 마샬플랜은 유럽통합을 자극했다는 점에서 중요한 의미가 있다. 유럽인들은 OEEC를 통해서 협력정신을 배웠고, 유럽인들이 주기적으로 만나 비록 경제에 한정되었지만 자신들의 문제를 논의할 수 있는 장이 마련되었다. 또한 마샬플랜을 수용한 서유럽과 거부한 동유럽이라는 구분이 명확해짐에 따라서 서유럽 국가들만의 일종의 연대의식이나 정체성이 만들어졌다.

냉전은 곧 바로 군사 분야에서도 유럽의 협력을 자극했다. 1948년

2월 프라하 정변 이후 영국과 프랑스는 1년 전 두 국가 간에 체결된 덩커크조약(Dunkirk Treaty)에 벨기에, 네덜란드, 룩셈부르크를 끌어들여 군사동맹을 형성할 것을 제의했다. 이 제의는 독일의 잠재적 위협에 대비하고자 했던 덩커크조약과는 달리 새로운 군사동맹은 공산주의 위협으로부터 서유럽을 방어하기 위한 목적으로 가지고 있었다. 이들 국가들은 결국 브뤼셀조약(Brussels Treaty)을 통해서 서구동맹(Western Union)이라는 정치, 경제, 군사, 사회, 문화를 포괄하는 유럽협력체를 발전시켰다. 프랑스는 사실 이 조직을 진정한 유럽의 통합체로 발전시키려 하였으나, 영국은 단순한 협력을 위한 조직체로 생각했기 때문에 Western Europe의 한계는 명확했다. 하지만 이 새로운 조직체는 미국에 군사 부분에서 자발적인 협력을 보여주어 미국으로 하여금 유럽의 방위에 보다 헌신할 수 있도록 하는 압박의 성격이 강했다. 결국 미국은 1949년 4월 북대서양조약기구(NATO)를 형성해 공산주의에 대항한 서방블록을 완성했다. NATO는 마샬플랜으로부터 시작된 봉쇄정책과 서방블록을 완성했다는 의미 이외에 유럽국가들을 결속시키는 역할을 하였다.

3. 성공한 공동체와 실패한 공동체

OEEC, 서구동맹, 유럽평의회, NATO 등은 모두 유럽통합주의자들을 만족시키지는 못했다. 특히 야심차게 시도했으나 유럽평의회라는 제한적 기구만을 만들어낸 연방주의는 너무 급진적이라는 평가를 받았다. 따라서 1949년 이후 유럽에서 유럽통합에 대한 열기가 식기 시작했다. 더구나 1949년 NATO 형성에 성공하고 독일이 연방국가로 재탄생해 주권을 회복하고 경제적으로 성장하기 시작하자 공산주의에 대항한 유럽의 조직화를 추구했던 미국의 유럽정책도 긴급성이 사라지고 있었다.

이러한 내적, 외적 무관심 속에서 유럽통합을 다시 유럽의 중심 화두로 제시한 사람은 프랑스의 경제계획청장이었던 모네(J. Monnet)와 외무장관 슈만(R. Schuman)이었다. 1950년 5월 9일 슈만은 유럽사에 혁명적인 변화를 가져올 슈만플랜(Schuman Plan)을 발표했다. 독일과 유럽국가들에게 제안된 이 계획은 유럽의 석탄과 철강의 생산과 판매를 초국가적 기구의 관리 아래 두어 공동화(pool)하는 것을 골자로 하였다. 이 계획은 입안했던 모네는 석탄과 철강과 같은 기능적 통합이 경제부문과 정치부분으로 파급(spillover)된다면 궁극적으로는 초국가적 유럽공동체가 이루어질 것이라고 확신했다.

슈만의 연설

프랑스 정부는 프랑스와 독일의 석탄과 철강 생산을 공동의 관청 하에 둘 것을 제안한다. 이 기구는 다른 유럽 국가들에게 참여가 개방될 것이다. 석탄과 철강 생산의 공동화는 유럽연방의 첫 단계인 경제발전의 공통의 토대를 즉각적으로 형성하는 것을 보장하는 것이고, 오랜 동안 전쟁무기 생산으로 계속해서 희생당했던 이 지역들의 운명을 바꾸어 놓을 것이다. 이렇게 형성된 생산의 연대성은 프랑스와 독일 간의 전쟁을 생각할 수 없게 할 뿐만 아니라, 물질적으로도 불가능하게 만들 것이다(Levi, 1994 : 83-85에서 인용).

슈만의 선언은 프랑스의 전통적인 외교정책, 특히 대독일 정책을 완전히 깨뜨리는 것이었다. 그동안 프랑스의 대독일 정책의 토대는 독일을 약화시켜 봉쇄하는 것이었다. 따라서 프랑스는 독일의 재건을 막아 유럽에서 약소국으로 만들기 위해 모든 노력을 기울였다. 루르(Rhur) 지역을 독일에서 분리시키거나 국제화하려 시도했고 연합국 점령지의 합병을 늦추려했다. 또한 풍부한 자원이 매장된 자르(Saar) 지역을 경제, 문화적으로 프랑스에 동화시키기 위해 노력했다. 슈만선언은 프랑스가 이러한 모든 정책을 포기하고 협력정책으로 돌아섰다는 것을 의미한다.

슈만플랜은 분명 독일에 대한 화해의 제스츄어를 포함하고 있었다. 하지만 이와 동시에 당시 프랑스가 처한 딜레마를 극복하면서 독일을 영원히 통제하고 프랑스의 경제발전을 담보할 수 있는 매우 '영리한' 계획이었다. 프랑스의 노력에도 불구하고 독일은 정치적으로 재탄생하고 경제적으로도 발전하고 있었다. 미국은 독일의 정치경제적 발전을 유럽정책의 핵심으로 생각하고 있었기 때문에 독일이 유럽에서 미국의 주요 대화 상대자가 되고 있었다. 더구나 모네 자신이 세운 프랑스의 경제 재건계획을 위해 필수적인 루르와 자르 문제 또한 프랑스의 의도대로 이루어지지 않았다. 이러한 모든 전망들은 프랑스에게 있어서는 매우 우려되는 것이었다.

슈만플랜이 바로 일한 시점에서 나왔다는 점은 매우 흥미로운 일이다. 유럽의 석탄과 철강산업 공동화라는 모네의 계획에 따르면 전쟁물자가 될 수 있는 이들 산업을 초국가적 유럽기구의 통제하에 두어 유럽에서 전쟁을 영원히 방지한다는 평화주의적 요소가 들어 있었다. 또한 그는 아마도 이를 통해서 유럽을 미국과 소련이라는 초강대국을 중재할 제3의 세력으로 성장시킬 수 있을 것이란 꿈을 꾸었을지도 모른다. 흥미로운 것은 모네의 계획이 프랑스 정치계의 이해와도 맞아떨어졌다는 사실이다. 모네의 계획이 성공한다면 프랑스는 루르와 자르로부터 안정적으로 산업발전을 위한 원료를 공급받고, 두 지역을 공동의 관리하에 둠으로써 독일을 영원히 통제할 수 있을 것처럼 보였다.

장 모네(1888~1979)

모네(Jean Monnet)는 프랑스의 경제인이자 정치인으로 유럽통합의 아버지로 불리고 있다. 그는 프랑스 꼬냑 지방의 꼬냑 생산 집안에서 태어나 사업을 위해 젊어서부터 외국 여행을 하면서 국제주의적 감각을 익혔다. 제1차 세계대전 후 국제연맹(League of Nations)의 사무총장으로 근무하였고, 제2차 세계대전 중에는 영국에 머물면서 미국으로부터 오는 전쟁물자를 유럽대륙으로 전하는 일을 담당하였다. 종전 후 프랑스 경제계획청장을 역임하면서 석탄철강공동체(ECSC)의 모태가 되는 슈만플랜을 기획하였다. 한편 1950년 10월에는 플레벤플랜(Pleven Plan)을 기획해 유럽방위공동체 설립을 주도하기도 하였다. 석탄철강공동체 설립과 함께 고위관청(High Authority) 의장직을 수행하였으나, 1954년 유럽방위공동체가 프랑스에 의해 실패하자 의장직을 사임하고 세계적인 수준에서 유럽통합 운동을 고무하기 위한 단체인 유럽합중국 설립위원회(Action Committee for the United States of Europe)를 설립하였다(이무성 외, 『유럽연합의 정체성』, pp. 41-42 인용)

슈만플랜은 프랑스의 국가이해에 완벽하게 부합하는 것이었지만 독일에게도 부정적인 것은 아니었다. 슈만플랜의 평화주의적 요소는 전범국 독일이 평화주의적 계획에 참여한다는 긍정적 이미지를 줄 것이 분명했다. 또한 이를 통해 프랑스의 우려를 누그러트려 주권의 완전한 회복을 꾀할 수 있다는 측면에서 매우 유용한 계획이었다. 이탈리아 역시 이 계획에 참여함으로써 국제적 위상을 되찾고 경제발전을 이룩할 수 있다는 희망을 품었다. 하지만 충분한 자원을 가지고 있고 슈만플랜의 초국가적 요인을 우려한 영국은 참여를 거부했다. 영국에게 있어서 슈만플랜에 참여한다는 것은 대영제국의 수장으로서의 위상을 버리고 유럽의 일부분이 된다는 것을 의미했기 때문에 결코 용납될 수 없는 것이기도 했다.

베네룩스 3국을 포함한 6개국 간의 협상 과정은 신속하게 진행되었다. 6개국은 채 1년이 되기 전에 협상을 마치고 1951년 4월 18일 파리에서 향후 50년 동안 유효한 유럽석탄철강공동체(ECSC: European Coal and Steel Community) 조약을 체결하였다. ECSC는 9명으로 구성된 초국가적 기구인 고위관청(High Authority)을 설립하고 의회(Assembly) 및 사법재판소(Court of Justice)를 설치했다. 또한 회원국 장관들로 구성되는 각료이사회(Council of Ministers)를 설치해 회원국의 국가이해를 담보할 수 있도록 했다.

ECSC는 각국에서 이 계획의 카르텔적인 성격 때문에 노동계와 사회당, 공산당, 사민당 등으로부터 반대를 받았으나 무사히 비준을 마쳐

1952년 7월 23일 발효되었다. 2002년 7월 23일 50년간의 유효기간 만료로 해체되어 유럽공동체(EC: Economic Community)로 그 기능이 흡수될 때까지 유럽인들에게 유럽통합의 모델과 공동체 정신을 제공해 주었다.

슈만플랜과 같이 비록 일부에 불과하지만 주권을 내놓는 획기적인 국제조약이 1년이 채 지나지 않아 체결에 성공한 것은 한국전쟁 때문이었다. 한국전쟁은 유럽과 미국에 모두 위기의식을 던져주었다. 유럽인들은 공산주의로부터 자신들을 방어할 수단의 필요성을 느끼기 시작했으며, 미국은 하루 빨리 서유럽의 군사력을 강화시켜 재정적 부담을 덜고자 했다. 서유럽의 군사력을 강화시킬 수 있는 가장 빠른 길은 서독의 재무장과 NATO 참여뿐이라고 결론지은 미국은 여름부터 서독의 재무장에 반대하는 프랑스를 압박하기 시작했다. 9월에는 NATO회의에서 서독의 재무장과 NATO 가입을 하나로 묶어 NATO를 재편성하는 「원-패키지*One package*」를 제안했다. 이 계획은 서독군 10개사단을 재무장시켜 NATO에 가입시키고 60개 사단으로 이루어진 NATO 통합군을 만드는 것이었다. 미국의 제안에 프랑스를 제외한 모든 유럽 국가들이 호의를 보임에 따라 프랑스는 딜레마에 빠지게 되었다. 냉전의 첨예화로 미국의 제안을 거부할 수만은 없었을 뿐만 아니라, 프랑스 자신도 인도차이나에서 월맹군에 잇따라 패배함에 따라 프랑스군의 근대화와 인도차이나에서 미국의 군사원조를 필요로 하였다.

이러한 프랑스의 어려움이 유럽방위공동체(EDC: European Defence Community)라는 또 다른 유럽통합 시도로 이끌었다. 모네에 의해 입안된 이 계획은 플레벤(R. Pleven)에 의해 발표되어 플레벤 플랜(Pleven Plan)이라고 부른다. 이는 서독의 재무장 문제를 NATO가 아닌 유럽 수준에서 해결하는 것으로 ECSC의 경험을 따라서 수직적 통합을 안보 부문에 적용한 것이다. 이 계획에 따르면 서독은 재무장을 하고 유럽군 속에 편입되어 NATO에 가입하되 유럽군의 운영은 유럽 국방장관에 의해 지휘될 예정이었다. 유럽 군대라는 계획은 사실 석탄철강공동체 보다는 훨씬 급진적이고 획기적인 것이었다. 전쟁이 끝난 지 5년도 되지 않아 유럽의 군대를 하나로 통합한다는 계획 자체가 충격적인데다가, 훨씬 민감한 문제인 안보 주권을 초국가적 기구로 이전한다는 생각은 무모해 보이기까지 했다. 게다가 군사문제는 필연적으로 정치협력을 가져올 것이므로 유럽의 정치통합 문제로 자연스럽게 이동할 것이 분명했다. 이러한 프랑스의 계획에 대해서 이탈리아와 같은 주변국들은 방위공동체가 회원국들에게 많은 재정적 부담을 줄 것이라는 점을 우려했고, 일부는 이것이 서독을 영원히 통제하려는 프랑스의 의도의 결과라는 점을 우려했다. 미국 역시 유럽군이 서독의 나토 편입을 방해할 수 있다는 핑계로 EDC에 반대했지만 실은 프랑스의 의도에 대해 우려한 것이 사실이다.

이러한 우려에도 불구하고 EDC가 가지고 있는 독일과 프랑스 간의 영원한 화해라는 평화적 측면은 모든 국가들, 특히 미국의 마음을 돌릴 수 있는 요소였다. 모네가 아이젠하워를 설득해 미국의 입장을 변화시킨 것 역시 EDC의 평화주의적 요소였다. 미국의 입장에 변화가 생기면서 시작된 EDC 협상은 빠르게 진행되었다. 하지만 협상이 진행되면서 스피넬리와 같은 연방주의자들은 정치적 통제가 없는 유럽군이라는 문제의 비민주성과 위험성을 제기했다. 스피넬리의 제안을 받아들인 이탈리아의 데 가스페리(A. De Gasperi)나 독일의 아데나워(K. Adenauer) 등도 이러한 점에 동의하였다. 그들의 노력으로 EDC조약 제38조에 향후 유럽군을 통제할 정치적 기구를 창설한다는 문항을 삽입하여 1952년 5월 27일 EDC조약이 체결되었다.

스피넬리의 EDC 계획 비판과 대안

유럽정부를 가진 유럽 국가를 형성해야 한다. 이 유럽정부는 국방, 외교, 재정, 그리고 경제정책에 관한 명확한 부서를 가져야 한다. 유럽 국가는 여러 기구들 중 특히, 유럽정부의 장을 선출하고 통제하며 공동체에 이전된 권한 속에서 필요한 법을 승인하고, 유럽 국가의 예산을 비준하는 기능을 가진 유럽의회를 가져야 한다. 만약 파리회담이 그 임무를 완수할 수 있다면, 회담에서는 더도 덜도 아닌 유럽연방 헌법안이 작성되어야 할 것이다. 따라서 참여국들은 유럽 국가와 국가 기능에 대한 명확한 정의를 포함하는 조약안을 작성하는 책임을 가지는 국제기구를 설립하는데 동의해야 한다. 이러한 기구는 유럽연방을 건설하기 위한 제헌의회가 될 것이다. 이러한 제헌의회는 시민들의 직접선거에 의해 선출되어야 하지만, 신속성과 편의성을 위해서 인민주권의 소유자인 각 의회에 의해서 선출될 수도 있다(Pistone, 1991 : 191-206).

제38조에 따르면 EDC 조약이 비준되면 의회가 6개월 안에 유럽헌법을 작성하도록 되어 있었다. 유럽헌법이 EDC의 성공적인 비준에 달려 있다는 점을 간파한 스피넬리와 스파크 같은 사람들은 EDC조약이 비준되기 전부터 유럽정치공동체(EPC: European Political Community) 조약을 작성하기 위해 노력했다. 이들의 노력으로 ECSC 6개 회원국들은 ECSC의회가 특별의회가 되어 헌법을 작성하는 것에 동의하여 1953년 3월 유럽공동체(European Commmunty)라는 초국가적 공동체 헌장을 작성했다. 새로운 공동체 헌장에 따르면 유럽공동체는 EDC뿐만 아니라 경제 등 유럽의 전반적인 통합을 이끌 초국가적 조직체였다. EDC 조약의 제38조에 따르면 유럽공동체는 EDC 조약이 비준되면 별다른 조약 비준 절차 없이 자동적으로 비준되도록 되어 있었다.

EDC조약 제38조

제1항 : 본 (38)조의 마지막 항에 예정된 것에 따라 의회는 a) 민주적으로 선출된 유럽방위공동체 의회의 형성, b) 의회에 부여될 권한, c) 국가들의 대표성을 보장하기 위한 목적의 공동체의 다른 기관들에 관한 본 조약의 규정에 가져올 수정을 결정한다. 의회는 위 조항의 연구 과정에서 다음과 같은 원칙에 따른다.

- 현재의 임시조직을 대체할 확정된 조직은 연방적(federal) 혹은 연합적(con- federal)이고 양원 대의체제를 포함하는 구조를 형성할 수 있도록 고안되어야 한다.
- 의회는 또한 연방적 혹은 연합적 구조 속에서 조화를 보장할 수 있도록 이미 형성되었거나 형성될 유럽협력과 다른 기구의 공존에서 연유하는 문제를 연구해야 한다.

제2항 : 의회의 제안서는 의회의 기능 발효 6개월 이내에 이사회에 제출되어야 한다. 의회 의장은 이 제안서를 이사회의 견해를 덧붙여 회원국 정부에 발송한다. 회

원국 정부는 제안서를 받은 후 3개월 이내에 이것을 심의하기 위한 회담을 소집한다(Ducci, 1970 : 216).

유럽공동체 조약이 서명될 때까지 베네룩스 3국과 독일은 EDC에 대한 비준 과정을 마쳤다. 독일에서는 사민당의 반대가 있었지만 아데나워의 기민당이 주권 회복과 평화주의적 요소를 내세워 결국 비준에 성공했다. 문제는 각기 국내 정치적 어려움을 겪고 있던 프랑스와 이탈리아였다. 게다가 1953년 3월 스탈린의 사망과 7월 한반도에서 휴전협정이 체결되어 냉전이 해빙무드로 전환되자 EDC의 필요성에 대한 의문이 제기되었다. 특히 프랑스가 1954년 5월 인도차이나에서 호치민 군대에 대패를 당하면서 프랑스 국내에서 민족주의적 여론이 세를 얻고 있었다. 결국 1954년 EDC조약을 프랑스 의회가 비준을 거부함으로써 유럽공동체 또한 물거품이 되었다. 이와 함께 수직적 통합인 EDC를 통해 수평적이고 초국가적인 유럽공동체를 형성하려했던 연방주의자들의 열정이 사라지고 유럽통합에 대한 여론 또한 시들해졌다.

EDC의 붕괴 이후 무엇보다도 시급한 문제는 서독의 재무장을 어떻게 해결할 것인가의 문제였다. EDC가 비록 실패했지만 서독의 재무장은 이미 기정사실이 되었고, 비록 냉전이 약화되었다고는 하지만 어떻게든 해결되어야할 문제였다. 이에 영국의 이든(A. Eden) 수상은 1948년 영국, 프랑스, 베네룩스 국가들간에 체결된 브뤼셀조약(Brussels)조약에 서독과 이탈리아를 가입시켜 확대하고 서독을 재무장시켜 NATO 편입시킬 것을 제안해 이듬 해 5월 서유럽동맹(WEU)이 형성되었다. 이 기구는 정치, 군사 협의기구로 외무장관 이사회나 의회를 가지게 되었지만 초국가적 기구로 발전하지 못해 명목상의 기구로 남아 있다고 1993년 유럽연합(EU)의 탄생 이후 보다 의미 있는 기구로 발전했다.

제3장

유럽공동체의 형성과 발전

1. 로마조약

EDC의 실패 이후 모네뿐만 아니라 스피넬리 등 연방주의자들의 실망의 분위기 속에서도 유럽통합에 대한 열정과 시도는 계속 이어졌다. 모네는 또 다시 ECSC의 사례를 운송 및 핵에너지에 적용하기 위한 계획을 세웠다. 다만 이번 계획은 이미 EDC를 붕괴시키면서 국제적 위상이 추락한 프랑스가 아니라 벨기에의 스파크에게 전달되었다. 한편 네덜란드 외무장관 베이언(J. W. Beyen)과 스파크는 수직적 통합이 아니라 베네룩스 국가들이 이미 1930년대에 경험했던 경제의 전반적 통합이라는 관세동맹을 생각하고 있었다. 베네룩스 국가들은 모네의 제안과 베이언의 계획을 토대로 베네룩스 각서를 작성해 1955년 6월 이탈리아 시칠리아 섬의 메시나에서 열린 ECSC 6개국 외무장관회담에 제출했다.

메시나에 모인 6개국은 베네룩스 각서에 큰 관심을 보이지는 않았지만 스파크로 하여금 구체적인 계획을 작성하도록 하고 이를 1956년 5월 베니스에서 모여 논의하기로 하였다. 6개국으로부터 작업을 위임받은 스파크는 수직적 통합인 유럽원자력공동체와 수평적 통합인 관세동맹을 동시에 설립한다는 계획서를 베니스 외무장관회담에서 승인받았다. 스파크 보고서를 바탕으로 협상에 들어간 6개국은 각각 서로 다른 이해를 가지고 있었지만 특히 프랑스와 서독의 이해가 엇갈렸다. 프랑스는 독일의 원자력 산업을 영원히 통제하고 자신의 원자력 산업을 발전시킬 수 있는 원자력공동체에는 관심을 보인 반면 관세동맹에는 별 다른 관심이 없었다. 하지만 서독은 정 반대의 입장을 가지고 있었다. 특히 문제가 되었던 부분은 관세동맹으로 역사적으로 저관세 국가인 베네룩스 3국과 서독은 산업제품에서 역내관세의 철폐와 낮은 공동대외관세(CET: Common External Tariff)를 주장한 반면, 산업기반이 상대적으로 취약한 프랑스와 이탈리아는 높은 공동대외관세를 요구했다. 더구나 프랑스는 자국 농민들을 보호하기 위해 농업을 관세동맹에 포함시켜 공동농업정책(CAP: Common Agricultural Policy)을 실시할 것을 주장했다. 또한 자신의 해외영토를 공동대외관세 예외지역으로 편입시킬 것을 주장했다.

심각한 견해 차이에도 불구하고 협상을 빠르게 진행시킨 것은 모두가 유럽통합의 필요성을 인식하고 있었고, 1956년 여름 발생한 수에즈(Suez)운하 위기였다. 이집트 나세르(J. A. Nasser) 대통령의 수에즈 운하 국유화 이후 영국과 프랑스가 무력으로 수에즈 운하를 점령하자 미국과 소련의 합의에 의한 UN의 결정으로 영국과 프랑스는 반강제적으로 퇴각을 해야 했다. 이에 유럽, 특히 프랑스는 미국에 대한 배신감뿐만 아니라 굴욕과 국제적 위상의 추락을 느끼게 되었다. 유럽통합이라는 전망은 프랑스에게 유럽의 힘을 강화할 수 있는 대안으로 인식되었다.

ECSC 6개국은 1957년 3월 25일 로마에서 유럽원자력공동체(EAEC 혹은 Euratom: European Atomic Energy Community)와 유럽경제공동체(EEC: European Economic Community)를 형성하는 로마조약(Treaty of Rome)을 체결했다. 새로운 공동체들은 신속히 비준이 이루어져 이듬

해 1월부터 발효에 들어갔다. 이에 따라 유럽은 기존의 ECSC와 함께 세 개의 독립적인 공동체를 가지게 되었다. Euratom은 원자력의 평화적 이용과 원자력산업 발전을 목표로 하였고, EEC는 향후 12년 내에 관세동맹을 완성해 상품, 사람, 자본, 서비스 등 4대 생산요소의 자유로운 이동을 목표로 하였다.

이처럼 로마조약의 목표는 EEC를 통한 경제의 수평적인 통합이었다. 하지만 EEC가 비록 경제통합을 시도하고 있었다 할지라도 유럽인들은 경제통합을 보다 높은 수준의 정치통합을 위한 수단으로 생각하고 있었다. 당시 협상에 참여했던 스파크의 말처럼 유럽인들은 EEC를 "경제조약으로 여기지 않고 정치통합으로 가는 무대"라고 생각했으며, 유럽위원회의 초대 위원장이었던 할슈타인은 "유리는 경제를 통합시키고 있는 것이 아니라 정치를 통합시키고 있다"고 지적했듯이 로마조약의 궁극적이고 장기적인 목표는 정치통합에 있었다고 할 수 있다.

Euratom과 EEC는 모두 각각 ECSC의 조직과 유사한 조직을 가졌다. 먼저 공동체를 운영하는 집행부와 같은 기구로서 유럽위원회(Commission)를 두었다. 9인(대국 2인, 소국 1인)의 위원으로 구성된 유럽위원회는 각 공동체의 고유 업무를 담당하며 정책(혹은 법)을 제안하고 실행하는 기능을 가지는 회원국 전체의 공동이익을 대변하는 초국가적 기구이다. 회원국의 이익을 대변하기 위해 설치된 각료이사회(Council of Ministers)는 회원국의 각료들로 구성되어 의회의 자문을 걸쳐 정책을 최종 결정하는 권한을 가졌다. 의회(Parliamentary Assembly)는 중복을 피하기 위해 ECSC의 의회(Assembly)를 142명으로 확대하여 세 개의 공동체를 공동으로 담당하도록 하였다. 그러나 의회는 실질적인 입법권을 보유하지 못하고 자문 기능만을 수행하는 민주적 결핍(democratic deficit)을 보여주었다. 한편 공동체의 법(조약 및 2차법 등)을 해석하고 위반사항을 판결하는 7인의 판사로 구성된 사법재판소(Court of Justice)와 경제, 노동, 사회계를 대변할 수 있는 189명 정원의 경제사회

위원회(Economic and Social Committee)를 두었다.

공동체의 운영은 먼저 유럽위원회가 정책을 제안하면 각료이사회가 정책을 결정하고 다시 위원회가 이를 실행하는 형태로 이루어졌다. 각료이사회에서 정책의 결정은 만장일치나 가중다수결 표결(QMV: Qualified Majority Voting)로 이루어지게 되어 있었으나 대부분 만장일치에 의해 결정되었다. 각료이사회에서의 투표수는 대국의 이해와 소국의 이해를 조화롭게 조정하여 분배되었는데, 프랑스, 서독, 이탈리아는 각각 4개, 네덜란드와 벨기에는 2개 룩셈부르크는 1개의 투표권을 가졌다. 가중다수결의 경우 최소 4개국에서 총 12표가 이루어져야 통과될 수 있었다.

EEC의 형성은 유럽에게는 협력을 의미하지만, 다른 한편에서는 분열을 의미하기도 했다. 그것은 EEC가 6개국만에 한정된 공동체였다는 데 있다. 유럽은 이미 OEEC를 통해서 전 유럽적인 협력체를 형성했지만 EEC는 유럽 내에 또 다른 조직을 만들면서 유럽을 분열시켰다고 할 수 있다. 특히 영국이 공동체에 참여하지 않았기 때문에 유럽의 분열은 더욱 심각했다. 영국은 ECSC에서처럼 EEC와 Euratom의 초국가적 성격과 대영제국으로서의 위상 때문에 가입하지 않았다. 하지만 문제는 영국이 가입하지 않음으로써 유럽문제에서 영국의 역할이 점점 축소될 위험이 존재했다. 유럽에서 서독이 주권을 회복한 이후 점점 미국의 대화상대자가 되고 있고, 유럽통합 이후 미국에게 유럽대륙의 중요성이 증가하고 있었다.

이러한 고립된 상황에서 영국은 EEC외부에 또 다른 조직체를 형성해 유럽대륙으로부터의 격리를 막으려 시도했다. 영국은 EEC 논의가 시작되었을 때 OEEC를 포괄하는 자유무역지대를 제안했으나 프랑스로부터 거절당했다. 이후 EEC 완성 이후에도 공동체를 OEEC 속에 넣어 넓은 의미에서 자유무역지대를 형성하여 하였으나 이 또한 프랑스로부터 거절당했다. 따라서 영국은 대안은 자신의 협상력을 높일 수 있는 또 다른 조직체를 만드는 것이었다. 1959년 영국은 EEC에 가입하지 않은 7개국(영국, 오스트리아, 덴마크, 노르웨이, 포르투갈, 스웨덴, 스위스)을 모다 유럽자유무역협정(EFTA: European Free Trade Association)을 체결하였다.

2. 드골, 케네디, 유럽공동체

영국의 EFTA 형성은 유럽을 경제적으로 두 개의 유럽으로 완전히 분열시키는 결과를 가져왔다. 문제는 이러한 경제적 분열이 정치적 분열을 가져올 수 있다는 위험이었다. 이는 서방세계의 공산주의 봉쇄정책에 위험을 가져올 수 있는 요소임에 분명했다. 미국은 이를 우려하고 1960년부터 영국이 EEC에 가입하도록 간접적으로 압박하였다. 영국 공동체 가입의 필요성을 느끼고 있었다. 왜냐하면 EEC가 형성된 이후 유럽경제가 급속히 발전해 관세동맹의 효과가 입증되고 있었다. 반면 EFTA는 한계를 보였다. 게다가 영국의 영연방과의 교역이 점차 줄고 EEC와의 교역이 급속히 증가하기 시작했다. 정치적으로도 프랑스와 서독이 점차 미국의 대화상대자가 됨에 따라 영·미 특별관계라는 구도가 해체될 수 있는 위험 역시 존재했다.

EEC 가입에 대한 영국의 신속한 결정을 재촉한 것은 프랑스에서 드골(C. de Gaulle)의 등장이 이후 유럽통합이 새로운 방향으로 이동하고 있었다는 점이다. 영국에게 있어서 민족주의자 드골의 등장은 위험이자 기회였다. 드골은 사실 EEC를 반대한 대표적인 프랑스 정치인이었다. 드골의 입장에서 위대한 프랑스의 주권을 EEC에 양도한다는 것은 있을 수 없는 일이었다. 하지만 드골은 1958년 정계에 복귀하자마자 EEC를 지지하면서 적극적인 유럽주의자가 되었다. 하지만 그의 유럽통합 목표는 다른 유럽주의자들의 그것과는 다를 것이라는 점은 명백했다. 그것은 드골이 1959년부터 EEC 회원국들에게 타진하기 시작한 유럽정치협력에서 나타났다. 그가 의도하는 것을 푸쉐플랜(Fouchet Plan)으로 알려진 유럽을 느슨한 형태의 국가들의 유럽(*Europe des Patries*)으로 묶는 것이었다. 유럽의 국가간 연합이라는 가정은 주권 양도를 전제로 하지 않았기 때문에 영국에게 ECSC나 EEC의 경우처럼 큰 부담이 되지 않았다. 게다가 드골이 자신의 계획대로 유럽을 재구성하게 되면 영국은 아마도 영영 EEC에 가입하지 못할 것이란 것이 명백했다. 따라서 영국은 1961년 8월 9일 EEC 회원국들에게 가입 협상을 제안했다.

하지만 이러한 영국의 가정은 드골의 의도를 명확히 파악하지 못한 결과였다. 드골이 유럽주의자로 회귀한 것은 사실 프랑스의 옛 영광을 되찾아 미국과 소련에 동등한 대화상대자로 나설 수 있게 하는 것이었다. 이를 위해서는 프랑스가 정치, 경제, 군사적으로 강대해져야 했는데, 이는 프랑스 혼자의 힘으로는 불가능하다는 것을 잘 알고 있었다. 유럽통합은 그의 장기적인 목표를 위한 수단이었다.

대계획(Grand Design)으로 알려진 드골의 목표는 EEC를 통해 경제적 위상을 실현하며 유럽의 정치연합을 통해 프랑스가 유럽의 리더가 되는 것이었다. 즉 유럽통합을 통해 유럽을 미국과 소련에 버금가는 '제3의 세력(third force)'으로 발전시키고 프랑스가 이를 주도하는 것이었다. 프랑스가 공동체의 주도 국가가 되려면 정치연합이 초국가적인 통합이 아니라 국가간의 연합이어야 했고, EEC는 정치연합의 통제하에 두어져야 했으며 프랑스만이 핵무기를 가진 유일한 국가여야 했다. 즉 드골은 핵무기를 가지고 기존까지 미국이 유럽에서 수행했던 보호자의 역할을 프랑스가 대체하기를 희망했다. 따라서 드골의 목표와 영국의 기대는 정면으로 충돌하는 것이었다.

이러한 목표를 위해 드골은 1960년 1월 사하라 사막에서 핵폭탄 실험에 성공하였고, 서독과의 협력을 강조하면서 EEC를 강력하게 지원했다. 또한 1961년 푸쉐플랜을 제안해 유럽의 정치연합 협상을 시작했다. 프랑스가 제안한 푸쉐플랜은 회원국 정부의 장으로 구성되고 정책을 만장일치에 의해 결정하는 정상회담과 정부의 대표들로 구성된 운영위원회로 구성될 예정이었다. 게다가 초국가적 기구인 EEC를 새로운 정치연합 속에 넣어 정치적 통제 속에 두고, 안보문제에 대해서도 NATO와 분리된 유럽의 독자적인 정치안보협력을 상정하면서 '유럽인의 유럽'을 구상하였다.

문제는 이러한 '유럽인의 유럽'이 당시 새로운 유럽정책을 구상하던 케네디(J. F. Kennedy) 미국 대통령의 '대계획'과 충돌한다는 점이다. 1961년 2월 대통령에 취임한 케네디 대통령은 다국적군(MLF: Multi Lateral Force), 유럽과 미국 간의 자유무역, 영국의 EEC 가입을 통해서 유럽을 정치, 경제, 군사적으로 미국과 긴밀히 연계시키는 소위 '대서양 동반자관계(Atlantic Partnership)'을 구상하고 있었다. 이러한 계획에서 중심이 되는 것이 영국의 EEC 가입 이었다. 영국이 EEC에 가입하게 되어 케네디의 계획인 '대서양 동반자관계'가 형성되면 유럽은 자연스럽게 '대서양적 유럽'으로 변할 것이 분명했다. 따라서 케네디는 영국뿐만 아니라 유럽국가들에게 영국의 공동체 가입을 지지하며 압력을 행사하였다.

프랑스를 제외한 대부분의 EEC 회원국들은 영국의 공동체 가입을 지지했기 때문에 1961년 10월 영국의 EEC 가입을 위한 협상이 시작되었다. 협상 과정에서는 몇몇 조항에서 예외규정 요구한 영국과 공동체 정신에 충실하기를 원하는 유럽위원회와 프랑스 간의 갈등으로 어려움이 나타났다. 영국은 영연방 국가들과의 특별관계 및 EFTA 국가들과의 자유무역 관계를 인정받기를 희망했고, 공동농업정책에서 잠정적으로 예외 대상으로 남아있기를 희망했다. 이에 대해 유럽위원회, 프랑스, 이탈리아 등은 로마조약의 원칙이 영국의 요구 때문에 훼손되는 것을 원하지 않았다.

하지만 영국의 EEC 가입 협상에서 가장 큰 어려움은 공동농업정책이 아니라 영국의 EEC 가입 문제가 프랑스가 제안해 협상중인 정치연합 문제와 연계되면서 나타난 문제였다. 영국의 공동체 가입은 EEC 가입을 의미하는 것이지 아직 존재하지 않는 정치연합에 가입하는 것을 의미하는 것은 아니었다. 드골의 의도대로라면 정치연합이 협성되면 EEC를 통제할 수 있게 될 것이기 때문에 영국이 EEC에 가입한다 하더라도 영국이 포함되지 않는 정치연합을 통해서 영국을 통제할 수 있을 것이라고 생각했다. 한편 이탈리아는 영국이 EEC에 가입하기 전에 정치연합 협상을 끝낸다면 보다 높은 수준의 통합에 반대하는 영국이 유럽통합을 방해하지 못할 것이라고 생각했기 때문에 정치연합 협상이 빨리 끝나기를 희망했다.

이러한 프랑스와 이탈리아의 전략에 비해 베네룩스 국가들의 생각은 약간 달랐다. 그들은 영국의 EEC 가입은 자동적으로 정치연합 가입을 의미하는 것이라고 해석하고, 이 조항을 특히 프랑스가 받아들이기를 요구했다. 1962년 파리에서 진행된 정치연합 협상에서 이들은 자신들의 요구가 받아들여지지 않을 경우 더 이상 협상을 진행할 수 없다고 주장하면 협상장을 떠났다. 이탈리아의 중재 시도에도 불구하고 협상은 재개되지 않아 정치연합 문제는 어정쩡하게 종결되었다. 베네룩스 국가들의 요구와 태도는 영국이 뒤에서 조정했기 때문이라고 생각하게 만들었고, 브뤼셀에서 진행되던 EEC 가입 협상에서 영국에 대한 드골의 반감을 노골적으로 드러내 협상을 더욱 어렵게 만들었다.

영국에 대한 드골의 반감은 자신이 생각하는 유럽통합 개념과 미국이 생각하는 유럽통합 개념에 차이가 있다는 것이 명확해진 1962년 7월 4일 케네디 대통령의 필라델피아 선언 이후 더욱 공고해졌다. 드골은 '대서양 동반자관계'를 공식적으로 요구한 이 선언을 미국이 유럽을 영원히 통제하려는 의도라고 생각했다.

케네디의 필라델피아 연설

우리는 강력하고 통합된 유럽을 적대자가 아니라 동반자로 생각한다. 이러한 진보를 돕는 것은 17년 동안 우리의 외교정책의 근본적 목표였다. 우리는 통합된 유럽이 공동방위에서 더욱 큰 역할을 수행하고 가난한 국가의 필요에 보다 관대하게 대처할 것이며, 무역 장벽을 낮추고 통화문제를 해결하며 다른 모든 경제, 외교, 정치 영역에서 조화된 정책을 발전시켜 나가기 위한 미국과 다른 나라들의 노력에 동참할 수 있을 것이라고 믿는다. 우리는 그러한 유럽을 자유주의 국가들의 공동체를 건설하고 방어하는 위대하고 어려운 임무를 위해 완전히 동등한 토대 위에서 협의할 수 있는 동반자로 생각한다(Ducci, 1970 : 622-625).

필라델피아 선언은 유럽-미국 간 자유무역과 MLF 실현을 통한 유럽-대서양 안보 강화를 요구한 것이었다. 미국은 당시 대규모 재정적자와 대유럽 무역적자에 시달리고 있었기 대문에 1962년 초 의회에서 무역팽창법(Trade Expantion Act)을 통과시키면서 EEC와 자유무역협상을 요구하고 있었다. 또한 유럽국가들이 MLF를 받아들이도록 전방위적 압력을 행사하고 있었다. MLF는 유럽 방위에 대한 미국의 재정적 부담을 감소시키면서 핵무기를 보유하고자 하는 유럽의 요구를 만족시킬 수 있는 이상적인 계획이었다. '대서양 동반자관계'가 비록 드골의 의심처럼 유럽을 지배하기 위한 의도는 아니었다 할지라도 유럽과 미국 간의 상호의존을 보다 공고하게 할 수 있는 장치였다. 그리고 특별관계에 있는 영국의 EEC 가입은 이러한 미국의 계획을 보다 용이하게 만들어 줄 수 있을 것으로 예상되었다.

드골은 바로 이러한 점을 의심하고 있었다. 즉, 영국의 공동체 가입은 케네디의 구상을 현실화해 줄 수 있을 것으로 보았다. 이러한 의심을 더욱 공고화해 준 것은 12월 말 나소(Nassau)에서 영국의 맥밀란 수상과 케네디 대통령이 신형 핵무기인 폴라리스 미사일을 영국 함대에 탑재하기로 한 나소조약을 체결한 것이다. 이는 영국이 사실상 미국의 MLF를 받아들인 것이나 다름없었다. 나소조약은 결국 드골의 의심을 확인시켜주었고, 이듬해 1월 14일 드골은 다른 국가들과 상의도 없이 영국을 미국의 '트로이의 목마'라고 비난하면서 영국의 EEC 가입을 반대한다는 성명을 발표했다. 이에 따라 브뤼셀에서 여전히 진행중이던 협상 역시 자연스럽게 종결되었다. 프랑스의 이러한 독단적인 태도에 대해 EEC 회원국들은 비난을 쏟아냈다. 협상을 다시 재개하기를 희망하거나, 또 다른 방법을 모색하는 사람들 역시 존재했지만 드골의 동의 없이 할 수 있는 것은 아무것도 없었다. 영국은 1967년 또 한 차례 드골의 반대로 실패한 이후 1973년에야 가까스로 EEC에 가입할 수 있었다.

3. 유럽통합의 위기와 발전

푸쉐플랜의 실패는 유럽통합을 통해 프랑스에 옛 영광을 돌려주려는 드골의 계획이 실패했음을 의미한다. 드골이 비록 재집권 이후 유럽통합주의자가 되었다 할지라도 그의 유럽주의는 모네나 스피넬리 등의 유럽주의와는 완전히 달랐다. 그가 추구한 유럽은 초국가적 관료조직이 아니라 회원국에 의해 조정되는 유럽이었다. 즉, 회원국이 유럽통합의 방향과 방식을 조정할 수 있는 정부간주의적 방식이었다. 영국의 EEC 가입에 대한 드골의 반대는 유럽통합의 노선이 결국은 국가에 의해 얼마든지 변경될 수 있다는 점을 잘 보여주었다. 따라서 드골은 푸쉐플랜에는 실패했지만 영국의 공동체 가입에 대한 반대를 통해 이미 공동체를 자신의 유럽통합관에 따라 움직이기 시작했다.

드골의 유럽통합관은 당시 유럽위원회를 위시한 초국가주의적 유럽통합관을 가지고 있었던 사람들과 자주 충돌했다. EEC의 성립 이후 유럽의 비약적인 경제발전에 자극받은 유럽위원회 및 할슈타인 등 유럽주의자들은 공동체의 제도적 발전을 통해 통합을 심화시키고자 했다. 그들은 유럽의회에 예산권을 주어 의원들을 파견하는 회원국 정부로부터 의회를 독립시키고자 했다. 또한 정책결정을 어렵게 만드는 각료이사회에서의 정책결정 방식, 즉 만장일치제를 가중다수결제로 바꾸어 정책의 결정이 보다 쉽게 이루어지도록 하려 했다.

이러한 유럽주의자들의 시도는 공동체의 초국가성을 강화하는 것이기 때문에 '국가들의 유럽'을 주장하는 드골과의 충돌이 불가피하였다. 드골은 공동체 기구 중 각료이사회만을 유일하게 신뢰하고 있었다. 그는 각료이사회는 정치적 책임을 가지는 회원국 정부를 대표하지만, 의회나 유럽위원회는 정치적 책임이 없기 때문에 독립적이고 자율적인 권한을 가질 수 없다고 생각했기 때문에 두 기구에 더 많은 권한을 부여하는 것에 대해 반대했다. 따라서 그는 유럽위원회나 유럽주의자들의 시도에 반대하는 뜻으로 1965년 7월 1일 공동농업정책의 예산문제를 이유로 각료이사회에 파견한 자국의 대표단을 철수하는 강경조치를 취했다. '공석위기(empty chair crisis)'라고 불리는 이 조치로 유럽공동체는 파국의 위기를 겪게 되었다.

공석위기로 EEC의 모든 기능이 정지됨에 따라 회원국들은 이듬 해 1월 룩셈부르크에 모여 드골의 모든 입장을 들어주는 이른바 룩셈부르크 타협(Luxembourg Compromise)을 통해 프랑스를 다시 공동체에 불러들일 수 있었다. 따라서 유럽위원회나 의회의 초국가적 권한은 제한되고 회원국들의 비토권이 공식적으로 인정되어 만장일치에 의한 정책결정이 공식화되었다. 이에 따라 신기능주의의 파급효과를 통한 통합과정이 사라지고 통합은 일종의 국가간 정치적 프로젝트가 되면서 EEC는 회원국의 정책에 따라 운영되는 국가간 기구로 변질될 수 있었다. 이때부터 1986년 단일유럽의정서에 의해 만장일치제도가 폐지될 때까지 공동체가 움직여나가는 방식을 룩셈부르크 타협체제라고 부른다.

드골이 초래한 위기와 어려움 속에서도 EEC는 어느 정도 긍정적 발전을 이루고 있었다. 먼저 제도적 발전이 이루어졌다. 1950년 이후 유럽은 ECSC, EEC, Euratom 등 세 개의 공동체를 형성했다. 세 개의 공동체는 각각 기능이나 조직면에서 유사한 기구를 가지고 있었다. 따라서 조직의 중복으로 인한 예산과 인력의 낭비를 피하기 위해 기구통합의 필요성이 제기되고 있었다. 이에 따라 회원국들은 1965년 통합조약(Merger Treaty)을 통해서 각 공동체 기구들을 하나로 통합했다. 이에 따라 EEC와 Euratom의 유럽위원회와 ECSC 고위관청을 하나의 유럽위원회로 통합하고, 각 기구의 각료이사회와 사법재판소를 하나의 각료이사회와 사법재판소로 통합했다. 세 개의 공동체 기구가 하나로 통합되면서 공동체는 공식적으로 유럽공동체(EC: European Communities)로 부르게 되었다.

또 다른 발전은 공동정책에서 이루어졌다. 가장 괄목할만한 발전은 공동농업정책으로, 1962년 유럽농업지도보장기금(EAGGF)이 형성되면서 농업 분야에서 본격적인 공동정책이 이루어졌다. 공동농업정책은 로마조약에 원칙이 명기되어 있었지만 공동정책을 수행할 수단은 마련되지 않았다. 이에 농업 담당 집행위원이었던 만숄트(S. Mansholt)의 주도로 농업지도보장기금(EAGGF)이 만들어져 본격적으로 시행되기 시작했다. 또한 유럽투자은행(European Investment Bank)와 유럽사회기금(European Social Fund)을 형성해 낙후지역 개발 및 시민의 생활수준 향상을 위한 정책을 만들었다.

마지막으로 로마조약의 1차적 목표였던 관세동맹이 완성되었다. 1958년 1월 발효된 로마조약은 1969년 12월 말까지 12년을 기한으로 3단계에 걸쳐 관세동맹을 완성한다는 목표를 설정했다. 하지만 통합의 결과 유럽경제의 비약적인 발전이 이루어지면서 1년 6개월 앞당겨 1967년 7월 1일을 기해 관세동맹을 완성하게 되었다.

1960년대 유럽공동체의 발전은 공동체가 드골에 의해 지배되면서 제한적으로만 이루어졌다. 하지만 1960년대 말부터 나타나기 시작한 프랑스와 독일에서의 정치적 변화와 국제무대에서의 변화는 유럽통합에 직접적으로 영향을 주면서 그동안 정체되었던 통합의 심화와 확장을 가능하게 해 주었다. 가장 먼저 일어난 변화는 프랑스에서 드골의 정계은퇴 선언이었다. 1968년 6월 대통령으로 재선되었으나 다음 해 상원선거에서 패배하자 즉시 정계를 은퇴했다. 유럽통합에 대해 보수주의적이고 현실주의적으로 접근해 국가중심의 유럽통합 사상을 견지한 드골이 은퇴함으로 프랑스의 유럽통합 정책이 변화될 전망이 나타났다. 드골을 승계한 퐁피두(G. Pompidou) 대통령은 외교 담당자들을 모두 친유럽주의자로 교체하면서 프랑스의 유럽통합 정책의 변화를 예고했다. 이어서 그동안 드골이 반대하고 있었던 영국의 공동체 가입에 대해 반대하지 않는다고 선언하면서 정치·경제적 협력의 강화 및 재개에 강한 의지를 표명했다.

두 번째 변화는 냉전에서 긴장완화로의 국제정치적 변화이다. 1969년 7월 닉슨(R. Nixon)이 괌(Guam)에서 미국 외교정책의 변화를 언급한 이후 이듬 해 2월 국회에 보낸 외교교서에서 이를 확인함으로써 이른바 닉슨독트린을 공식화하였다. 위축된 경제의 활성화를 위해서 미국은 '베트남전의 베트남화'를 통해 동맹국에서의 전력감축을 통한 군사적 부담을 줄이기를 희망했다. 또한 거세지는 미국내의 반전운동에 부응해 베트남전을 하루 빨리 끝낼 필요가 있었고, 이는 소련과 중국의 협력 없이는 불가능한 것이었다. 따라서 미국은 소련과 중국에게 동맹국에서의 전력감축을 통해 긴장완화에 대한 의지를 보여주었다.

마지막 변화는 서독에서 1969년 10월 총리로 선출된 사민당 출신인 브란트(W. Brandt)의 외교정책노선이었다. 브란트는 이전의 아데나워의 '서방정책'을 완전히 변화시키는 '동방정책(Ostpolitik)'을 통해서 동유럽의 사회주의 국가들과 화해를 추구했다. 1971년 폴란드 수도 바르샤바의 전쟁희생자 기념비 앞에 무릎을 꿇고 독일의 범죄를 사죄한 것으로 극대화된 브란트의 동방정책은 서독의 관심을 기존의 서유럽에서 동유럽으로 옮겨놓을 수 있었다. 브란트의 동방정책은 닉슨의 긴장

완화 정책과 일맥상통하는 것으로 미국과 서독 간의 긴밀한 관계가 형성될 수 있었다. 게다가 서독은 1960년대 급속한 경제발전으로 서유럽에서 경제적 헤게모니를 장악할 수 있는 위치에 있었다. 이는

프랑스의 외교정책 변화는 바로 이러한 환경 속에서 이해할 필요가 있다. 퐁피두는 서독이 관심을 가지는 영국의 EEC 가입과 유럽통합의 심화라는 주제를 제시하면서 서독의 관심을 다시 서유럽으로 끌어들이려는 희망을 가지고 있었다. 사실 그의 외교정책 노선은 위대한 프랑스의 재건이라는 측면에서 드골의 그것과 큰 차이를 보이지는 않는다. 하지만 그는 유럽통합을 보다 현실주의적인 측면에서 접근했다는 차이를 가진다고 할 수 있다.

프랑스 외교정책의 변화와 함께 1969년 12월 1일 열린 헤이그 정상회담에서는 공동체의 심화와 확대라는 측면에서 많은 것이 결정되었다. 우선 6개국은 영국, 아일랜드, 덴마크, 노르웨이와의 공동체 가입 협상을 시작한다는데 합의했다. 둘째, 6개국은 그동안 마련되지 못했던 공동농업정책의 재정규칙을 1970년까지 완성한다는데 합의하였다. 셋째, 1980년까지 3단계에 걸친 경제통화동맹을 구축하기 위해 베르너(P. Werner)를 위원장으로 하는 위원회를 구성했다. 마지막으로 정치협력을 제도화하기 위해 다비뇽(E. Davignon)을 위원장으로 하여 위원회를 구성했다. 퐁피두 대통령의 타협적인 태도로 인해 헤이그 정상회담은 공동체의 발전이라는 측면에서 많은 진전이 있었었다. 하지만 헤이그 정상회담은 회원국 정상들이 모여서 공동체의 어려움을 해결할 수 있었다는 점 때문에 정상회담의 중요성을 대두시켰다.

프랑스의 협조적인 태도로 영국의 공동체 가입 협상은 신속하게 진행되었다. 기존까지의 협상과 달리 이번 협상에서는 회원국보다는 유럽위원회가 주도적으로 협상을 진행했다. 이에 따라 어업문제로 비준에 실패한 노르웨이를 제외한 3개국은 1973년 1월 EEC에 가입하게 되러 공동체의 첫 확장이 성공적으로 이루어졌다. 이와 함께 위 3개국이

빠진 EFTA와도 자유무역협정을 체결해 1960년 초 분열된 유럽을 정치, 경제적으로 다시 하나로 묶게 되었다. 하지만 1950-60년대 EEC를 발전시켰던 6개국의 공동체정신을 가지지 못한 이들 3개국이 공동체에 가입함으로써 공동체의 연대성은 어느 정도 약화될 것이 분명했다. 특히 룩셈부르크 타협을 통해 공동체의 정부간주의적 성격이 강화되었기 때문에 향후 공동체의 정책결정에서 3개국의 가입은 더욱 어려움을 줄 것이 분명했다.

헤이그 정상회담의 결정으로 정치적, 경제적 심화 또한 의미 있는 진전을 보였다. 먼저 정치협력 구상을 위임받은 다비뇽은 1970년 정기적인 외무장관 회담을 통한 유럽정치협력(EPC: European Political Cooperation)이라는 구상을 제시했다. 이 구상은 비록 푸쉐플랜이 계획했던 정부간주의적 성격을 가지고 있지만, 1954년 실패한 유럽방위공동체와 유럽정치공동체의 의지를 담고 있다는 측면에서 정치통합 문제에서 진전을 보여준 것이다. 하지만 이 계획은 1973년 에너지 위기 이후 닥친 불안 속에서 개최된 1973년 파리회담에서 주요 의제가 되지 못한 채 뒤로 미뤄졌다.

경제통합의 심화 작업은 1970년 10월 제출된 베르너 보고서를 통해서 야심차게 시작되었다. 베르너 보고서는 1980년 말까지 경제통화동맹을 완성한다는 계획을 포함하고 있었다. 경제통화동맹은 회원국간 환율을 안정시켜 주었던 브레턴우즈(Bretton Woods) 체제의 존속과 회원국간의 경제와 통화정책의 조화가 전제된다. 하지만 연이어 닥친 미국의 금태환제 및 고정환율제 폐기와 1973년 중동전쟁(Yom Kipper 전쟁)에 따른 에너지 위기 이후 회원국들은 협력이 아니라 분열되었다. 먼저 미국은 1960년대 말부터 나타나기 시작한 재정위기 문제에 대처하기 위해 1971년 8월 달러를 평가절하하고 금태환제를 폐기함으로써 자신들이 만든 브레턴우즈 체제를 폐기했다. 기축통화가 무너지자 세계의 환율이 요동치자 환율 변동폭을 ±2.25% 한도 내에서 허용하기로 하였지만, 유럽은 이 폭을 더 줄여 ±1.125%로 각국 화폐의 환율 변동폭을 조정하였다. 스네이크 시스템(snake system)이라고 부르는 이 체제를 통해서 유럽의 통화체제는 어느 정도 안정을 확보했다. 하지만 곧 바로 닥친 에너지 위기는 회원국들이 잇달아 자국 시장에 대한 보호주의적 조치를 취하게 만들었고 이탈리아 등은 회원국과 상의도 없이 스네이크 시스템에서 탈퇴하였다. 또한 에너지 위기시 금수조치를 당한 네덜란드에 대해 프랑스나 영국은 연대의식을 잃고 중동 국가들과 쌍무적 협상을 통해 에너지 수입을 해결하려 했다. 1972년과 73년 파리와 코펜하겐에서 잇달아 열린 회원국들은 경제통화동맹 문제에 대해 합의에 이르지 못하고 헤어짐으로써 베르너의 계획은 무산되게 되었다.

미국에 의해 촉발된 환율 불안과 에너지 위기 이후 유럽의 경제는 침체 국면에 들어서면서 유럽인들은 다시금 유럽통합 심화의 필요성을 느끼고 있었다. 유럽경제를 다시 안정시키고 활성화시킬 수 있는 유일한 방법은 EMU 형성을 다시 시도하는 것이었다. 하지만 우선적으로 필요한 것은 경제와 통화를 하나로 통합하는 즉각적인 EMU 형성이 아니라 통화의 안정을 통해 경제성장과 협력을 공고화하는 것이었다. 이에 1978년 코펜하겐 유럽이사회는 유럽통화제도(EMS: European Monetary System), 이를 안정적으로 운영하기 위해 유럽통화협력기금(EMCF: European Monetary Cooperation Fund)를 형성하기로 합의했다. EMS는 유럽통화단위(ECU: European Currency Unit)라는 가상의 화폐를 만들고, 각 회원국의 경제적 비중에 따라 일종의 바구니(basket)에 할당된 비율에 따라 회원국 간의 통화 교환비율을 책정하는 것이었다. 이를 통해 각 화폐간의 유동성을 ±2.25%로 제한함으로써 환율 불안정을 제거하려 했다. 이러한 노력은 1980년대 유럽경제를 안정시키는데 기여했다.

공동체를 위기로 몰고 간 또 다른 위기는 영국의 공동체 가입조건 재협상 요구였다. 1974년 총선에서 승리한 영국의 노동당 정부는 공동농업정책으로 인한 공동체의 농산물 가격과 영연방의 농산물 가격 간 차이가 너무 크다는 이유로 가입조건 재협상을 요구했다. 재협상 요구는 영국의 국내정치적 문제 때문에 제기된 것이기도 하지만, 이전부터 유럽통합에 부정적인 입장을 보여온 노동당의 재협상 요구는 공동체를 위기에 빠뜨릴 수 있는 문제였다. 이러한 위기를 극복하게 해 준 것은 프랑스와 서독에서 새로운 정부를 구성한 데스텡(V. G. d'Estaing) 대통령과 슈미트(H. Schmidt) 총리의 협력이었다. 그들은 먼저 1974년 파리와 1975년 봄 더블린에서 열린 두 번의 정상회담을 통해 영국으로 수입되는 뉴질랜드의 유제품에 대해서 공동농업정책의 예외규정으로 둠으로써 영국문제를 잠정적으로 해결했다.

파리정상회담에서는 또한 양국 정상의 협력으로 유럽이사회(European Council)가 제도화되었다. 일종의 정상회담인 유럽이사회는 연 3회 정기적으로 열리게 될 예정으로 관료나 장관들 수준에서 해결하기 어려운 문제들을 신속하게 해결하기 위한 제도였다. 유럽이사회의 설립은 중요한 공동체의 결정을 정상회담을 통해서 신속하게 해결할 수 있는 장점을 가지고 있었지만, 사실은 드골이 요구했던 공동체의 정부간주의적 성격을 재확인한 것이었다는 점에서 초국가적 유럽통합에 부정적인 측면으로도 작용했다.

파리 정상회담의 또 하나의 성공은 유럽의회의 권한 강화였다. 1962년 현재의 이름인 유럽의회(European Parliament)로 개칭한 유럽의회는 그동안 정책결정 과정에 참여하지 못하고 감시의 기능을 보유하지 못한 채 명목상으로만 존재하고 있었다. 비록 1970년대 초중반 공동체 예산에 대한 감시권을 부여받았지만 유럽의회는 공동체의 민주적 결핍(democratic deficit)을 보여주는 대표적 기관이 되었다. 따라서 유럽의회 권한 강화 문제는 연방주의자들 뿐만 아니라 이탈리아 등과 같은 초국가적 유럽통합을 지지하는 국가들이 꾸준히 요구해 왔던 문제였다. 유럽의회 의원들은 여전히 회원국 의회에서 선별되어 회원국의 영향력으로부터 벗어날 수 없었다. 이에 1974년 파리 정상회담에서는 유럽의회의 직접선거를 결정했고, 1979년 첫 유럽의회 선거가 실시되었다. 인구에 따라 회원국별로 비례적으로 의원수가 할당되어 선출된 유럽의회 의원들은 좌파에서 우파까지 정파별로 연합을 형성해 유럽시민들을 대표할 수 있게 되었다.

1974년 파리 정상회담은 또한 유럽의 정치협력 문제를 다시 활성화시킬 수 있는 결정을 했다. 9개국 정상들은 실패한 다비뇽 보고서를 다시 논의하기 위해 벨기에 수상인 틴더만(L. Tindermans)에게 정치연합 문제를 다시 연구하도록 요구했다. 다비뇽 보고서를 바탕으로 틴더만은 1975년 말 공동의 외교안보정책을 가진 유럽연합 형성이라는 급진적인 계획서를 제출했다. 하지만 프랑스와 영국의 반대로 그의 보고서는 채택되지 않음으로써 다시 한 번 정치연합 계획은 사장되게 되었다.

4. 유럽회의주의와 낙관주의

1970년대 초의 경제적 혼란과 에너지 위기를 극복한 유럽공동체는 후반에 들어서면서 차츰 연대의식을 회복하며 제도적인 측면에서 발전을 이룩했다. 비록 괄목할만한 발전을 이루지는 못했지만 EMS 형성이나 유럽의회의 권한 강화 등과 같은 발전은 위기 속에서 이룬 발전이라는 측면에서 상당한 의미를 가진다. 하지만 공동체는 1979년 대처(M. Thatcher)의 등장과 함께 유럽회의주의 속에 빠지게 되었다. 영국 보수당 정부의 대처 수상은 취임 직후부터 공동체 예산에 대한 영국의 기여가 지나치다고 지적하면서 공동체 예산문제를 지적하기 시작했다.

대처의 공동체 예산에 대한 문제 제기는 영국의 재정적자를 해결하기 위한 방편이기도 했다. 하지만 당시 예산의 운영을 살펴보면 대처의 문제제기가 지나친 것은 아니었다. 당시 공동체는 유럽연합 회원국으로 들어오는 수입품에 대한 공동관세, 수입 농산품에 수입 공제금, 그리고 각 회원국이 징수하는 부가가치세의 약 1%를 넘겨받아 운영되고 있었다.[1] 공동체 예산은 행정비용과 각종 정책에 사용되는데, 전체 예산 중 공동농업정책에 사용되는 비율이 약 70-80% 정도에 이르렀다. 따라서 대표적인 농산품 수입국인 영국은 공동체 예산에 약 19%를 기여하면서도 농업인구가 약 2%에 불과해 상대적으로 많은 기여를 하면서도 가장 적게 되돌려 받는 불리한 위치에 있었다. 이러한 점은 영국인들이 공동체 가입으로부터 얻은 것이 없다는 유럽회의주의(Euroscepticism)에 빠지게 하였다. 대처의 문제제기는 바로 이러한 영국인들의 불만을 반영한 것이었다.

대처는 1980년 공동체의 예산 승인을 거부하면서 공동체를 일순간 위기에 빠뜨렸다. 이에 회원국들은 영국의 재정적자의 65%를 공동체 예산으로 메워주기로 하고 하면서 대처의 분노를 누그러뜨렸다. 하지만 대처의 요구가 단순히 영국의 부담을 경감시키기 위한 것은 아니었다. 대처는 근본적으로 공동체의 예산문제가 개혁되어야 한다고 생각했다. 그는 공동체 예산 중 공동농업정책이 차지하는 비중이 너무 크기 때문에 이를 줄여야 한다고 주장했다. 하지만 이러한 요구는 공동농업정책의 가장 큰 수혜국인 프랑스의 반대에 부딪혔다. 이에 영국은 1982년 공동농업정책의 농산물 가격설정을 방해함으로써 다시 한 번 공동체를 어려움에 빠뜨렸다. 영국은 포클랜드 전쟁에 대한 회원국들의 지지의 대가로 가격설정에 합의함으로써 위기 극복의 활로를 열었다. 이어 회원국들은 1984년 퐁텐블루 유럽이사회에서 영국이 납부하는 분담금의 2/3를 각종 정책으로 되돌려주기로 합의하면서 영국의 유

1 1980년대 중반 들로르의 예산 개혁안으로 1992년부터는 회원국 GNP의 1.27%를 공동체에 납부하도록 해 제4재정을 마련했다.

럽회의주의는 진정되었다.

대처의 예산문제 제기의 이유가 경제적인 측면에만 있지는 않은 것이 분명하다. 당시 공동체는 프랑스의 서독에 의해 이끌려가고 있었다. 1973년 공동체에 가입했지만 영국은 아직 공동체를 이끌어가는 기관차는 아니었고, 그렇게 할 의지도 없었다. 문제는 공동체가 프랑스와 서독에 의해 주도되면서 유럽 내에서 영국의 위상이 축소되고 있었다는 점이다. 대처의 정책은 이러한 고착상태를 풀면서 공동체에서 영국의 목소리를 내기 위한 것이었다고 할 수 있다.

영국에 의해 촉발된 유럽회의주의는 1980년대 중반 이후 점차 낙관주의로 변화되었다. 이러한 변화를 이끈 요인은 다양하다. 첫째, 이 시기부터 유럽경제가 다시 활성화되기 시작했다. 당시 일기 시작한 신자유주의 물결은 유럽경제에도 긍정적으로 영향을 주었고, 이는 다시 유럽의 경제통합 완수에 대한 희망을 부추겨주었다. 둘째, 세계경제의 활성화는 동아시아 신흥경제국들의 부상을 가져왔고, 이는 유럽에 일종의 위기감을 주어 경제통합을 가속화할 필요성을 제기해 주었다. 셋째, 미테랑(F. Mitterrand)과 콜(H. Kohl)의 지도력으로 프랑스-서독의 협력관계가 강화되어 유럽을 이끌어갈 수 있는 힘이 탄생했다. 마지막으로 '미스터 유럽(Mr. Europe)'으로 불리던 들로르(J. Delors)가 집행위원장으로 선출되었고 스피넬리(A. Spinelli)등과 같은 유럽주의자들의 활동이 되살아나기 시작했다.

1984년 퐁텐블루 유럽이사회를 전후로 유럽회의주의는 점차 사라지고 공동체의 심화와 확대가 가속화되었다. 먼저 1980년 그리스를 10번째 회원국으로 받아들인 EEC는 1986년 스페인과 포르투갈을 받아들임으로써 12개국으로 확대되었다. 1차 확대가 북서유럽으로의 확대였다면, 2차 및 3차 확대는 남유럽으로의 확대라는 측면에서 공동체는 지리적 균형을 이룰 수 있게 되었다. 농업국가인 3개국의 EEC 가입은 프랑스나 이탈리아와 같은 국가들에게 우려를 주었으나, 지리적 균형이라는 요소는 이들 국가들을 받아들이는데 큰 어려움을 주지 않았다.

통합의 심화는 다양한 측면에서 나타났다. 먼저 정치적 측면에서 심화에 대한 논의는 1980년대 초반부터 정부간 수준과 유럽적 수준에서 동시에 진행되고 있었다. 먼저 1983년 6월 슈투트가르트에서 열린 유럽이사회는 소위 『엄숙한 선언』이라 불리는 성명서를 발표했는데, 이는 제도개혁과 유럽정치협력(EPC)을 통해 EEC를 유럽연합(European Union)으로 변환시킨다는 내용을 담고 있었다. 즉, 엄숙한 선언은 1966년 룩셈부르크 타협으로 폐지된 가중다수결 제도를 다시 도입하고 유럽이사회를 공동체의 공식 기구로 인정하는 등 제도개혁과 정치협력을 담고 있었다.

엄숙한 선언(Solemn Declaration)

보다 더 넓은 연대성과 공동행동을 고무하기 위해서 유럽건설은 정치적 목표, 보다 효율적인 (정책)결정 방법, 공동체 내부뿐만 아니라 외부에서 공동이해의 모든 측면에서 공동의 정책을 탐구할 뿐만 아니라 다양한 분야에서 최대한의 결속을 추구해야 한다. ... 정치, 경제 분야에서 유럽연합으로 향하는 길에서 이제까지 이루어온 진전을 공고화하기 위해서 회원국 정상들은 정책의 심화와 새로운 정책의 개발을 통한 공동체의 발전 강화, 유럽정치협력의 발전과 강화, 문화협력, 법적 협력의 강화라는 목표를 재확인한다(Levi, 1978 : 236-242).

한편 유럽의회 수준에서의 정치적 통합의 심화 노력도 나타나고 있었다. 먼저 1981년 서독의 외무장관 겐셔(H. D. Genscher)와 유럽의회 의장인 콜롬보(E. Colombo)는 외교, 문화 및 법적 협력과 유럽의회의 권한 강화를 통해 정치적 통합을 추구하는 겐셔-콜롬보계획(Genscher-Colombo Plan)을 유럽의회에 제출하였다. 이는 공동체의 초국가적 통합을 의미하는 것이었기에 회원국들의 지지를 받지는 못했다. 하지만 겐셔-콜롬보계획과 『엄숙한 선언』은 또 다른 연방주의자 스피넬리(A. Spinelli)를 자극하는 계기가 되었다. 스피넬리는 『엄숙한 선언』을 "푸쉐플랜의 재판"이라고 비판하면서 그의 방식대로 정치통합을 준비했다. 그는 자신의 입헌적 연방주의 노선을 추종하는 동료들과 함께 『악어클럽』을 형성해 '유럽연합 조약안'을 작성해 유럽의회에 제출했다. 유럽의회의 대폭적인 권한강화와 보충성의 원칙 등 새로운 개념에 입각한 이 조약안은 1984년 유럽의회에서 압도적인 다수로 승인되어 퐁텐블루 유럽이사회에 회의 안건으로 제출되었으나 회원국 정상들은 이를 논의 안건으로 채택하지 않음으로써 사장되었다.

'유럽연합 조약안'을 사장시킨 퐁텐블루 유럽이사회는 대신 아일랜드의 두기(J. Dooge)를 위원장으로 하는 두기위원회를 구성해 에너지 위기 이후 중단된 제도개혁과 정치연합 문제를 다시 연구하도록 했다. 이는 『엄숙한 선언』에 나타난 노선을 추구하겠다는 의지의 표현으로 유럽통합이 여전히 정부간주의적 노선에 따라 진행되고 있음을 의미한다. 두기위원회가 작성한 보고서는 1국 1인 유럽위원회 원칙, 유럽의회의 정책결정권 강화 등과 같은 연방적 구조를 강화한 기존의 공동체 조약을 수정하는 새로운 유럽연합 조약을 포함하고 있었다.

정치적 심화에 대한 저항은 여전했지만 경제적 심화에 대한 저항은 상대적으로 적었다. 1985년 1월 유럽위원회 위원장에 취임한 들로르(J. Delors)는 6월 밀라노 유럽이사회에 『백서White Paper』를 제시했다. 단일시장(Single Market) 계획을 제시했다. 이는 1992년 12월 말까지 각종 비관세 장벽을 제거해 유럽을 하나의 통합된 시장으로 만든다는 계획이었다. EEC는 이미 1968년 관세동맹을 완성해 자유로운 무역이 가능했지만 사람, 자본, 서비스 분야에서의 자유이동은 여전히 제한적이었고, 기술적, 행정적, 환경적 장벽 등 각종 비관세 장벽이 여전히 존재하고 있었다. 1979년 『카시스 드 디종(Cassis de Dijon)』 판결에도 불구하고 이들 비관세장벽은 여전히 자유로운 무역을 저해하는 요소였다. 들로르의 계획은 바로 이러한 모든 장벽들을 제거하는 것이었다.

1985년 12월 두기위원회의 보고서와 『백서』를 전달받은 유럽이사회는 들로르의 단일시장 계획에는 동의했으나 제도개혁과 정치협력을 담은 두기의 보고서에 대해서는 여전히 주저했다. 이에 회원국들은 이 문제를 다시 논의하기 위해 정부간회담(IGC: Intergovernmental Conference)을 개최하기로 하고, 이듬해 2월 헤이그에서 열린 유럽이사회에서 ECSC, EEC, Euratom조약 등 기존의 조약들을 하나의 조약으로 묶는 단일유럽의정서(Single European Act)가 서명되었다.

덴마크와 아일랜드에서 비준의 어려움을 극복하고 1987년 7월 1일 발효된 SEA는 이전의 공동체 조약들에 비해서 훨씬 진보적인 것이었다. SEA는 크게 두 부분으로 구성되었는데, 하나는 제도개혁과 단일시장 계획이었고, 다른 하나는 정치협력에 관한 부분이었다. 이 외에도 SEA에는 구조기금, 사회정책, 환경정책 등 제 정책이 포함되었다.

단일시장과 제도개혁 부분에서 SEA는 먼저 1992년 말까지 사람의 자유이동에 대한 장벽 제거, 국가 표준의 조화, 재정기구의 자유화 등과 같은 자유이동에 필요한 300여 개의 지침을 마련하였다. 다음으로 제도개혁에 관해서 SEA는 각료이사회에서의 의사결정에서 만장일치를 폐지하고 가중다수결을 다시 도입했다. 또한 정책결정에서 '협력절차(cooperation procedure)'를 통해 유럽의회가 정책결정에 참여할 수 있는 권한을 강화했다. 마지막으로 유럽이사회를 공동체의 공식적인 제도로 인정함으로써 유럽이사회의 역할을 인정했다. 정치협력과 관련해서 SEA는 정치협력 문제를 논의하기 위해 3개월마다 외무장관 회담을 개최하기로 하고, 이를 준비하기 위해 정치위원회(Political Committee)를 두었다. 이로써 유럽정치협력(EPC)를 조약에 명기하고, 유럽공동체 차원에서 제도화했다.

SEA는 공동체의 결정 방법을 만장일치에서 가중다수결로 변화시켰다는 점에서 의미가 매우 크다. 이를 통해서 유럽통합의 정부간주의적 속성을 초국가적 속성으로 변화시킬 수 있는 기회를 제공했다고 할 수 있다. 비록 제도개혁 문제에서 SEA의 한계는 명확했지만 로마조약 이후 가장 괄목할만한 제도개혁과 정치협력을 담고 있다는 점에서 유럽통합을 한 단계 진전시켰다고 평가할 수 있다.

이러한 성과에도 불구하고 SEA는 많은 문제점을 가지고 있었다. 첫째, SEA는 그 목표를 단일시장에 둠으로써 1970년대 이후 논의되었던 경제통화동맹(EMU)에 대한 구체적인 실행계획을 가지지 못했다. 이는 1992년 말 단일시장이 완성되었을 때 유럽통합의 궁극적 목표인 EMU를 향한 또 다른 조약이 필요함을 의미한다. 둘째, 유럽의회와 유럽위원회의 권한 강화가 제한적으로 나타나 연방주의자들을 만족시키지 못했다는 점이다. 마지막으로는 정치협력이 추상적으로만 명기되었기 때문에 비록 예상하지 못한 것이지만 1989년 말에서 90년대 초반 발생한 냉전의 붕괴 이후 정치협력을 위한 새로운 조약이 필요했다.

이러한 한계에도 불구하고 SEA는 향후 공동체의 발전에 기회를 주었다. SEA의 성공은 유럽위원회 위원장인 들로르에게 자신감을 주어 또 다른 시도를 하게 만들었다. 그는 1987년 2월 단일시장을 공고화하기 의해 필요한 일련의 조치들을 담은 소위 들로르 패키지 I(Delors Package I)이라는 공동체 개혁안을 발표했다. 이는 단일시장 완성과 저발전 지역을 위한 구조기금 강화 등을 목표로 하는 것으로, 이것을 위해서 필요한 예산 확보 방안을 담고 있었다. 그가 제시한 예산 확보 방안은 돈먹는 하마였던 공동농업정책의 개혁과 제4의 자체예산을 통해서 공동체 예산을 늘리는 것이었다. 회원국 GNI의 약 1%를 공동체 예산으로 납부하도록 하는 이 예산계획은 이탈리아와 같은 가난한 국가나, 특히 예산문제에 민감한 영국의 강력한 반대를 받았으나 서독의 콜 총리의 지지로 1988년 2월 브뤼셀 특별이사회는 들로르의 개혁안을 통과시켰다.

들로르 패키지의 성공에 자극받은 들로르는 또 다른 개혁안을 준비했다. 그것은 SEA에서 언급되지 못했던 경제통화동맹의 실현이었다. SEA는 사실 그 이후에 나타날 상황변화뿐만 아니라 공동체 자체의 발전도 준비하지 못한 조약이었다. 먼저 SEA는 1992년 말까지 단일유럽시장(SEM, Single European Market)을 완성한다는 계획을 세웠다. 단일시장은 그 내부에서 상품뿐만 아니라 사람, 자본, 서비스가 자유롭게 이동함을 의미한다. 따라서 유럽에서 단일시장이 이루어질 경우 그것이 완전하게 작동하기 위해서는 회원국의 경제정책과 통화정책의 조화, 즉 경제통화동맹이 이루어져야 했다. 다음으로 단일시장은 그 안에서 시민들의 자유로운 이동이 있을 것이기 때문에 그들에게 동등한 권리를 부여하는 유럽시민권(European Citizenship)이 마련될 필요가 있었다. 마지막으로 시민들이 회원국에서 자유롭게 이동할 경우 이에 따른 회원국의 법 혹은 제도의 통일이 필요할 뿐만 아니라, 단일시장은 국경통제의 해체를 의미하는 것이기 때문에 이와 함께 증가할 범죄와 같은 문제에 대처할 필요성이 있었다. 들로르의 시도는 바로 이러한 필요성에 부응하려는 것이었다. 들로르의 노력으로 1988년 6월 하노버 유럽이사회는 영국 등의 반대에도 불구하고 EMU 설립을 위한 들로르 위원회를 구성하도록 하였다. 이에 대처 수상은 1988년 9월 브뤼헤(Bruges)에서의 연설에서 들로르와 같은 유럽관료(Eurocrat)를 맹렬히 비난하였다. 대처는 유럽통합이 회원국의 의지가 아닌 초국가 기관인 유럽위원회에 의해 진행되고 있다는 사실에 분노했다. 그의 비난은 1965년 공동체의 위기를 가져온 공석위기를 초래한 드골의 그것과 매우 유사한 것이었다.

대처 수상의 브뤼헤 연설

오늘 저녁 저는 유럽의 성공을 보장할 미래를 위한 몇 가지 원칙을 지적하고자 합니다. ... 제 원칙은 다음과 같은 것입니다. 그것은 자율적이고 능동적인 독립국가들 간의 협력이 유럽공동체를 성공으로 이끌 가장 최고의 방법이라는 것입니다. ... 우리는 영국에서 국가의 국경을 제거하는데 성공했습니다. 하지만 우리는 지금 그 장벽이 브뤼셀의 새로운 지배층이 이끄는 초유럽 국가를 가진 유럽에서 다시 채워지는 것을 보고 있습니다. 물론 우리는 보다 더 통합되고 공동의 동기를 가진 유럽을 보기를 희망합니다. 하지만 그것은 전통, 각국의 의회 권력, 국가의 민족적 자긍심을 보존하는 선에서 이루어져야 합니다. 왜냐하면 이것들이 바로 수 세기에 거친 유럽의 역동성의 기원이었기 때문입니다(Levi, 1970 : 316-322).

20년 전에는 드골이 승리했지만 이번에는 사정이 달랐다. 대처의 비난에도 불구하고 들로르는 1년만인 1989년 6월 마드리드 유럽이사회에 EMU 완성을 위한 들로르 보고서(Delors report)를 제출했다. 그는 EMU를 단계적으로 완성하기 위해 3단계를 설정했다. 190년 7월부터 1993년 말까지 진행될 첫 단계에서는 자본이동에 대한 제한을 제거하고, 두 번째 단계인 1994년 1월부터 1998년 말까지는 유럽통화기구(EMI: European Monetary Institute)를 설립해 회원국간 통화협력을 형성하며, 1999년 1월부터 시작될 제3단계에서는 단일통화를 도입하는 것을 목표로 삼았다. 들로르 보고서에 대한 대처 수상의 반대는 강력했지만 미테랑 대통령과 콜 총리의 연대는 이 보고서를 가중다수결로 통과시키는데 기여했다. 가중다수결제도를 도입한 SEA는 이렇게 초국가적인 방법에 의해 유럽통합의 심화에 기여했다.

제4장

유럽연합의 탄생과 발전

1. 마스트리히트조약

1989년 경제통화동맹을 창설하기로 한 마드리드 유럽이사회의 결정은 동유럽에서의 변화로부터 자극받은 바가 크다. 1985년 소련 공산당 서기장으로 선출된 고르바쵸프(M. Gorbaciov)의 잇따른 개방(*Glasnost*)과 재건(*Perestrojka*) 선언은 냉전의 변화를 의미하는 것이었다. 게다가 고르바쵸프는 1989년 폴란드 자유노조의 혁명(Solidarity)에 이은 선거에 개입하지 않음으로써 브레즈네프 독트린(Breznev Doctrine)의 폐지를 선언했다. 1989년 11월 9일 베를린 장벽의 붕괴는 냉전 종결의 서막을 알리는 것이었다. 들로르 리포트를 통한 경제통화동맹의 형성 시도는 이러한 변화에 대한 유럽인들의 현실적 대응이었다. 40여 년 전 냉전이 유럽통합을 시작하게 했다면, 냉전의 붕괴는 유럽통합을 가속화시키는 아이러니를 낳았다고 할 수 있다.

냉전의 점진적 붕괴에 따라 독일의 재통일이 임박하자 서독과 유럽의 각 국가, 특히 프랑스는 서로를 만족시킬 필요가 있었다. 서독은 프랑스에게 독일이 유럽에 헌신할 것이며, 재통일로 유럽의 균형을 깨뜨려 과거의 독일이 되지 않겠다는 믿음을 줄 필요가 있었다. 서유럽 국가들을 안심시킬 수 있는 방법은 통일된 독일이 유럽공동체에 헌신하겠다는 약속을 보여주는 것으로 이루어질 수 있었다. 반면 프랑스는 독일이 재통일로 그들의 관심을 서쪽에서 동쪽으로 바꾸지 않도록 하기 위해서 독일을 만족시킬 필요가 있었다. 독일은 이전부터 유럽통합의 초국가적인 발전을 희망해 왔기 때문에, 이 부분에서 독일의 요구를 들어주는 것이 독일을 만족시키는 것이었다. 또한 독일이 통일되기 이전에 서독을 유럽공동체에 보다 긴밀히 결속시켜 유럽과 운명을 함께 하도록 할 필요가 있었다. 특히 프랑스는 EC를 더욱 발전시켜 미래의 독일을 여기에 결속시킬 수 있기를 희망했다.

1989년 열린 스트라스부르그와 마드리드 유럽이사회에서 콜 총리는 독일의 통일에 대한 회원국들의 동의를 얻어냈다. 대신 미테랑 대통령은 유럽통합을 진전시킬 수 있는 EMU에 대한 서독의 동의를 얻어낼 수 있었다. 게다가 미테랑과 콜은 단일유럽의정서를 수정해 정치연합이 포함된 새로운 공동체 조약을 작성하기 위해 정부간회담을 개최할 것에 합의했다. 1990년 초 연속적으로 열린 유럽이사회에서 서독과 프랑스 양국은 1990년 12월 로마에서 EMU와 정치연합을 위한 정부간회담을 시작해 1992년 말까지 새로운 조약문을 작성할 것에 합의했다. 이러한 서독의 노력의 결과로 1990년 10월 공동체는 서독과 동독을 하나의 독일로서 회원국으로 받아들일 수 있게 되었다.

1990년 12월 6일 미테랑과 콜은 유럽공동체의 권한을 기존의 경제분야에서 정치 및 사회 분야로 확대하고, 정책결정 방법으로 가중다수결제도를 확대하며, 의회가 정책결정에 공동으로 참여할 수 있도록 하는 공동결정절차(co-decision procedure)를 도입하는 것을 골자로 하는 공동각서를 발표하였다. 이는 향후 이루어질 정부간회담에서 논의될 새로운 공동체 구조의 토대를 제공해 준 것이었다. 몇일 후 열린 로마 유럽이사회에서 회원국 정상들은 1991년 12월 마스트리히트에서 새로운 조약문에 서명할 수 있도록 EMU와 정치연합을 위한 정부간회담을 시작할 것을 지시하였다.

로마에서 시작된 정부간회담은 외무장관들이 주재하는 정치연합을 위한 정부간회담과 재무장관들이 주재하는 EMU 창설을 위한 정부간회담 등 두 개의 회담으로 나뉘어 시작되었다. EMU 문제는 1989년 6월 마드리드 유럽이사회에서 합의된 3단계 계획을 약간 수정해 수용하면서 큰 어려움이 없었다. 수정된 부분은 제3단계로서 1999년 1월 이후 단일통화를 도입한다는 계획을 수정해 제3단계에서는 각국 통화의 교환율을 고정하고 단일통화 도입은 점진적으로 이룩하기로 하였다. 그러나 각 회원국들의 경제적 조건이 다르기 때문에 제3단계에서 단일통화를 도입하기 위해서는 모든 국가가 몇 가지 경제 수렴기준(convergence criteria 혹은 Maastricht criteria)을 준수하도록 했다: 첫째, 인플레이션이 가장 낮은 3개 회원국 평균보다 1.5% 이상 높지 않을 것; 둘째, 정부 적자가 GDP의 3%를 넘지 않을 것과 국가 부채가 GDP의 60%를 넘지 않을 것; 셋째, 각 회원국의 환율 변동폭이 2년 동안 EMS의 최대 변동률인 ± 2.25%를 준수할 것; 넷째, 이자율이 가장 높은 이자율을 가지는 3개 회원국의 평균보다 2% 이상을 넘지 말 것. 이러한 수렴기준은 단일통화를 도입하기 전에 먼저 회원국들의 통화 및 경제를 안정시킬 필요에 근거한다.

반면 정치연합(Political Union) 형성에 대해서는 많은 부분에서 어려움이 있었다. 가장 큰 문제는 공동체가 정치와 사회 문제를 다루는 새 영역을 포함한다면 공동체의 구조는 어떠해야 하는가에 관한 것이었다. 독일, 이탈이아, 베네룩스국가들은 이 영역을 이미 존재하는 초국가적 공동체 내부에 포함시키기를 희망했다. 이렇게 될 경우 정치 영역은 경제 영역처럼 일순간에 초국가적 제도의 관할권에 들어가게 될 것이었다. 반면 공동체의 지나친 초국가화를 우려했던 프랑스, 영국, 덴마크 등은 정치영역을 기존의 공동체 구조 밖에 두어 당분간은 회원국 간 협력 수준에서 정책이 이루어지기를 희망했다. 이는 정치 영역이 지나치게 민감한 부분이기 때문에 당분간 회원국 간 협력을 유지하고 초국가성을 조금씩 늘려가자는 것이었다.

이러한 대립적인 논쟁은 들로르 집행위원장의 중재로 타협이 이루어졌다. 즉, 기존에 존재하는 초국가적 공동체들을 하나의 기둥으로 하고, 외교정책과 내무정책을 각각 두 번째와 세 번째 기둥으로 하여 이것들을 하나의 유럽연합으로 묶는 방법이었다. 타협의 결과 1992년 2월 7일 마스트리히트에서 12개 회원국 외무장관과 재무장관들은 마스트리히트조약(Maastricht Treaty)으로 불리는 유럽연합 조약(Treaty on European Union)에 서명하였다. 마스트리히트조약은 두 개의 조약으로 이루어진 조약이다. 하나는 EEC를 유럽공동체(EC: European Community)로 변화시키는 유럽공동체 설립조약(TEC: Treaty Establishing European Community)이고, 다른 하나는 EC를 포함해 외교안보정책(CFSP: Common Foreign and Security Policy)과 내무사법협력(CJHA: Cooperation in the fields of Justice and Home Affairs)과 같은 정치협력을 모두 포함해 유럽연합(EU: European Union)을 형성하는 유럽연합 설립조약(TEU: Treaty Establishing European Union)이다.

유럽연합의 첫 번째 지주는 EEC에서 변화된 EC, ECSC, Euratom을 포함한 법인격을 가지는 공동체이다. EEC를 EC로 변화시킨 이유는 공동체가 발전 과정을 거치면서 경제 이외의 다양한 정책들을 포함하고 있어 더 이상 경제에 한정되는 것이 아니었기 때문이다. 따라서 EC는 기존의 정책들 이외에 새로 형성된 EMU 뿐만 아니라 유럽시민권(European Citizenship)까지도 포함하는 광범위한 초국가적 공동체가 되었다.

두 번째 지주는 1986년 SEA에 의해 도입된 유럽정치협력(EPC)를 계승한 공동외교안보정책을 담고 있다. 마스트리히트조약 협상 당시 회원국들은 외교안보정책의 축을 형성할 방위정책과의 연계 문제에 대해 합의를 보지 못했다. 프랑스와 독일은 1954년 형성된 서유럽동맹을

무장시켜 유럽 방위조직으로 만들어 공동체 속에 포함시키기를 희망했지만, 영국, 이탈리아, 네덜란드는 방위정책을 NATO와 WEU가 긴밀히 연계된 구조로 해결하려 했다. 결국 이 문제를 해결하지 못한 상태에서 공동외교안보정책이 형성되었다.

세 번째 지주는 1972년 형성된 퐁피두 그룹(Pompidou Group), 1975년의 트레비 그룹(Trevi Group), 1985년의 쉥겐협정(Schengen Convention)과 1990년의 쉥겐이행협정 등을 토대로 형성된 내무사법협력(CJHA)이다. CJHA는 유럽연합을 자유롭고 안전하며 법이 지배하는 '자유, 안전, 정의의 지역(an area of freedom, security and justice)'으로 만들기 위해 필요한 조치들을 담고 있다. 이를 위해 유럽연합의 외부 국경통제, 조직범죄와의 투쟁을 위한 경찰협력(대표적으로 Europol), 민사법협력, 이민망명정책 등을 포함하는 내용을 담고 있다.

두 번째와 세 번째 지주는 첫 번째 지주와는 달리 초국가적 방법,

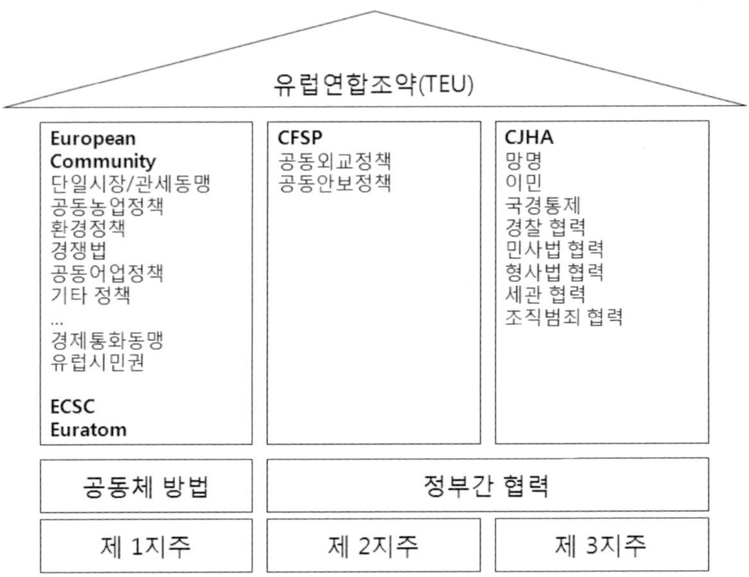

〈그림 1〉 유럽연합의 지주 구조

즉 유럽위원회, 각료이사회, 유럽의회 등이 참여해 정책을 결정하는 것이 아니라 회원국을 대표하는 각료이사회에서 만장일치에 의한 합의에 의해서 정책이 이루어진다는 점에서 정부간협력 영역이다.

마스트리히트조약은 두 개의 혁신적인 제도를 도입했는데, 하나는 유럽시민권(European Citizenship)이다. 유럽시민권은 유럽인들이 회원국 시민으로서 가지는 권리와 유럽연합 시민으로서 가지는 권리를 모두 보장하는 이중적 시민권 개념이다. 앞에서 설명했듯이 1992년 말 완성될 단일시장은 그 내부에 살고 있는 시민들에게 자유롭고 안전하며 동등한 법의 보장을 제공할 필요성을 제기해 주었다. 유럽연합의 제3지주로 형성된 CJHA와 유럽시민권은 유럽인들에게 바로 이러한 보장을 제공하기 위한 것이다. 유럽시민권이 가지는 의미는 유럽연합이라는 공동체가 국가공동체에 가장 필수적인 자체 시민을 가지게 되었다는 것이다. 다른 하나는 정책의 권한에 관련된 보충성의 원칙(principle of subsidiarity)의 도입이다. 스피넬리의 '유럽연합 조약안'으로부터 영감받은 보충의 원칙이란 새로이 형성된 유럽연합이 어디까지 권한을 가질 것인가에 관한 해결책으로 제시되었다. 따라서 유럽연합의 권한 밖의 정책 분야에서는 그 정책을 수행하는데 가장 적합한 단위체(국가 혹은 지방정부 등)가 수행하도록 한다는 보충성의 원칙이 적용되었다.

이 외에도 마스트리히트조약은 가중다수결로 이루어질 수 있는 정책의 폭을 더욱 확장하였고, 공동결정절차의 확장을 통해 유럽의회가 정책결정에 더 적극적으로 참여할 수 있도록 함으로써 공동체의 민주성 결핍(democratic deficit)의 문제를 해결하였다.

마스트리히트조약은 대부분의 국가에서 큰 어려움 없이 비준되었지만 1992년 6월 행해진 덴마크 국민투표에서 비준이 거부되면서 조약이 사장될 위기에 처하게 되었다. 이에 12월 에딘버러 유럽이사회는 덴마크에게 몇 가지 예외조항을 허용해주었다. 선택적 탈퇴(opt-out)로 알려진 이 예외조항으로 덴마크는 유럽시민권, 경제통화동맹, 공동방위정책 및 내무사법협력의 일부분에 가입하지 않는다는 조건으로 이듬 해 5월 제2차 국민투표에서 비준에 성공할 수 있었다. 이에 따라 마스트리히트조약은 1993년 11월 1일부터 시행에 들어갔다.

2. 경제통화동맹과 단일화폐

1993년 1월 시작된 완성된 단일시장은 상품의 자유이동을 토대로 한 관세동맹이 노동, 자본, 서비스 분야로 파급된 결과이다. 단일시장은 또 다른 파급효과를 가져올 것이 명백했는데, 마스트리히트조약이 담고 있는 내용들이 바로 그것들이었다. 유럽시민권, 내부사법협력, 경제통화동맹 등이 그것이다. 특히 경제통화동맹은 단일시장의 자연스러운 다음 단계로서 가장 일차적인 파급효과였다. 왜냐하면 회원국의 각기 다른 통화와 경제정책은 회원국 간의 자유로운 교역에 장벽으로 작용하기 때문에 이를 제거하는 경제통화동맹이 필수적이었기 때문에 이를 제거하는 것이 단일시장의 작동을 위해서 필요했기 때문이다.

1993년 1월 단일시장의 시작과 11월 마스트리히트조약의 발효와 함께 경제통화동맹의 형성을 위한 단계가 예정된 일정에 따라 진행되었다. 1994년 1월로 예정된 경제통화동맹의 2단계가 시작되면서 유럽통화협력기금(EMCF)을 유럽통화기구(EMI)로 변화시켰다. EMI는 회원국 중앙은행간 원활한 협력, 금융정책에 대한 공동조정, EMS에 대한 감시 및 마스트리히트조약에서 정해진 경제통화동맹 3단계 진입 충족 여부 등을 유럽이사회에 보고하는 임무를 맡게 되었다. 1995년 마드리드에서 열린 유럽이사회에서는 단일통화 명칭을 유로(Euro)로 정하였고, 이듬해 12월에는 더블린 유럽이사회에서는 회원국 통화와 유로 간의 환율이 결정되고 단일통화 도입에 필요한 경제개혁을 위해 안정과 성장협력(The Stability and Growth Pact)이 서명되었다. 이 협약은 유로화를 도입하는 국가는 마스트리히트 조약에 명시된 수렴기준을 지키겠다는 내용을 명시하고 있다. 이에 따라 1998년 5월 수렴기준을 총족시킨 프랑스, 독일, 이탈리아, 스페인, 네덜란드, 벨기에, 룩셈부르크, 오스트리아, 포르투갈, 핀란드, 아일랜드 등 11개국이 유로화를 도입할 수 있게 되었다.

EMU 3단계가 시작되는 1999년 1월부터 유로화가 가상화폐로 사용되기 시작하면서 실제 통용화폐를 제외한 모든 무역거래에서 유로화로 계산되어 사용되기 시작했다. 이에 따라 EMI가 해체되고 그 기능을 유럽중앙은행(ECB: European Central Bank)에 이관하게 되었다. 유럽중앙은행은 유로화를 도입한 11개국의 통화주권을 인수하고 2002년 1월부터 유로화를 통용화폐로 상용하기 위한 준비를 마쳤다. 이에 따라 2002년3월 1일부터는 2001년에 수렴기준을 충족시켜 유로화를 도입한 그리스를 포함해 12개국의 화폐가 사라지고 유로화만이 법정통화로 사용되기 시작했다. 이후 슬로베니아(2007년), 사이프러스 및 몰타(2008년), 슬로바키아(2009년), 에스토니아(2011년)가 유로화를 도입함으로써 총 17개국이 유로화를 사용하면서 유로존(Eurozone)을 형성하고 있다.

3. 유럽연합의 심화와 확대

마스트리히트 조약 이후 유럽연합의 심화와 확대는 큰 어려움 없이 빠르게 진행되었다. 확대는 유럽의 나머지 지역인 북유럽과 '유럽으로 돌아온' 중동부유럽이 대상이었다. 소련의 영향으로 냉전기간 동안 중립적 위치를 고수했던 핀란드, 노르웨이, 스웨덴 등과 같은 북유럽 국가들은 냉전의 종식으로 서방진영으로 인식되었던 유럽연합에 가입하는데 문제가 해결되면서 오스트리아와 함께 유럽연합에 가입신청을 했다. 어업 문제로 국민투표에서 가입협상의 비준이 거부된 노르웨이를 제외한 3개국은 1995년 1월 1일을 기해 정식 회원국이 됨에 따라 유럽연합은 15개국으로 확대되었다.

북유럽으로의 확대를 종결지은 유럽연합은 이제 공산주의를 버린 중동부유럽으로의 확대를 준비했다. 유사한 문화적 정체성을 가진 이 지역의 옛 공산주의 국가들이 유럽연합의 회원국이 될 것이란 점은 명백했다. 하지만 문제는 이들 국가들의 정치, 경제, 사회적 성숙도가 유럽연합 회원국 수준에 미치지 못하기 때문에 언제 그리고 어떻게 가입시킬 것인가에 있었다. 유럽연합은 일단 이들 국가들이 자율적 노력을 통해 일정한 수준에 도달할 수 있도록 했다. 즉, 1993년 6월 코펜하겐에서 열린 유럽이사회에서는 소위 코펜하겐 기준(Copenhagen criteria)라고 부르는 유럽연합 가입기준을 정해졌는데, 중동부유럽 국가들에게도 이 기준이 적용된다. 이 기준은 정치적, 경제적, 법적 기준으로 이루어져 있다. 정치적으로 가입 후보국은 민주주의, 법치, 인권과 소수자의 보호를 보장하는 제도적 안정성을 가져야 한다. 경제적으로 시장경제와 유럽연합의 경쟁과 시장의 힘을 견딜 수 있는 능력을 가져야 한다. 법적으로 정치, 경제, 통화동맹의 목표에 대한 참여를 포함한 회원국으로서의 의무를 수행할 수 있는 능력을 가져야 한다. 이 기준은 자신들이 그동안 이루어 온 공동체의 축적된 법체계(*Acquis Communautaire*)를 새로운 회원국들이 준수할 수 있는가의 문제였다.

1994년 헝가리를 시작으로 중동부유럽 국가들이 가입을 신청함으로써 이들 국가들의 가입은 기정사실이 되었다. 그러나 중동부유럽 국가들의 가입은 사실 유럽연합 내에서 많은 이해의 불일치를 야기했다. 먼저 이들 국가들이 가입할 경우 이 지역에서 강한 영향력을 가진 독일의 영향력이 유럽연합 내에서 지나치게 커질 위험이 있었다. 이는 당연히 프랑스의 우려를 가져올 것이 분명했다. 또한 이들 국가들이 가입하면 저발전 지역에 제공되는 구조기금 등 지역정책에 사용되는 자금이 이들 지역에 대거 흘러들어가 그동안 구조기금의 지원은 받는 남유럽 국가들이 주저했다. 하지만 이들 국가들의 가입을 방치할 경우 서유럽에 정치, 경제, 사회적으로 위협이 될 수 있다는 위험 때문에 이들 국가들의 가입을 연기할 수는 없었다.

이들 국가들의 가입에서 가장 큰 문제는 이들 국가들의 경제적 낙후성이었다. 이에 유럽연합은 1994년 소위 가입사전전략(pre-accession strategy)을 마련하였다. 이는 가입 신청국들의 정치, 경제적 수준을 유럽연합에 맞추기 위한 것으로 중동부유럽 국가들에 대한 다양한 형태의 경제적 지원을 의미한다. 1989년 형성되어 폴란드와 헝가리에 제공되기 시작한 PHAR(Poland and Hungary: Assistance for Restructuring their Economies) 역시 여기에 포함되었다. 1997년에는 아젠다2000(Agenda 2000)을 통해 가입사전전략을 강화하면서 1999년 농업발전 프로그램인 SAPARD(Special Accession Programme for Agriculture and Rural Development)와 구조개혁 지원을 위한 ISPA(Instrument for Structural Policies for Pre-Accession)을 형성했다. 이러한 제도적 지원을 통해 기반을 조성한 후 유럽연합은 1999년 12월에 헬싱키 유럽이사회에서 동유럽 국가들과 가입협상을 시작하였다. 이에 따라 2005년 5월 동유럽 국가들을 포함한 10개 국가(폴란드, 체코, 헝가리, 슬로바키아, 슬로베니아, 리투아니아, 라트비아, 에스토니아, 몰타, 사이프러스)가 새로운 회원국으로 가입해 25개국으로 확대되었다. 2007년에는 불가리아와 루마니아가 가입해 현재의 27개 회원국이 되었다. 한편 2003년 가입을 신청한 크로아티아는 2011년 협상을 끝내고 2013년 7월부터 신규 회원국이 될 예정이다. 터키는 1999년 가입협상국으로 지정되었으나 정체성 문제로 여전히 가입하지 못하고 있는 실정이다.

경제통화동맹의 완성 이외에 마스트리히트 조약 이후 심화는 주로 CFSP나 CJHA 분야에서 일어났고, 마스트리히트조약에서 해결하지 못한 문제에 집중되었다. 마스트리히트조약은 정부간협력 수준의 정책이었던 위 두 정책을 발전시키기 위해 정부간회담을 소집해 논의할 것을 명시해 두었다. 1995년 들로르를 승계해 유럽위원회 위원장이 된 상태르(J. Santer)의 지도력의 결과 일련의 정부간회담을 통해 1997년 10월 암스테르담조약(Treaty of Amsterdam)이 체결되었다. 이 조약은 공동체 정책과 제도 부문에서 심화를 이루어냈다. 먼저 사회정책(social policy)을 조약문 속에 포함시키면서 영국의 반대로 이루어지지 않았던 사회정책 관련 정책을 초국가적 영역으로 편입시켰다. 가장 두드러진 발전은 CJHA 분야에서 이루어졌다. 암스테르담조약은 사람의 자유이동과 관련된 쉥겐협정(Schengen Agreement)을 공동체구조 속으로 편입시켰다. 1995년 3월에 체결된 쉥겐협정은 협정 체결국(벨기에, 프랑스, 독일, 룩셈부르크, 네덜란드, 포르투갈, 스페인) 사이에 사람의 자유로운 이주를 보장하는 협정이었다. 쉥겐협정이 공동체 구조 속에 포함됨에 따라 유럽연합 회원국 전체의 자유 이주가 가능하게 되었다. 쉥겐협정의 공동체 편입에 따라 정부간협력에 의해 정책이 결정되는 이민과 망명이 중요한 문제로 떠올랐기 때문에 이들 부분을 따로 떼어 제1지주로 옮겨 초국가적 정책으로 이동시켰다. CFSP에 관련해서는 마스트리히트조약에서 해결하지 못한 WEU를 공동체 구조 속에 편입시킴으로써 유럽연합 자체의 방위협력 조직을 오나성했다. 또한 유럽연합이 통일된 대외정책을 펼칠 수 있도록 고위대표(High Representative)를 신설했다. 마지막으로 암스테르담조약은 '이중속도의 유럽(two speed Europe)'이라는 개념을 도입했다. 이는 마스트리히트조약에서 인정된 선택적 탈퇴(opt-out)를 공식적으로 인정한 것으로 몇몇 회원국이 특정 정책에 반대하면 그 회원국을 제외하고 먼저 통합을 진전시켜 나간다는 차별화된 통합(differential integration) 전략이다. 정책결정에 유연성을 주어 통합의 속도를 빠르게 해 줄 수 있는 이 전략은 이미 영국과 덴마크가 경제통화동맹에서 빠질 수 있는 근거가 되었다.

암스테르담조약은 곧 예정된 중동부유럽 국가들의 가입을 예견하지 못했다는 한계를 가졌다. 이에 따라 유럽연합은 2000년 일련의 정부간 회담을 통해 2001년 2월 26일 니스조약(Treaty of Nice)을 체결했다. 이 조약은 특히 중동부유럽 국가들이 가입할 경우 나타날 제도문제와 정책결정 방식에 집중했다. 먼저 2005년부터 유럽위원회의 위원 수를 1국 1위원 원칙으로 개정하고, 각료이사회에서의 투표수도 전체 87표에서 국가 간 비중을 산정해 237표로 확대했다. 새로운 투표수에 따라 가장다수결은 169표로 증가했지만 강대국과 약소국 간의 이해를 보장하기 위해 정책이 통과되기 위해서는 전체 투표수의 72% 이상, 찬성 회원국 인구의 합이 회원국 전체 인구의 62% 이상, 그리고 전체 회원국의 50%(유럽위원회 제안 정책의 경우 67%) 이상을 득표해야 했다. 2003년 발효된 니스조약은 마스트리히트조약과 암스테르담조약이 손대지 못한 제도들을 보완했다는 점에서 의미를 가졌다.

4. 유럽헌법과 리스본조약

니스조약이 각국에서 비준되고 있을 때 회원국들은 또 다른 시도를 하고 있었다. 2001년 12월 라켄에 모인 유럽 정상들은 중동부유럽 국가들의 가입 이후 유럽연합의 미래에 관한 논의를 시작했다. 이 자리에서 정상들은 지스카르 데스텡(G. d'Estain) 전 프랑스 대통령을 의장으로 유럽미래회의(European Convention on the Future of Europe)를 조직해 미래 유럽연합의 발전방향과 역할에 관한 계획을 세우도록 했다. 15개 회원국 정상, 회원국 당 2인의 의회대표, 2인의 집행위원, 16인의 유럽의회 의원이 참여한 이 회의는 유럽연합의 정책과 제도를 개선하고 정체성을 보다 명확히 함으로써 명실상부한 연방국가를 건설하기 위한 방법을 논의하였다. 논의를 토대로 2003년 7월 '유럽헌법' 초안을 작성하고 정부간회의를 거쳐 유럽헌법조약(Treaty Establishing a Constitution for Europe)안이 작성되었다. 이 조약안은 2004년 10월 로마에서 열린 유럽이사회에서 서명되었다.

유럽헌법은 제도적 측면에서 기존의 공동체를 획기적으로 변화시킬 수 있는 명실상부한 헌법이었다. 먼저 유럽헌법은 유럽연합에 법인격(legal personality)을 부여했다. 그동안 법인격은 유럽공동체(EC)만이 소유해 제1지주에 속한 범위 내에서만 유럽위원회가 유럽연합을 대표할 수 있었다. 하지만 유럽연합에 법인격을 부여함으로써 정치 분야에서도 유럽연합이 제3자와 조약을 체결하는 등 단일한 단위체로 행동할 수 있게 되었다. 이는 유럽이사회 의장 제도를 2년 반 임기의 중임이 가능한 상임의장제로 변화시켜 유럽을 대표할 수 있도록 하며, 유럽연합의 외교정책을 담당하는 고위대표(High Representative)를 두어 대외관계 집행위원직과 합병해 EU 외무장관(Union Minister for Foreign Affairs)의 역할을 수행하도록 한 조항에 부합한다. 이는 유럽연합의 연방적 성격을 강화한 조치로 이해될 수 잇다. 제도적 측면에서도 초국가성이 강화되어 대부분의 정책결정에서 유럽의회의 공동결정 권한을 보장하고 의회의 권한을 대폭적으로 확대했으며, 이사회에서의 정책결정에서 이중다수결(double majority) 제도를 도입했다. 이 외에도 유럽헌법은 유럽기(flag), 국가(anthem), 모토(motto) 등 하나의 국가를 연상시킬 수 있는 각종 상징들을 공식화했다.

하지만 이러한 초국가성은 결국 유럽헌법을 좌절시키게 되는 결정적인 요소였다. 유럽헌법 비준은 국내 헌법상 국제조약을 반드시 국민투표에 회부해야 아일랜드 이외에도 영국, 덴마크, 룩셈부르크, 스페인, 포르투갈, 프랑스, 네덜란드에서 국민투표에 회부되었다. 결국 유럽헌법은 2005년 5월과 6월 프랑스와 네덜란드의 국민투표에서 비준이 거부되어 폐기되게 되었다.

유럽헌법이 부결된 이후 독일의 메르켈(A. Merkel) 총리와 프랑스의 사르코지(N. Sarkozy) 대통령 등 유럽 정상들은 숙고의 시간을 가지면서 향후 진로를 논의하기 위해 현자 그룹(group of wise men)을 형성했다. 아마토 그룹(Amato group)으로 알려진 이 그룹은 2007년 6월 새로운 조약을 작성하기 위해 정부간회담을 진행할 것을 제안하는 보고서를 제출했다. 이 보고서에 따르면 유럽연합조약(TEU)과 유럽공동체조약(TEC)를 수정하는 새로운 조약이 작성될 예정이었다. 이를 받아들인 유럽이사회는 유럽헌법을 포기하고 새로운 개정조약을 작성하기로 합의하고 2007년 12월 리스본에서 리스본조약(Lisbon Treaty)이 서명되었다. 리스본조약은 아일랜드 1차 국민투표에서 비준이 거부되어 또 다시 무산될 위기에 처했으나 법인세와 군사정책 부문에서 선택적 탈퇴가 인정되어 2차 국민투표에서 비준에 성공함으로써 2009년 12월 1일 발효되었다.

개정조약(Reform Treaty)으로도 불리는 리스본조약의 가장 두드러진 특징은 마스트리히트조약에 의해 만들어진 3개의 기둥으로 이루어진 지주체제가 사라졌다는 점이다. 그동안 3지주 체제는 하나의 공동체 지주와 두 개의 정책 지주로 이루어져 있어 비현실적인 것으로 비판받아왔다. 리스본조약은 마스트리히트조약으로 알려진 유럽연합조약(TEU)을 수정하고 유럽공동체조약(TEC)을 수정해 유럽연합설립조약(TFEU: Treaty on the Functioning of the European Union)으로 변화시킨 조약이다. 리스본조약은 유럽연합이 유럽공동체(EC)를 대체한다고 명시하였는데, 유럽연합설립조약이 그것이다. 이에 따라 그동안 유럽공동체만 가졌던 법인격을 유럽연합이 승계하면서 지주구조를 없애고 단일한 구조로 통합되었다. 이에 따른 문제는 어떤 분야가 공동체의 배타적 영역이고 어떤 분야에서 협력할 것인가가 불명확한 것이었다.

따라서 각 정책을 공동체의 배타적 권한(exclusive competence), 공유된 권한(shared competence), 지원권한(supporting competence- 회원국 고유 권한)으로 나누었다.

리스본조약은 유럽헌법에서 문제가 되었던 유럽기, 국가 등과 같은 용어를 삭제하는 것은 물론 유럽헌법의 내용들을 상당 부분 완화시키면서 작성되었다. 먼저 유럽중앙은행이 공식적인 유럽연합의 지구가 되었고, 중앙은행장은 유럽이사회가 임명하도록 했다. 한편 유럽공동체사법재판소와 1심재판소로 구성되어 있던 구조를 사법재판소(Court of Justice), 일반재판소(General Court), 공무재판소(Civil Service Tribunal)로 바꾸었다. 또한 유럽연합 외교정책을 강화하기 위해 공동외교안보정책 고위대표(High Representative for the Common Foreign and Security Policy)와 유럽위원회의 대외관계 집행위원을 하나로 통합해 외교안보정책 고위대표부(High Representative of the Union for Foreign Affairs and Security Policy)를 형성했다. 고위대표는 유럽연합의 외교정책을 총괄하는 대외정책실행국(External Action Service)과 유럽방위기구(European Defence Agency)를 담당하고 있다.

또 다른 괄목할만한 제도적 변화는 이사회(Council) 제도이다. 이전까지 이사회는 각료이사회(Council of Ministers)와 유럽이사회(European Council)이 존재했지만 6개월마다 교체되는 각료이사회 의장국이 유럽이사회 의장국을 겸했기 때문에 양 기관은 서로 연계되어 있었다. 하지만 리스본조약은 유럽이사회를 각료이사회에서 완전히 분리시켜 공식적인 기구로 만들었다. 2년 반 임기의 중임 가능한 의장(president)에 의해 지휘되는 유럽이사회는 중앙은행 운영위원회, 유럽위원회, 외교안보정책 고위대표에 대한 임명권 등 광범위한 권한을 가지게 되었다. 이는 이전보다 더 유럽이사회가 유럽연합의 진로를 결정할 수 있는 권한을 가지게 되었음을 의미한다. 한편 단순히 Council이라고도 불리는 각료이사회는 Council of the European Union로 명칭을 변경하고 정책결정에서 기존의 가중다수결(QMV)에 추가조항을 둠으로써 이중다수결 제도를 도입했다. 인구가 많은 국가의 이해를 보호하기 위해 2014년부터 도입될 이중다수결은 전체 회원국의 55%(유럽위원회나 고위대표부가 발의하는 경우 72%) 이상과 찬성한 회원국의 인구가 유럽연합 전체의 65% 이상을 차지할 때 통과될 수 있는 제도이다.

유럽의회의 경우 거의 대부분의 정책결정에 각료이사회와 공동으로 참여하도록 해 권한이 대폭 강화되었다. 또한 기존의 공동결정절차(codecision procedure)를 대체한 일반입법절차(ordinary legislative procedure)에서 법안의 수정권을 가지고, 특별입법절차(special legislative procedure)인 합의절차(consent procedure)에서는 최종동의권, 자문절차(consultation procedure)에서는 견해 표명권을 가진다. 한편 리스본조약은 회원국 의회에 정책결정 과정에서 1차적으로 심의할 수 있는 권한을 부여하였다. 마지막으로 리스본조약은 유럽연합 기본권헌장(Charter of Fundamental Rights of the European Union)을 유럽연합의 공식 문서로 승인함으로써 유럽시민의 보편적 권리를 보장하였다.

유럽연합은 리스본조약을 통해서 미래 유럽연합의 발전 방향과 토대를 구축했다고 할 수 있다. 비록 유럽헌법을 통한 연방적 발전의 길로 들어서지는 못했지만, 리스본조약은 실패한 유럽헌법이 가졌던 많은 부분들을 되살려내 연방적 발전의 가능성을 담고 있다.

2 유럽연합의 기구와 운영

유럽연합: 연속성과 정체성

제5장

유럽연합의 정책결정기구

1. 유럽연합의 기구 구성

공식기구

유럽연합에서 정책을 결정하고 실행하는 중심적인 기구는 행정 및 입법기능을 수행하는 유럽위원회(European Commission), 그리고 회원국의 의사를 개진하는 각료이사회(Council of the European Union) 그리고 유럽시민들의 직접투표로 구성된 유럽의회(European Parliament) 등 3개 기구이다. 이외에 유럽연합의 주요한 정치적 결정을 행하는 기구이며 대외관계를 대표하는 유럽이사회(European Council) 역시 정책결정 기능을 공유한다. 다만 유럽이사회는 조약에 명기된 바와 같이 입법기능을 갖지 못하므로 본 기구에서의 합의 사항은 유럽위원회와 이사회를 통해 입법화 된다. 리스본조약 체결로 이사회는 유럽이사회와 이사회(각료이사회)로 구분하여 유럽이사회는 공식적인 유럽연합 기구(institution)가 되었다.

유럽연합은 조약(treaty) 및 2차 입법(second legislations)의 해석과 사법적 분쟁을 다루는 유럽연합사법재판소(Court of Justice of the European Union) 그리고 유럽연합 예산에 대한 회계감사 기능을 갖는 유럽회계감사원(European Court of Auditors)을 두고 있다. 이외에 유로존(Eurozone)의 통화 및 환율정책을 실행하는 독립기구로서 유럽중앙은행(ECB: European Central Bank)을 포함하여 총 7개 기구가 조약에 따른 공식기구이다. 이러한 유럽연합의 공식 기구는 유럽연합운영조약(TFEU)에 그 권한과 활동범위가 명기되어 있다. 특히 유럽중앙은행과 유럽회계감사원은 특별한 독립적 지위가 조약에 명기되어 있다.

한편 유럽연합은 사회 각 계층과 지방정부의 이해관계를 반영하기 위해 유럽경제사회위원회(EESC: European Economic and Social Committee)와 지역위원회(CoR: Committee of Regions) 등 2개의 자문기구(advisory bodies)를 두고 있다. 이외에 유럽연합 차원의 다양한 정책과 사업을 지원하는 유럽투자은행(EIB: European Investment Bank)을 포함하여 10개의 기구가 유럽연합 운영과정에서 중심적 역할을 한다.

〈표 1〉 유럽연합의 공식기구

기구	구성	기능
유럽위원회 (European Commission)	•유럽위원회 위원 27명 •총국 / 위원회	•정책제안 및 집행 •유럽연합의 운영과 대외관계 대표 •회원국의 유럽연합법 준수 감독
각료이사회 (Council)	•27개 회원국 장관(정책별 10개의 이사회) •상주대표부 / 실무그룹	•최종적인 정책결정 •회원국간 정부간 협력
유럽이사회 (European Council)	•유럽이사회 상임의장 •유럽이사회 회담(상임의장 / 유럽위원회 위원장 및 27개 회원국 정상 참여)	•주요한 의제설정 및 결정 •외교안보부분 대외관계 대표
유럽의회 (EP)	•유럽의회 의원(751명) •정당연합 / 상임위원회	•정책결정(수정 및 동의권한) •유럽연합 예산통제
유럽연합 사법재판소 (CJEU)	•사법재판소 / 일반재판소 / 공무재판소	•조약 및 2차입법 해석과 판결
유럽경제사회 위원회(EESC)	•위원(최대 350명) / 정책분과(6개)	•경제사회정책 관련 자문

기구	구성	기능
지역위원회 (CoR)	•위원(최대 350명) / 위원회(6개)	•지방정부 관련 정책 자문 (결속, 환경, 교육정책 등)
유럽중앙은행 (ECB)	•중앙은행장 / 부중앙은행장 / 이사회 •유로존 회원국 중앙은행장 (17개국)	•비유로존 포함한 통화, 환율 정책
유럽회계감사원 (COA)	•27명의 위원	•유럽연합의 예산 지출감독
유럽투자은행 (EIB)	•운영이사회(2개) / 위원회(2개)	•낙후지역의 경제사회개발

외부의 독립기구

1990년대 이후 통합이 진척되면서 유럽연합이 수행하는 기능이 괄목하게 증가하였다. 이에 따라 유럽연합은 기존의 공식기구 이외에 특정 정책에 한해 독립적으로 기능을 수행하는 여러 외부기구(agencies and decentralised bodies)를 설립하였다. 외부기구는 1975년에 유럽생활노동조건개선재단(EUROFOUND: European Foundation for the Improvement of Living and Working Conditions) 및 유럽직업훈련개발센터(Cedefop : European Centre for the Development of Vocational Training)가 처음으로 설립되었는데 이후 유럽통합이 침체기에 접어들면서 1980년대까지 외부기구 설립은 전무하였다가 1990년에 유럽직업훈련재단(ETF : European Training Foundation)의 설립을 시작으로 다수의 독립적인 외부기구들이 설립되었다. 이러한 이유는 유럽연합이 시장통합 이외에 환경, 보건 및 교육 등 여러 사회부분에서 규제적 조치가 증가하고 더불어 외교 및 군사부분에서도 회원국간 협력이 강화되면서 본 업무를 지원할 별도의 기구가 요청되었기 때문이다.

2012년 기준 유럽연합의 외부기구는 약 30여 개에 달하는 규제기구(regulatory agencies), 6개의 정책집행기구(executive agencies) 및 4개의 재정감독기구(financial supervisory bodies)로 구성되어 있다. 이중 정책집행기구는 모두 2005년 이후에 집중적으로 설립되었고 금융감독기구는 2008년 세계적인 금융위기에 대처하기 위해 2011년에 대거 설립되었다.

〈표 2〉 유럽연합 외부의 독립기구

기구	구성
규제기구 (regulatory agencies)	•정책기구(policy agencies): 24개 •안보방위정책기구(Common Security and Defence Policy agencies): 3개 •경찰사법협력기구(police and judicial cooperation in criminal matters agencies): 3개
정책실행기구 (executive agencies)	•교육미디어문화교육기구(EACEA: Education, Audiovisual and Culture Executive Agency) 포함 6개
금융감독기구 (financial supervisory bodies)	•유럽은행감독기관(EBA: European Banking Authority) 포함 4개

2. 유럽위원회

유럽위원회 위원(Commissioner)

유럽위원회는 유럽위원회 위원장(President)과 6명의 부위원장(Vice-president)을 포함하여 각 회원국에서 임명된 27명의 위원들(Commissioners)로 구성되며 임기는 5년이다. 유럽연합 기구 간 원활한 협력을 위해 유럽위원회는 유럽의회 선거 6개월 이후부터 새로운 임기가 시작된다. 각 회원국에서 한명씩 위원후보자를 지명하면 각료이사회에서 가중다수결(QMV: Qualified Majority Voting) 표결을 통해 결정된다. 이후 유럽의회가 선임된 위원들에 대한 청문회를 개최하여 합의

절차(consent procedure)로 승인하면 다시 각료이사회에서 가중다수결 표결을 통해 최종적인 임명이 이루어진다. 2000년대 초반까지 독일, 영국, 프랑스 및 이탈리아 등의 4개국은 각 2명씩 유럽위원회 위원을 보유하였으나 2004년부터 회원국의 대거가입으로 집행위원 수 증가를 억제하기 위해 1국 1인 원칙이 적용되었다. 리스본조약 체결로 2014년에 구성되는 차기 유럽위원회부터는 신규 회원국 가입시 유럽위원회 위원수를 늘리지 않고 회원국 수의 2/3에 해당하는 인원만 회원국 간 윤번제에 따라 선출된다.

유럽위원회 위원들은 대부분 본국에서 무역, 재무 및 외교 등 주요 부처의 장관을 역임한 인사들이 대부분이며 드문 경우이지만 행정부의 고위관료와 노조대표 등에서 선출된 경우도 있다. 위원들은 회원국 정부에서 지명하지만 본국정부의 간섭을 배제한 독립적인 위치에서 유럽연합의 정치, 행정 기능을 수행한다. 위원들은 취임시 유럽사법재판소에서 회원국정부의 간섭을 배제하고 유럽연합만의 이해를 위해 완전한 독립적 위치에서 임무를 수행한다는 선서를 행한다. 취임 후 위원들은 유럽위원회 내에서 의제제안 및 주요 의제에 대한 최종적인 결정권한을 행사하며 개별적으로는 국가의 주무부처와 같은 기능을 수행하는 총국(DG: Directorate General)의 장으로서 해당 총국을 운영하는 최고위 관료이며 정치인으로 임무를 수행한다.

유럽위원회 위원장(President)

유럽위원회 위원장은 유럽이사회 상임의장(The President of the European Council)과 함께 유럽연합 내에서 최고정점에 위치한 정치인이며 관료로서 유럽연합의 운영과정에서 가장 중요한 인물로 임기는 유럽위원회 위원과 동일하게 5년이며 연임이 가능하다. 유럽위원회 위원장은 통상 차기 위원회가 새롭게 구성되는 전해 년도 6월에 유럽이사회에서 가중다수결 표결을 통해 후보자를 선임하고 유럽의회에서 표결(재적의원 과반수 찬성)을 통해 결정된다. 유럽위원회 위원장은 내부적으로는 유럽위원회 위원의 임명에 영향력을 행사하며 또한 위원들의 담당 총국 배정, 유럽위원회 내에서 새로운 의제 및 정책개발 그리고 유럽위원회 위원 간 회합을 주재한다. 또한 유럽위원회 위원장은 대외적으로 특별히 대외무역협상에서 유럽연합 27개 회원국들 대표한 최종서명자이며 이외에 여러 국제적인 협정에서 유럽연합을 대외적으로 대표하는 정치인이다.

이러한 공식적인 권한과 별개로 유럽위원회 위원장은 유럽연합의 일상적인 운영과 공동정책에 직간접적으로 개입하므로 위원장의 개인적인 성향과 리더십은 통합과정에 지대한 영향을 미쳐왔다. 1950-60년대 초국가 통합을 경계했던 프랑스 대통령 드골(Charles de Gaulle)의 견제 속에서도 초기 통합과정을 성공적으로 이끈 초대 할슈타인(Walter Hallstein) 위원장은 대표적 예이다. 이외에도 1980년대 중반부터 90년대 중반까지 재임하면서 단일유럽의정서와 마스트리히트조약을 성사시키고 경제통화동맹을 출범시킨 들로르(Jacques Delors) 역시 통합과정에 큰 영향을 미친 위원장이다. 이와 같이 유럽위원회 위원장은 유럽연합에서 가장 중요한 정치적 위치를 점하며 유럽연합을 상징하는 정치인이다. 이러한 중요성에 따라 유럽위원회 위원장은 소속국가에서 주요 부처의 장관 및 수상역임 경력을 갖고 친통합 성향의 온건한 중도노선을 걷는 인물 중에서 선출되는 것이 통례이다.

〈표 3〉 역대 유럽위원회 위원장

재임 기간	위원장	국적 / 전직	정치 노선
1958-1967 (연임)	•할슈타인(Walter Hallstein)	서독 / 외무장관	기독민주
1967-1970	•레이(Jean Rey)	벨기에 / 경제장관	중도

재임 기간	위원장	국적 / 전직	정치 노선
1970-1972	•말파티(Franco Maria Malfatti)	이탈리아 / 산업장관	기독민주
1972-1973	•만숄트(Sicco Mansholt)	네덜란드 / 농업장관	사회민주
1973-1977	•오르톨리(Françoi̇s-Xavier Ortoli)	프랑스 / 경제재무장관	보수
1977-1981	•젠킨스(Roy Jenkins)	영국 / 재무장관	사회민주
1981-1985	•소온(Gaston E. Thorn)	룩셈부르크 / 외무무역장관, 수상	사회
1985-1994 (연임)	•들로르(Jacques Delors)	프랑스 / 경제재무장관	사회
1995-1999	•상트로(Jacques Santer)	룩셈부르크 / 수상	기독민주
1999-2004	•프로디(Romano Prodi)	이탈리아 / 수상	중도
2004- (연임)	•바로소 (José Manuel Barroso)	포르투갈 / 수상	중도

출처 : John McCormick (2011), Understanding the European Union 5th., Palgrave Macmillan, p. 83 and John McCormick (2011), European Union Politics, Palgrave Macmillan, pp. 175-176 재구성.

유럽위원회 총국(DG)

유럽위원회는 정부의 주무부처와 같이 각 정책영역에 따라 분화된 총국(DG: Directorate General)으로 구성되어 있으며 유럽위원회 위원은 각 총국의 최고책임자로 주무장관과 유사한 기능을 수행한다. 유럽위원회 총국은 유럽연합을 운영하는 관료집단으로 크게 공동정책 및 대외관계를 다루는 총국과 유럽연합의 전반적인 운영을 지원하는 서비스 부처로 구분되어 있다. 각 총국은 업무범위에 따라 적게는 약 300여명에서 1,000명이상이 되는 정규직 직원이 근무하는데 업무 성격에 따라 총국의 위상과 근무인력은 상이하다. 유럽연합 예산의 약 40%를 점하는 농업분야의 정책을 다루는 농업총국(DG Agriculture and Rural Development)은 1,000여명 이상의 정규직 관료들이 근무하는 주요한 총국이며 이외에 정보화사회미디어(DG Information Society and Media)

그리고 기업산업(DG Enterprise and Industry) 등도 다수의 유럽관료를 둔 대규모 총국들이다. 반면에 업무영역이 좁은 인도적 지원(DG Humanitarian Aid) 및 해양자원어업(DG: Maritime Affairs and Fisheries) 등은 약 300여명의 소규모 인력으로 운영된다.

〈표 4〉 유럽위원회 총국 (2011년 12월 기준)

총국명	
정책(policies)	**일반서비스**(general service)
•Agriculture and Rural Development (AGRI): 농업 •Climate Action (CLIMA): 기후변화 •Competition(COMP): 경쟁 •Economic and Financial Affairs(ECFIN): 경제재무 •Education and Culture(EAC): 교육문화 •Employment, Social Affairs and Inclusion (EMPL): 고용사회 •Energy(ENER): 에너지 •Enterprise and Industry(ENTR): 기업산업 •Environment(ENV): 환경 •Health and Consumers(SANCO): 보건소비자 •Home Affairs(HOME): 내무 •Information Society and Media(INFSO): 정보화사회미디어 •Internal Market and Services(MARKT): 역내시장 •Justice(JUST): 사법 •Maritime Affairs and Fisheries(MARE): 해양자원어업 •Mobility and Transport(MOVE): 운송 •Regional Policy(REGIO): 지역정책 •Research and Innovation(RTD): 연구 •Taxation and Customs Union(TAXUD): 조세관세동맹 **대외관계**(external policy) •Enlargement(ELARG): 확대	•Communication(COMM): 언론 및 통신 •European Anti-Fraud Office(OLAF): 반부패관리국 •Eurostat(ESTAT): 유럽통계국 •Joint Research Centre(JRC): 공동연구개발 •Publications Office(OP): 출판국 •Secretariat General(SG): 사무국 **내무서비스**(internal service) •Budget (BUDG): 예산 •Bureau of European Policy Advisers (BEPA): 정책자문 •Central Library: 중앙도서관 •European Commission Data Protection Officer: 데이타 보호 •Historical Archives: 자료 •Human Resources and Security(HR): 인적자원개발 •Informatics(DIGIT): 정보 •Infrastructures and Logistics - Brussels (OIB): 물류 •Infrastructures and Logistics - Luxembourg (OIL): 물류 •Internal Audit Service(IAS): 내부감사 •Interpretation(SCIC): 통역 •Legal Service(SJ): 법무 •Office For Administration And Payment Of Individual Entitlements(PMO): 인사행정 •Translation(DGT): 번역

총국명	
•EuropeAid Development & Cooperation (DEVCO): 대외지원협력 •Foreign Policy Instruments Service (EEAS): 대외정책실행국 •Humanitarian Aid(ECHO): 인도적 지원 •Trade(TRADE): 무역	

출처 : Ian Bache, Stephen George and Simon Bulmer (2011), Politics in the European Union 3rd., Oxford University Press, pp. 257-258 and European Commission (2011) and Department(Directorate-General) Services. http://ec.europa.eu/about/ds_en.htm (검색일: 2011년 12월) 취합.

위원회(Committee)

유럽위원회는 총국이외에도 여러 위원회를 두고 있다. 이러한 이유는 연구개발과 통번역을 제외한 약 20,000여명의 총국관료만으로는 입법과 행정기능을 수행하는데 한계가 있기 때문이다. 따라서 유럽위원회 내부에는 정책입안 및 자문과 정보제공 등 다양한 기능을 수행하는 위원회가 다수 구성되어 있는데 크게 전문가위원회(export committee), 자문위원회(consultative committee) 그리고 커미톨로지 위원회(comitology committee)로 구분된다. 전문가위원회는 회원국정부관료와 전문가로 구성되며 유럽위원회가 제기하는 의제의 초안 작성과 정보제공 등 실무적 업무를 담당한다. 전문가위원회는 특정 정책입안이나 이슈에 한해 한시적으로 구성되어 임무가 종결되면 해체되므로 그 수는 유동적이지만 통상 년 500여개 정도의 위원회가 활동하고 있다.

한편 자문위원회는 주로 유럽차원의 산업계와 이익집단 대표들이 참여하며 통상, 단일시장 및 표준화정책과 같이 기술입법 분야에서 정책자문 기능을 임무로 한다. 공동농업정책(CAP: Common Agricultural Policy)에 참여하는 농업단체위원회(COPA: Committee of Agricultural Organizations in the European Union)는 대표적인 자문위원회이다. 이외에 커미톨로지 위원회는 유럽위원회 실무관료와 회원국정부관료들로 구성되어 유럽위원회의 입법과 정책실행 과정에서 정책자문 및 감독을 통해 회원국의 이해를 대표한다. 이러한 커미톨로지 위원회는 회원국에게 중요한 이해가 걸린 농업, 통상, 단일시장 및 조세정책 분야 등에서 약 200여개 이상이 구성되어 있다.

〈표 5〉 유럽위원회의 위원회

위원회	구성	기능
전문가위원회 (export committee)	•회원국 관료 / 전문가	•입법초안 작성 / 정책 자문
자문위원회 (consultative committee)	•이익집단 대표	•정책 자문 및 이익집단 이해 대표
커미톨로지 위원회 (comitology committee)	•회원국정부 관료 •유럽위원회 실무관료	•입법 및 정책실행에 자문 및 감독 •회원국의 이해관계 대표

유럽위원회의 기능

유럽위원회는 여타 유럽연합 기구와 달리 별도의 기구 심벌을 두지 않고 유럽연합기(European flag)를 기구의 상징으로 사용한다는 점에서 곧 유럽연합의 실체라고 할 수 있다. 유럽위원회는 유럽연합을 실질적으로 운영하는 기구로 이른바 유럽관료(Eurocrat)라고 부르는 약 26,000여명에 달하는 초국가 관료로 구성된 기구이다(연구개발인력 포함). 유럽연합의 예산에서 유럽관료의 급여를 포함한 유럽위원회 운영을 위한 행정비용은 약 2% 수준(20011년 기준 33억 유로)으로 중소규모 유럽도시의 행정비용 정도에 그친다. 유럽연합 회원국의 인구가 4억9천6백 50만(2011년 기준)에 달한다는 사실을 볼 때 약 26,000여명의 초국가 관료 수는 매우 적은 규모이다. 그럼에도 유럽위원회는 실질적으로 유럽연합을 운영하는 기구로서 정책결정, 유럽연합의 운영, 대외관계 대표, 유럽연합 기구간 중재 및 외부와의 협력 그리고 유럽연합의 법적 가이드 및 모니터링 등 다양한 기능을 수행한다.

·정책결정 권한: 의제설정 및 제안(proposal)
·유럽연합의 운영: 유럽연합의 공동정책 실행 및 예산집행
·대외관계 대표: 대표부 파견 및 관리, 대외협상에 단일 대표로 참석
·유럽연합 기구간 중재, 유럽연합 밖의 사회적 세력과 협력
·유럽연합의 법적 가이드 및 모니터링

유럽위원회는 의제제안을 통해 이사회 및 유럽의회와 함께 정책을 입안하고 결정하는 정책결정기구의 성격을 갖는데 유럽연합의 모든 입법과정에서는 유럽위원회만이 공식적으로 의제제안 기능을 수행한다. 또한 유럽위원회는 행정부로서 공동정책의 실행과 예산집행 기능을 갖는다. 다만 유럽연합에서는 단일시장정책과 같은 일부 규제정책(regulatory policy)을 제외한 대부분의 정책은 회원국이 정책을 실행하고 유럽위원회는 이에 대한 정책 모니터링 기능을 수행한다. 대외관계에 있어 유럽위원회는 유럽연합을 대표하는 대사급의 대표부(The Delegations of the European Union)를 파견하여 대외관계 업무를 관장하고 이외에도 여러 대외관계 총국을 통해 무역과 인도적 지원 등 비정치적 이슈를 다룬다. 한편 유럽위원회는 유럽연합 내부에서 기구간 협력을 주도하고 여러 사회적 행위자들과 동반자관계(partnership)를 통해 공동으로 정책을 결정하고 실행한다. 이외에도 유럽위원회는 조약의 수호자로서 회원국의 조약위반이나 의무 불이행 등에 대한 모니터링과 감독 등 다양한 임무를 갖는다.

3. 이사회

이사회

유럽연합에는 회원국 장관들의 회합인 각료이사회(Council of the European Union)와 최고 정점의 정치적 의결기구인 유럽이사회(European Council) 등 2개의 이사회(Council)가 존재한다. 일반적으로 이사회(Council)라 표기할 때는 각료이사회를 지칭하며 이전의 명칭인 Council of Ministers 역시 현재의 각료이사회와 동일한 기구이다. 각료이사회는 유럽석탄철강공동체(ECSC)의 특별각료이사회(Special Council of Ministers)로부터 유래하며 1965년 합병조약(Merger Treaty)에 따라 유럽경제공동체와 유럽원자력공동체에 각각 설립된 각료이사회와 통합되어 현재에 이른다. 각료이사회는 유럽통합 초기부터 유럽위원회에 대응하여 회원국의 이해관계를 개진하는 기구로 출범하였고 1980년대 중반까지 정책결정 권한을 거의 독점하여 실질적으로 통합을 주도한 기구이다.

한편 유럽이사회는 1974년 이후 개최되어온 회원국 정상들 간 정례회합으로 로마조약에 명기되지 않은 비공식 기구로 존재하여왔다. 유럽이사회는 1970년대 지지부진한 통합과정에 새로운 정치적 돌파구를 마련하기 위해 당시 프랑스 대통령 지스카르뎅(Giscafe d'Estaing)의 주장에 따라 회원국 정상들 간 일종의 포럼 형태로 출범하였다. 이후 유럽이사회는 단일유럽의정서와 마스트리히트조약을 통해 기구의 기능이 명기되었으며 리스본조약 체결로 상임 의장직이 신설되었고 더불어 유럽연합의 7번째 공식적인 기구(institution)가 되었다. 유럽이사회는 단일유럽의정서 전까지 연 3회 개최되었다가 이후 연 2회로 변경되었으며 리스본조약 체결로 년 4회 개최된다.

각료이사회의 기능과 구성

각료이사회는 유럽연합에서 유럽위원회와 함께 이중의 행정부(dual executive) 기능을 수행하며 동시에 회원국 간 정치적 조정과 협력이 이루어지는 정부 간 기구(intergovernmental institution)라는 복합적 성격을 갖고 있다. 각료이사회 회합은 다루는 이슈에 따라 10개의 이사회로 구분되며 참석자를 달리한다. 즉 외교 및 안보이슈를 다루는 대외관계 이사회(FAC: Foreign Affairs Council)는 회원각국의 외무장관이 참석하며 경제 및 유로존 관련 이슈를 다루는 경제재무이사회(ECOFIN: Economic and Financial Affairs)는 경제 및 재무장관이 참석한다.

일반적으로 각료이사회를 지칭할 때는 1960년대 초부터 정례적으로 개최되어온 외무장관들이 참석하는 일반이사회(GAC: General Affairs Council)를 말하며 본 이사회는 2002년 이후 과도한 업무부담을 해소하기 위해 일반업무(General Affairs)와 대외관계(Foreign Affairs)가 분리되었다. 이에 따라 일반이사회는 유럽이사회 회합준비와 유럽연합 운영에 관한 전반적인 사항을 다룬다. 또한 리스본조약 체결로 대외관계 이사회는 외교안보고위대표부(HRUFASP: High Representative of the Union for Foreign Affairs and Security Policy) 의장이 주재한다.

〈표 6〉 각료이사회의 구성

<table>
<tr><th>구성</th><th>기능</th><th>정례회합</th></tr>
<tr><td>일반이사회(GAC: General Affairs)</td><td>•일반업무, 확대정책, 유럽연합 재정
•유럽이사회 회합 준비
•타 이사회와 협력 및 조정</td><td rowspan="4">월 1회</td></tr>
<tr><td>대외관계(Foreign Affairs)</td><td>•공동외교안보정책, 대외통상정책, 대외발전정책</td></tr>
<tr><td>경제재무이사회(ECOFIN: Economic and Financial Affairs)</td><td>•회원국간 경제,재정정책 조정, 감독
•유로존 정책</td></tr>
<tr><td>농어업(AGFISH: Agriculture and Fisheries)</td><td>•공동농업정책, 공동어업정책, 식품안전</td></tr>
</table>

구성	기능	정례회합
고용사회보건 및 소비자보호 (EPSCO: Employment, Social Policy, Health and Consumer Affairs)	•고용, 노동조건, 소수자 보호 •공공보건, 소비자보호 년 4회	년 4회
경쟁(Competitiveness: internal market, industry, research and space)	•단일시장, 산업정책, •연구개발, 우주개발	년 5-6회
운송통신 및 에너지(TTE: Transport, Telecommunications and Energy)	•운송, 통신, 에너지정책	년 6회
사법내무(JHA: Justice and Home Affairs)	•쉥겐지역, 비자, 망명 •회원국간 경찰 및 사법협력	년 6회
환경(Environment)	•환경정책, 지속가능한 개발	년 4회
교육청소년문화 및 스포츠 (EYC: Education, Youth, Culture and Sport)	•교육, 직업훈련, 문화정책	년 3-4회

출처 : Council of the European Union (2011), Council Configuration. http://www.consilium.europa.eu/council/council-configurations?lang=en (검색일 2012년 1월)

각료이사회 의장

각료이사회는 6개월(1-6월, 7-12월)을 주기로 회원국간 의장(presidency) 직을 교체한다. 각료이사회 의장은 토의할 안건을 상정하고 회원국간 의견 조정 등 전반적인 회담을 진행한다. 이러한 순회 의장직 시스템은 정부간 기구의 특성상 야기 될 수 있는 강대국 위주의 의장직 독점을 막고 약소국도 공평한 기회를 갖는다는 점에서 긍정적인 측면이 있다. 그러나 약소국의 경우 의장직 수행을 위해 국내관료의 동원과 같은 부담을 가질 수밖에 없다. 결정적으로 너무 짧은 의장임기로 정책 진행과 운영의 연속성에 문제를 안고 있다. 이에 따라 각료이사회는 2007년 이후 업무의 연속성을 위해 전 현직 및 차기 의장국의 협력시스템인 3자 의장직(trio presidency) 시스템을 운영하고 있다.

〈표 7〉 각료이사회 의장국 순번(2011-20년)

년도	상반기	하반기	년도	상반기	하반기
2011	헝가리	폴란드	2016	네덜란드	슬로바키아
2012	덴마크	사이프러스	2017	말타	영국
2013	아일랜드	리투아니아	2018	에스토니아	불가리아
2014	그리스	이탈리아	2019	오스트리아	루마니아
2015	라트비아	룩셈부르크	2020	핀란드	

출처 : Council of the European Union (2011), Presidency Websites. http://www.consilium.europa.eu/council/presidency-websites?lang=en (검색일 2012년 1월)

상주대표부와 실무그룹

각료이사회는 회원국의 장관급 회합으로 동시에 유럽연합에서 최종적인 의사결정 기능을 갖는다. 그러나 가장 빈번하게 개최되는 일반이사회와 대외관계이사회의 경우 공식적인 정례회합은 월 1회에 불과해 현실적으로 유럽연합의 모든 입법을 다룰 수 없다. 따라서 비교적 중요성이 덜한 사안은 브뤼셀에 상주하는 회원국의 대사급 대표인 상주대표부(COREPER: Committee of Permanent Representatives)에서 논의된다. 또한 각료이사회 회합을 준비하고 결정사항에 대한 후속 조치를 취할 관료집단이 필요한데 상주대표부가 이러한 기능을 수행한다. 따라서 상주대표부는 유럽연합에서 회원국간 실무수준의 정치적 조정과 각료이사회 회합 지원이라는 복합적 임무를 갖는다. 상주대표부는 업무성격에 따라 COREPER Ⅰ, Ⅱ로 나뉘는데 COREPER Ⅰ은 유럽연합의 일상적인 정책결정과정에서 각료이사회를 대표하여 기술적 조정과 정보제공 및 입법에 대한 최종결정 기능을 갖고 COREPER Ⅱ는 일반이사회 준비업무와 회원국간 주요한 사안에 대한 조정업무를 행한다.

한편 각료이사회는 실무관료집단으로 상주대표부 이외에 유럽위원회와 의제입안과정에서 협력을 취하고 상주대표부의 업무를 지원하는 실무그룹(working groups)을 두고 있다. 실무그룹은 유럽위원회의 전문가위원회와 유사하게 관료집단의 가장 하위에서 실무업무를 수행하는데 주로 회원국의 실무관료 및 다양한 분야의 전문가들로 구성된다. 따라서 정치적 판단이 필요하거나 회원국간 고도화된 협상을 요하는 사안은 상주대표부에서 다루고 실무그룹은 유럽위원회 의제에 대한 기술적 검토와 정보제공 기능으로 한정된다. 실무그룹은 사안에 따라 구성되었다 임무가 종료되면 해체되는데 통상 200여개 이상이 항상 구성되어 활동을 한다.

외교안보고위대표부(HRUFASP: High Representative of the Union for Foreign Affairs and Security Policy)

유럽연합은 유럽헌법조약에 유럽연합 외무장관(Union Minister for Foreign Affairs) 직을 계획하였으나 조약 부결로 무산되었다. 그러나 그 이후 리스본조약 체결로 일종의 유럽연합 외무장관직에 해당하는 외교안보고위대표부(HRUFASP: High Representative of the Union for Foreign Affairs and Security Policy)를 신설하였다. 외교안보고위대표부는 주로 유럽연합조약(TEU)에 명기된 외교와 안보정책을 전담한다. 이러한 기능 수행을 위해 유럽연합에서는 유럽위원회 부위원장(Vice-present)이 외교안보고위대표부의 의장직을 수행토록 하여 2010년 1월 유럽위원회 부위원장인 에쉬톤(Catherine Ashton)이 외교안보고위대표부 의장으로 취임하였다. 또한 리스본조약 체결로 유럽위원회 대외총국(DG External Relations)은 대외정책실행국(EEAS: European External Action Service)로 개편되어 외교안보고위대표부를 지원하는 하위기구로 위치하였다. 이외에 각료이사회 내부에서는 회원국간 응집된 대외정책 실행을 위해 외교안보고위대표부 의장이 대외관계이사회를 주재한다.

각료이사회의 정책결정

각료이사회는 정부간 기구라는 특징에 따라 회원국간 인구와 영향력의 편차를 인정한다. 따라서 가장 초국가화 된 기구인 유럽위원회가 회원국의 규모와 무관하게 1국 1인 원칙에 의해 위원을 선출하는데 반하여 각료이사회는 표결과정에서 회원국간 표결수에 차등을 두고 있다. 각료이사회만의 독특한 표결 원리인 가중다수결은 강대국간에는 되도록 표결수를 일치시켜 특정 국가의 독주를 막아 힘의 균형을 유지하며 약소국은 인구규모에 비해 과도한 표결수를 부여하여 정치적 입지를 보존한 것이다. 이러한 시스템이 만들어진 이유는 현실적으로 유럽연합 회원국간 인구편차가 매우 크기 때문이다. 가장 많은 인구를 갖는 독일이 8,200만 명인데 반하여 말타의 경우 40만 명에 불과하므로 인구대비 표결수를 유연하게 조정한 것이다.

가중다수결 표결은 각료이사회의 설립 시부터 적용되어 왔으며 그동안 회원국의 확대에 따라 여러번 가중치의 변화가 이루어졌다. 현재의 가중다수결 원칙은 2000년 니스조약 체결로 확정된 것으로 가결을 위해 다음의 3가지 조건이 충족되어야 한다. 첫째, 의결수는 총 345표 중 73.91%에 해당하는 255표 둘째, 가결표가 나온 회원국의 인구 총계가 전체회원국 인구대비 62% 상회 셋째, 과반수 이상의 회원국에서의 가결. 이와 같은 시스템은 2014년 11월 이후 리스본조약 체결로 새롭게 만들어진 원칙으로 대치된다. 즉 표결에 가중치를 적용치 않고 모든 회원국은 1국 1표를 갖고 가결 의결수는 55%이며 회원국 인구대비 65%의 가결 표결수가 나와야 한다.

〈표 8〉 가중다수결 표결수(2014년까지 적용)

국가 (27개국)	표결수 (345표)
독일 / 프랑스 / 영국 / 이탈리아	29
스페인 / 폴란드	27
루마니아	14
네덜란드	13
벨기에 / 체코 / 그리스 / 헝가리 / 포르투갈	12
오스트리아 / 불가리아 / 스웨덴	10
덴마크 / 아일랜드 / 리투아니아 / 슬로바키아 / 핀란드	7
사이프러스 / 에스토니아 / 라크비아 / 룩셈부르크 / 슬로베니아	4
말타	3

출처 : Council of the European Union (2011), Calendar of meetings. http://www.consilium.europa.eu/council/calendar-of-meetings?lang=en (검색일 2012년 1월)

각료이사회에서의 가중다수결 표결은 일반입법절차(ordinary legislative procedure)에서 이사회의 일반입장(common position) 제기 혹은 최종결정에서 널리 적용되고 있다. 유럽연합에서 사회정책, 외교안보 및 조세와 같이 회원국 주권에 영향을 미치는 주요한 이슈를 제외하고 경제통합에 관련된 대부분의 정책이 일반입법과정으로 진행된다는 사실을 고려 할 때 가중다수결 표결은 매 조약 수정시 일반입법과정 적용정책의 확대와 더불어 이사회의 일반적인 의사결정 시스템으로 정착되었다.

〈표 9〉 가중다수결 표결이 적용되는 정책영역

조약	가중다수결 표결 적용정책
마스트리히트조약	•환경 / 대외발전협력 / 노동자의 자유이동
암스테르담조약	•회사설립의 자유 / 남녀 동일임금 및 동일대우에 관한 결정 •단일시장 / 자격·면허증에 대한 상호인증(mutual recognition) / 관세협력 •연구개발정책 / 공공보건 / 소비자 보호 •부정부패에 대한 대응 / 외국인에 대한 처우에 관한 회원국간 정책조정
리스본조약	•에너지 안보 / 긴급한 인도적 지원 / 지적재산권 •사회안전과 외국인 노동자에 대한 조치 •특별한 사법적 분야 및 경찰협력(2014년부터 적용)

유럽이사회의 연혁

유럽이사회는 1975년 더블린에서 공식적인 첫 회합이 개최된 이후 단일유럽의정서 체결전까지 연 3회 정례적으로 개최되었다. 유럽이사회는 로마조약에 명기된 공식기구가 아니므로 회원국간 조약 밖에서 행하는 정치적 회합의 성격을 지녔다. 이후 유럽연합은 단일유럽의정서에서 최초로 유럽이사회의 기능을 언급하였지만 공식기구로 인정한다는 내용은 담지 않았다. 이후 마스트리히트조약에서도 유럽이사회의 년 2회 회담개최와 경제통화동맹 및 공동외교안보정책 등 제한적

영역에서 정책결정 권한을 갖는다고 명기하였지만 공식기구로서 그 지위에 대한 내용은 명기되지 않았다. 이와 같이 유럽이사회는 리스본조약 체결 전까지 공식기구로서의 지위가 모호하고 조약에 따른 기능이 제한적이었다. 그러나 리스본조약 체결로 유럽이사회는 유럽연합의 공식적인 기구로 조약에 명기되고 권한범위도 대폭 확대되었다. 이외에 기존에 각료이사회와 같이 회원국간 6개월을 주기로 순회하던 의장국시스템을 폐기하고 임기 2년 6개월의 상임의장직을 신설하였고 년 2회에서 년 4회로 정상들간 회합 빈도수를 늘렸다.

유럽이사회 상임의장과 정상회담

유럽이사회 상임의장(President of the European Council)은 유럽이사회에서 가중다수결 표결로 임명되며 2년 6개월의 임기에 1회에 한해 연임이 가능하며 이사회사무국(Council General Secretariat)과 일반이사회(GAC)의 지원을 받아 업무를 수행한다. 유럽이사회 상임의장은 유럽이사회 회담을 주재하여 그 결과를 유럽의회에 보고해야 하며 조약에 명기된 업무수행과 회원국간 결속과 합의진행 등 포괄적인 업무를 수행한다.

전통적으로 유럽이사회 회담에는 회원 각국의 외무장관과 유럽위원회 위원장 및 부위원장이 참석하였는데 리스본조약 체결로 참석자가 공식적으로 조약에 명기하였다. 즉 유럽이사회 상임의장, 27개 회원국 정상, 외교안보고위대표부 의장 그리고 유럽위원회 위원장(Commission President)이 공식적인 참석자들이다. 다만 유럽위원회 위원장은 표결권한을 갖지 않는다. 이외에 사안에 따라 회원국 정상들은 해당 주무장관을 대동할 수 있으며 유럽위원회 위원장 역시 타 집행위원과 함께 참석 할 수 있다. 유럽이사회에 회원국 주무장관들이 참여는 주로 외무장관에 한하지만 매년 봄 정례 유럽이사회 정상회담에는 경제 및 재무장관들이 참석한다. 리스본조약 체결 이전까지 유럽이사회에서의 결정은 특정한 형식을 두지 않고 회원국 정상들간 정치적 조정을 통한 만장일치 합의(consensus)로 이루어졌다. 그러나 리스본조약을 통해 유럽이사회의 의사결정 과정시 몇몇 사안의 경우 각료이사회와 같이 가중 및 단순다수결 표결방식이 도입되었다.

〈표 10〉 리스본조약 체결에 따른 유럽이사회의 구조 및 기능변화

내용	리스본조약 체결 이전	리스본조약 체결 이후
제도적 지위	•공식 업무내용과 회담개최 빈도 명기	•유럽연합의 제도적 기구로 명기
의장직	•순회의장국 시스템(6개월 주기)	•상임의장 시스템(임기 2년 6개월)
유럽이사회 회담	•년 2회(6월 / 12월)	•년 4회(상하반기 각 2회)
합의방식	•회원국간 만장일치에 따른 합의	•회원국간 만장일치에 따른 합의 •일부사안(가중 및 단순다수결 표결)
참석자	•회원국 정상(의장국 정상 포함) •회원국 외무장관 •유럽위원회 위원장 및 부 위원장	•상임의장 •회원국 정상 •유럽위원회 위원장 •고위대표부 의장 •회원국 주무장관(외무/경제재무) •유럽위원회 위원
기능	•마스트리히트조약 - 유럽연합의 일반적 발전방향 결정 - 공동외교안보정책 - 경제통화동맹 •암스테르담조약 - 공동외교안보정책 기능 추가 •니스조약 - 유럽위원회 위원장 임명권한	•일반적인 정치적 가이드라인 •조약수정 및 확대정책 •외교안보 및 방위정책 결정 •주요 제도변화에 대한 정책결정 •정책모니터링

유럽이사회의 기능

유럽이사회는 공식적인 입법기능을 갖지 않지만 정치적 현안에 대

한 결정과 유럽연합의 일반적 발전방향 등 회원국간 정치적 합의를 요하는 주요한 의제를 다루는 최고정점의 의결기구이다. 리스본조약 이후 조약에 명기된 유럽이사회의 기능은 일반적인 정치적 가이드라인과 새로운 발전방향에 대한 결정, 조약수정과 회원국 확대 결정, 외교안보정책 결정 그리고 몇몇 주요한 제도적 변화 및 유럽연합 기구 책임자의 임명권 등 이다.

▪일반적인 정치적 가이드라인
- 유럽연합의 일반적 정치적 방향에 대한 회원국간 합의기능 수행

▪조약 수정 및 회원국 확대정책 진행
- 일반적인 조약 개정: 유럽의회와 유럽위원회의 자문을 거쳐 정부간회담 및 회담을 통해 조약수정 결정(단수다수결)
- 단순한 절차적 개정: 유럽연합의 성격에 영향을 주지 않는 중요성이 덜한 사안의 경우 유럽이사회에서 수정
- 유럽연합 가입국 및 가입절차 결정 및 회원국의 유럽연합 탈퇴 결정

▪외교안보정책 결정
- 공동외교 및 안보정책 그리고 기타 대외관계 조치 결정
- 주요한 대외관계 이슈에서 유럽연합 차원의 정책이 필요한 경우 특별이사회를 개최하여 결정

▪주요 제도적 변화 및 주요 기구의 책임자 임명권
- 유럽의회와 합의(consent)절차를 거쳐 유럽위원회 위원장 임명
- 외교안보고위대표부 의장 임명
- 각료이사회 구성 및 의장국 로테이션 결정
- 유럽위원회 위원수 조정
- 유럽의회 의원수 조정

제6장

유럽연합의 입법, 사법 및 자문기구

1. 유럽의회

유럽의회의 연혁과 구성

1957년 로마조약 체결시 유럽경제공동체와 유럽원자력공동체는 별도의 의회를 두지 않고 유럽석탄철강공동체의 공동의회(Common Assembly of the ECSC)와 기능을 공유하였다. 당시 공동의회는 3개 기구 공통의 의회기능을 수행하게 되면서 유럽공동체의회(Parliamentary Assembly of the European Communities)로 명칭이 변경되었고 이후 1962년부터 유럽의회(European Parliament)로 이름을 바꾸어 현재에 이른다. 유럽의회는 유럽석탄철강공동체 출범 시부터 프랑스와 독일간 화해를 상징하는 의미에서 양국의 접경지역인 프랑스의 스트라스부르그에 위치하였다. 다만 유럽연합의 주요 기구들이 브뤼셀에 위치하므로 사무국(Secretariat)은 룩셈부르크에 두고 상임위원회(Standing Committees)는 브뤼셀에서 개최되고 있다. 유럽의회 회기는 8월을 제외하고 매월 3-4일을 일정으로 스트라스부르그에서 개최되며 정례회기 이외의 특별회기는 브뤼셀에서 개최된다. 이에 따라 의원과 보좌진들이 스트라스부르그와 브뤼셀을 수시로 왕래해야 하는 불편이 있어 그동안 의회 이전이 꾸준히 논의되었으나 프랑스의 강력한 반발로 성사되지 못하였다.

유럽의회는 일종의 자문기구로 출범하여 1960년대 말까지 별다른 기능을 갖지 못하였다. 다만 정책결정과정에서 자문절차(consultation procedure)를 통해 견해(opinion) 제기 권한을 보유하였지만 이러한 미미한 기능도 단일유럽의정서 체결 전까지 거의 사문화 되었다. 그러나 유럽의회는 1971년과 1977년에 로마조약 수정을 통하여 당시 유럽공동체의 예산 감독 기능을 확보하였고, 현재에도 유럽연합의 연간예산 배정과 운영에 강력한 권한을 갖고 있다. 한편 1979년부터 유럽의회는 의원선거에 직접투표가 도입되면서 시민사회의 대표라는 본연의 정체성을 찾게 되었다. 이후 1986년 단일유럽의정서 체결로 자문절차가 조약에 명기된 대로 기능을 회복하고 협력절차(cooperation procedure) 및 동의절차(assent procedure)가 도입되면서 유럽의회의 정책결정 기능이 대폭 강화되었다. 결정적으로 1992년 마스트리히트조약을 통해 공동결정절차(codecision procedure)가 유럽연합의 일반적인 정책과정으로 도입되면서 유럽의회는 유럽위원회 및 각료이사회와 동등한 권한을 갖는 정책결정기구로 발전하였다.

유럽의회 의원과 의장

유럽의회 의원(MEPs: members of the EP)은 1958년 유럽경제공동체 출범시 142명이었으나 회원국 확대에 따라 지속적으로 의원수가 증가하여 2009년 선거를 통해 총 736명에 이르게 되었다. 유럽연합은 회원국 확대에 발맞춘 의원수 증가의 문제점을 해결하기 위해 리스본조약을 통해 향후 회원국 증가와 무관하게 의원수를 751명으로 고정하였다. 다만 리스본조약 발효를 2009년 6월 유럽의회 선거전으로 예상하였으나 동년 12월로 늦어지면서 2009년 6월 선거에서 736명의 의원이 선출되었다. 이후 동년 12월 리스본조약 발효로 유럽연합은 18명의 의원을 추가하여 2014년 차기 유럽의회 선거전까지 한시적으로 의원수를 754명으로 유지키로 하였다. (리스본조약에 따르면 독일은 기존 의원수 99명에서 96명으로 감소되어 유럽의회 총 의원수는 751명이 되어야 한다. 그러나 리스본조약 발효가 늦어지면서 독일은 이미 선출된 99명의 의원을 차기 선거까지 유지키로 하여 조약에 명기된 751명에 독일의원 3명을 더하여 754명이 되었다.)

유럽의회 의원수는 각료이사회에서 회원국의 규모에 따른 가중다수결 표결수와 같이 회원국간 인구 비례에 의해 결정된다. 따라서 8천 2백만의 인구를 갖는 독일은 99명 그리고 인구 40만의 말타는 6명의 의원을 보유한다. 다만 각료이사회의 가중다수결 표결원칙에는 강대국간 힘의 균형을 위해 독일, 영국, 프랑스 및 이탈리아 등의 4개국 간에는 인구편차에도 불구하고 표결수를 일치시켰다. 그러나 유럽의회 의원은 시민사회의 비례대표라는 목적을 구현하기 위해 회원국의 인구규모에 따라 의원수가 결정된다. 그러나 회원국간 인구편차가 너무 크기 때문에 각료이사회의 가중다수결 가중치와 같이 회원국간에 인구대비 의원수를 인위적으로 조정하였다. 즉 독일, 프랑스 및 영국의 경우 약 83만 5천-84만 5천 명당 의원 1명이 선출되며 벨기에, 체코, 헝가리, 포르투갈의 경우는 인구 42만 5천 명당 의원 1명 그리고 인구가 가장 적은 말타와 룩셈부르크의 경우 인구 8만 명당 1명의 유럽의회 의원이 할당된다.

〈표 11〉 회원국별 유럽의회 의원수(2009-2013년)

국가	현 의원수 (2013년까지)	인구 (단위: 백만)	국가	현 의원수 (2013년까지)	인구 (단위: 백만)
독일	99	82.1	오스트리아	19	8.3
프랑스	74	62.0	불가리아	18	7.6
영국	73	61.4	덴마크	13	5.5
이탈리아	73	59.9	슬로바키아	13	5.4
스페인	54	45.6	핀란드	13	5.3
폴란드	51	38.1	아일랜드	12	4.5
루마니아	33	21.5	리투아니아	12	3.4
네덜란드	26	16.4	라트비아	9	2.3
그리스	22	11.2	슬로베니아	8	2.0
벨기에	22	10.7	에스토니아	6	1.3
포르투갈	22	10.6	사이프러스	6	0.9
체코	22	10.4	룩셈부르크	6	0.5
헝가리	22	10.0	말타	6	0.4
스웨덴	20	9.2	총계	754명	496.5

출처 : Ian Bache, Stephen George and Simon Bulmer (2011), Politics in the European Union 3rd., Oxford University Press, p. 293과 John McCormick, (2011), European Union Politics, Palgrave Macmillan, p. 4 취합.

유럽의회 의장

한편 의원들 중에서 선출되는 유럽의회 의장(The President)은 의원 임기 5년 중 주요 정당에서 2년 6개월간 번갈아 의장을 배출한다. 유럽의회 의장은 정례회기(plenary session)와 주요한 정치적 사항이 결정되는 여러 의회내 정례회담(conference)을 주재한다. 또한 유럽의회 의장은 대외적으로 유럽이사회 참석과 같이 유럽의회를 대표하여 여타 유럽연합 기구와 관계를 맺는다. 유럽의회 의장이 주재하는 가장 중요한 회담은 의장단회담(Conference of Presidents)으로 여기에는 유럽의회 의장과 각 정당연합 대표(비정파 그룹에서는 의원 2명 참석)가 참석하며 회기중 논의될 안건과 상임위원회 감독 등 의회의 기능 수행을 위한 실질적인 사항들이 논의된다. 이외에도 유럽의회 의장은 의장 및 부의장단회담(Bureau)을 주재한다. 의장 및 부의장단회담에는 유럽의회 의장과 14명의 부의장(Vice-president) 그리고 회담운영 실무를 맡은 5명의 선출직 재무관(Quaestors)이 참석한다. 여기에서는 유럽의회 사무국의 운영과 의회의 예산 그리고 회기중 각 정당연합간 의사발언 시간 등 유럽의회의 운영과 정당연합간 협력사항 등이 논의된다.

정당연합

유럽의회 의원은 각 회원국에서 직접선거를 통해 선출되지만 유럽의회 내에서는 출신국가와 무관하게 정치적 이념에 따라 정당연합 혹은 정파(political groups)를 형성한다. 유럽의회의 상임위원회와 주요한 회합은 정당연합을 중심으로 운영되므로 많은 의원수를 보유한 정당이 유럽의회의 정치적 성향뿐 아니라 대외관계에도 깊은 영향을 미친다. 유럽의회 내에서 정당연합 구성요건은 유럽의회 의원수 변동으로 여러 차례 변경되었고 2009년 선거 이후에는 최소 7개국에서 25명 이상의 의원이라는 요건이 적용되고 있다. 이러한 구성요건은 특정 국가의 독주를 막고 범유럽 차원에서 정치적 이념을 구현한다는 목적에서 비롯된 것이다. 이외에 유럽의회 내에는 특정 정파에 소속되지 않은 비정파 의원(non-attached members) 도 상당수 존재하는데 이들 역시 정당연합 대표들이 참석하는 의장단회담에 대표 2명이 참석한다.

유럽연합에서는 1979년 최초의 유럽의회 의원 직접선거 실행 이후 2009년까지 총 7회의 선거가 치러졌는데 매 선거 이후 가장 큰 정당연합을 구성한 정파는 중도우파 성향의 의원들이 모인 유럽국민연합(EPP)과 중도좌파 및 자유주의자들이 모인 유럽사회민주연합(S&D) 및 유럽자유민주연합(ALDE) 등이다. 이중 유럽국민연합만이 1979년 이후 명칭을 그대로 유지하고 있으며 중도좌파 진영의 정당연합은 매 선거 시마다 선출된 의원들의 정치적 성향에 부합되게 약간의 명칭 변경이 이루어졌다. 이와 같이 유럽의회를 구성하는 정당연합의 정치적 정향을 볼 때 회원국 내에서 좌우파를 막론하고 중도성향의 정치인들이 유럽의회에서 다수를 점한다는 것을 알 수 있다.

〈표 12〉 유럽의회의 정당연합 (2010년 기준)

정당연합	의원 수(736명)
•유럽국민연합 (EPP: European People's Party)	265
•유럽사회민주연합 (S&D: Progressive Alliance of Socialists and Democrats)	184
•유럽자유민주연합 (ALDE: Alliance of Liberals and Democrats for Europe)	85
•유럽녹색연합 (Greens/EFA: Group of the Greens / European Free Alliance)	55
•유럽보수개혁그룹 (ECR: European Conservatives and Reformists)	54
•유럽좌파연합-북유럽녹색좌파 (GUE/NGL: European United Left - Nordic Green Left)	35
•유럽자유민주주의연합 (EFD: Europe of Freedom and Democracy)	31
•비정파 (NI: Non-attached Members)	27

출처 : Ian Bache, Stephen George and Simon Bulmer (2011), Politics in the European Union 3rd., Oxford University Press, p. 304.

비고 : 2011년 기준 의원 수는 총 754명으로 본 표는 2009년 12월 리스본조약 발효 이후 추가된 의원의 집계가 누락된 수치이다.

상임위원회

유럽의회에서는 일반적인 국내의회와 동일하게 상임위원회(Standing Committees)를 통해 입법과 실질적인 의사결정이 이루어진다. 유럽의회의 상임위원회는 다루는 사안의 중요성에 따라 20-70여명에 이르는 의원들이 참여하는데 유럽의회의 권한이 큰 정책영역인 환경 및 예산을 다루는 상임위원회에 상대적으로 많은 의원이 참여한다. 유럽의회는 구조적 특성상 정당연합을 중심으로 운영되므로 상임위원회에서 의장(Committee Chairs)과 위원 배분은 정당연합을 통해 이루어진다. 상임위원회는 매 선거 시마다 조정이 이루어져 그 수는 유동적인데 2009년 선거로 20개의 상임위원회가 구성되었으며 필요한 경우 특별위원회(Special Committee)가 한시적으로 구성되기도 한다.

〈표 13〉 유럽의회 상설상임위원회(Permanent Committees) (2011년 기준)

•대외관계 (AFET: Foreign Affairs) 인권 (DROI: Human Rights) 안보방위 (SEDE: Security and Defence)
•대외협력개발 (SEVE: Development)
•통상 (INTA: International Trade)
•예산 (BUDG: Budgets)
•예산통제 (CONT: Budgetary Control)
•경제통화 (ECON: Economic and Monetary Affairs)
•고용사회 (EMPL: Employment and Social Affairs)
•환경공공보건식품안전 (ENVI: Environment, Public Health and Food Safety)
•산업연구에너지 (ITRE: Industry, Research and Energy)
•단일시장소비자보호 (IMCO: Internal Market and Consumer Protection)
•운송관광 (TRAN: Transport and Tourism)
•지역발전 (REGI: Regional Development)
•농업 (AGRI: Agriculture and Rural Development)
•어업 (PECH: Fisheries)
•문화교육 (CELT: Culture and Education)
•법률 (JURI: Legal Affairs)
•내무사법 (LIBE: Civil Liberties, Justice and Home Affairs)
•헌정 (AFCO: Constitutional Affairs)
•여성양성평등 (FEMM: Women's Rights and Gender Equality)
•청원 (PETI: Petitions)

출처 : European Parliament (2011), Standing Committees

유럽의회의 기능

유럽의회는 통상의 의회와 달리 자체의 입법기능을 보유하지 않는다. 대신에 각료이사회 및 유럽의회와 함께 정책결정 기능을 공유함으로서 입법기능을 대신하며 유럽연합의 예산감독과 통제권한을 갖는다. 이외에도 유럽의회는 유럽위원회 위원장 임명에 대한 동의와 유럽위원회와 각료이사회에 대한 질의 권한을 보유한다. 1960년대 말까지 유럽의회는 별다른 권한을 갖지 못하였지만 1970년대 이후 예산통제 권한이 강화되었고 1986년 단일유럽의정서와 이후 1992년 마스트리히트 조약을 통해 정책결정 권한이 대폭 확대되었다. 구체적으로 유럽의회의 정책결정 권한은 일반입법절차(ordinary legislation procedure), 즉 공동결정절차에서 수정권(amendment), 그리고 특별입법절차(special legislation procedure)중 하나인 합의절차(consent procedure)에서 최종 동의권 그리고 역시 특별입법절차인 자문절차(consultation procedure)에서 견해(opinion) 제기 등으로 구성된다. 그러나 외교와 안보정책 등 여전히 회원국간 정치적 조정이 행해지는 이슈에서 유럽의회의 정책결정 권한은 극도로 제약되어 있다.

〈표 14〉 유럽의회의 권한과 기능

구분	기능
입법	•일반입법절차: 공동결정절차에서 수정권 •특별입법절차: 합의절차에서 동의권 / 자문절차에서 유럽위원회 의제에 대한 견해제기
예산통제	•연간예산 승인권 •예산통제상임위원회(budgetary Control Committee)를 통한 예산감독
동의 및 감독	•유럽위원회 위원장 임명 승인권 •청문회를 통한 유럽위원회 위원 임명 승인권 •각료이사회와 유럽위원회에 대한 질의권 •유럽위원회 탄핵권

출처 : Ian Bache, Stephen George and Simon Bulmer (2011), Politics in the European Union 3rd., Oxford University Press, p. 295.

2. 유럽연합 사법재판소

사법재판소의 연혁

룩셈부르크에 소재한 사법재판소(Court of Justice) 혹은 유럽사법재판소(ECJ: European Court of Justice)는 조약과 2차 입법의 해석과 사법적 분쟁을 다루는 사법기구로 유럽위원회와 함께 통합과정에서 가장 초국가적 성격을 갖는 기구로 발전하여 왔다. 사법재판소 역시 유럽의회와 유사하게 유럽석탄철강공동체의 출범과 함께 설립되어 이후 유럽경제공동체 및 유럽원자력공동체와 기능을 공유하다가 3개 공동체 공동의 사법부가 되었다. 이에 따라 사법재판소의 공식명칭은 리스본조약 체결이전까지 유럽공동체 사법재판소(Court of Justice of the European Communities)라는 명칭을 사용하여 왔다.

한편 유럽연합은 시장통합 계획이 본격화되면서 정치적 판단을 요하지 않은 기업간 상업적 분쟁과 기업과 주로 유럽위원회를 비롯한 유럽연합 기구와의 분쟁이 점증하자 이를 전담할 하위법원으로 1심 재판소(CFI: Court of First Instance)를 1989년에 설립하였다. 이외에도 유럽연합은 2005년에 유럽관료들과 유럽연합 기구 그리고 유럽연합 기구간 분쟁을 전담할 법원으로 공무재판소(Civil Service Tribunal)를 별도로 설립하였다. 리스본조약 체결로 유럽공동체 사법재판소의 명칭은 사법재판소(Court of Justice) 그리고 1심 재판소는 일반재판소(General Court)로 명칭이 변경되었으며, 이러한 양 재판소는 유럽연합 사법재판소(Court of Justice of the European Union)로 총칭한다.

〈그림 2〉 유럽연합 사법재판소

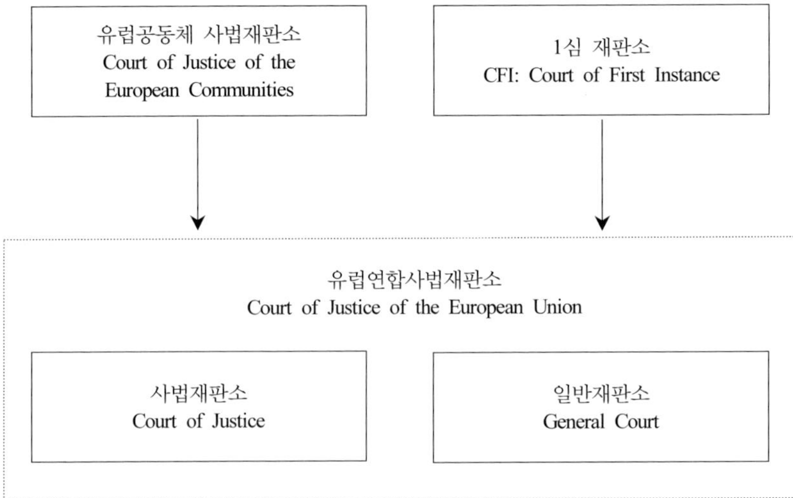

사법재판소의 구성

사법재판소는 임기 6년의 27명의 판사(judges)로 구성되며 1회에 한해 연임이 가능하다. 이외에 사법재판소는 유럽연합의 최고법원으로 8명의 법무관(Advocates General)을 두고 있다. 사법재판소는 판결의 일관성과 연속성을 위하여 판사의 임명시기를 달리하여 매 3년마다 약 절반의 판사가 교체된다. 사법재판소 판사 선임에는 유럽위원회 위원과 같이 국가별 안배는 공식적으로 존재하지 않는다. 그러나 각 회원국에서 1인씩 판사 후보를 지명할 수 있다는 점에서 결과적으로 1국 1인 선출 원칙이 지켜진다. 사법재판소는 판사 3-5명이 참여하는 재판부(Chamber)를 구성하여 판결을 내리고 특별한 경우 판사 13명이 참여하는 대재판부(Grand Chamber)가 구성되어 판결이 행해지기도 한다.

사법재판소의 법무관은 판결의 신속성과 판사의 과중한 판결 부담을 경감키 위해 만들어진 것으로 모든 소송은 사전에 법무관의 검토와 법률적용 등에 대한 의견 제출 이후 이를 참조로 판결이 이루어진다. 한편 일반재판소의 판사구성과 선임방법 그리고 재판부 구성은 사법재판소와 동일하다. 다만 일반재판소는 사법재판소와 달리 판사 1인의 단독 재판부가 열리며 법무관을 두지 않는다. 이외에 공무재판소는 임기 6년의 7명의 판사로 구성되며 법무관은 두지 않는다.

〈표 15〉 유럽연합 사법재판소의 구성과 기능

법원	구성과 기능
사법재판소 (ECJ)	•기능: 유럽연합 최고법원 •구성: 판사 27명(의장 1인 선출) / 법무관 8명 •업무: 선결적 판단 / 직접소송 / 상고사건 등
일반재판소 (General Court)	•기능: 사법재판소의 하급법원 •구성: 판사 27명 •업무: 지적소유권 / 단일시장내 경제적 이슈 / 기타조치 / 항소 사건 등
공무재판소 (CST)	•기능: 유럽연합 기구와 관료간 분쟁 •구성: 판사 7명 •업무: 연금계약조건, 임금 및 직장 내 차별적 행위 등

사법재판소의 소송

사법재판소는 1960년대에는 매년 약 50여건의 소송을 다루었으나 통합이 심화되면서 소송건수가 증가하여 1970-80년대에는 복잡한 사건의 경우 최종판결까지 2년여의 시간이 소요되었다. 유럽연합은 이와 같이 소송이 증가함에 따라 1989년 1심 재판소를 설립하였지만 소송건수는 지속적으로 증가하여 사법재판소와 일반재판소 모두 2000년대 후반 들어 매년 평균 약 600여건의 새로운 소송을 다루고 있다. 사법재판소에서 다루는 사건은 선결적 판단(preliminary ruling)과 직접소송(direct actions)이 주를 이룬다. 선결적 판단은 회원국 법원이 사법재판소에 유럽연합법의 해석을 요청하는 것으로 회원국 법원이 유럽연합의 조약과 2차 입법에 대한 충분한 지식과 경험이 없거나 국내법과 상충하는 경우 사법재판소의 판결을 의뢰하는 것이다.

한편 직접소송은 유럽시민(법인 포함), 회원국정부 및 유럽연합 기구간 분쟁으로 가장 빈번한 경우는 회원국정부의 유럽연합법 위반이나 조치를 취하지 않는 이른바 의무불이행 소송(actions for failure an obligation)이다. 또한 사법재판소는 최고법원으로 일반재판소 판결에 불복한 상고(appeals) 역시 다룬다. 반면에 일반재판소는 지적소유권 및 기업간 분쟁 등 단일시장 내에서 경제적 이슈를 주로 다루며 연금과 임금조건과 같이 유럽관료들의 노동조건에 관한 사안은 공무재판소에서 관할한다.

유럽연합법의 일반원칙

유럽연합의 입법은 회원국에서 별도의 국내입법 조치를 동반치 않고 직접 적용(direct application)되거나 각 회원국에서 고유한 입법절차를 거쳐 적용된다. 만약 이러한 입법수용과정에서 유럽연합과 국내법이 상충하거나 유럽연합법의 해석과 적용에 어려움이 따른다면 국내법원은 사법재판소에 선결적 판단(preliminary ruling) 즉 유럽연합법의 해석을 요청한다. 이러한 절차는 사법재판소와 국내법원간 위계적 관계가 아니라 다양한 회원국의 법질서를 조정하는 과정이다. 따라서 선결적 판단은 유럽연합 차원의 단일한 법질서를 만든 가장 중요한 동인이라 할 수 있다. 한편 선결적 판단은 사법재판소의 판례를 통해 구현되었는데 정치적으로 중요한 의미를 갖는 몇몇 판례는 유럽연합법의 일반원칙으로 자리 잡아 통합을 이끈 중요한 제도적 기반이 되었다.

판례를 통해 구축된 유럽연합법의 직접효력(direct effects)과 최고성(supremacy of EU Law)은 대표적인 일반원칙이다. 1963년 Van Gend and Loos 판결(1963 Case26/62)로 만들어진 직접효력 원칙에 따르면 유럽연합법은 각 회원국의 헌정질서와 무관하게 직접적으로 적용된다. 유럽연합은 회원국들이 자발적 합의에 따라 그들의 주권적 권리의 일부를 양도하여 만들어진 새로운 법적 질서이다. 이러한 새로운 법적 질서에 따라 유럽연합은 회원국과 개인에 대하여 독립적으로 법적 부과를 강제할 수 있으며 사법재판소의 권한은 회원국 법원으로부터 보호 받는다. 또한 유럽연합법의 독립성에 따라 유럽연합은 회원국의 주권을 제약 할 수 있으며 동시에 개인과 법인은 국내법원에서 유럽연합법을 근거로 자신의 권리를 주장 할 수 있다. 이후 직접효력 원칙은 유럽연합의 2차 입법(secondary legislation)인 지침(directive)의 효력범위와 적용시기를 설정하는데 까지 적용되었다.

한편 1964년 Costa v. Enel(1964 Case 6/64) 판례로 만들어진 유럽연합법(공동체법)의 최고성은 유럽연합법이 국내법에 우선한다는 일반원칙이다. 즉 유럽연합법은 회원국 고유의 헌정질서 및 법질서와 무관하게 적용되므로 유럽연합과 국내법이 상충한다면 유럽연합법이 우선한다.

Van Gend and Loos와 Costa v. Enel 판결

Van Gend and Loos 판결은 1963년 네덜란드 운송회사 Van Gend and Loos가 역내시장에서의 수입에 대한 네덜란드 정부의 과도한 관세규제를 들어 이의를 제기한 것이다. 사법재판소는 이에 대해 회원국은 역내시장에서 공동체(유럽연합)의 규제와 별도로 또 다른 규제를 부과하는 것은 위법이라고 판시하였다. 한편 Costa v. Enel 판결은 이탈리아 밀라노의 변호사 Costa가 이탈리아 정부가 공동체법을 위반하여 국유화한 전력회사 Enel에 대하여 전기료를 지불할 수 없다는 취지로 제기한 것이다. 사법재판소는 본 사건에서 유럽연합법의 우위 즉 유럽연합 법은 조약에 근거한 독립적 법원으로 국내법에 의해 침해될 수 없다는 취지의 판결을 내렸다.

3. 유럽경제사회위원회와 지역위원회

경제사회위원회와 지역위원회 연혁

유럽연합은 입법과정에서 시민사회와 지방정부의 다양한 이해를 반영하기 위해 자문기구(consultative body)로서 유럽경제사회위원회(EESC: European Economic and Social Committee)와 지역위원회(CoR: Committee of Regions)를 두고 있다. 유럽경제사회위원회는 로마조약 체결로 출범하였고 지역위원회는 이보다 뒤늦게 마스트리히트조약으로 만들어졌다. 양 기구는 모두 344명의 위원으로 구성되며 국가별 위원할당 비율도 동일하며 각료이사회의 가중다수결 비율과 같이 회원국의 규모에 비례하여 위원수에 차등을 두고 있다. 또한 리스본조약에 따라 경제사회위원회와 지역위원회는 모두 차기 위원부터 위원수가 350명으로 증가한다.

〈표 16〉 유럽경제사회위원회 및 지역위원회 위원 국가별 할당

국가 (27개국)	인원 (344명)
프랑스 / 영국 / 이탈리아 / 독일	24명
폴란드 / 스페인	21명
루마니아	15명
오스트리아 / 벨기에 / 체코 / 그리스 / 불가리아 / 헝가리 / 네덜란드 / 포르투갈 / 스웨덴	12명
덴마크 / 핀란드 / 아일랜드 / 리투아니아 / 슬로바키아	9명
에스토니아 / 라트비아 / 슬로베니아	7명
사이프러스 / 룩셈부르크	6명
말타	5명

유럽경제사회위원회의 구성

유럽경제사회위원회는 사용자, 노조 및 전문가 집단 등 다양한 사회세력들이 참여하는 자문기구로 리스본조약 체결로 위원임기는 기존에 4년에서 5년으로 연장되었다. 또한 리스본조약 체결로 위원 선출방식은 회원국의 추천과 각료이사회에서의 최종임명 결정 대신에 유럽위원회와 유럽의회에서의 위임으로 변경되었다. 유럽경제사회위원회는 각각 임기 2년 6개월의 의장(President)과 2명의 부의장(Vice-presidents)을 두며 연 9회 공식적인 회기를 갖는다. 유럽경제사회위원회는 유럽연합의 정책결정과정을 보다 투명하게 진행하며 유럽시민들의 참여를 유도한다는 목적에서 만들어졌다. 이러한 취지에 따라 본 위원회는 사회 각 계층을 3개의 그룹으로 나누어 유사한 규모로 위원을 임명한다. group I은 산업계와 서비스업계의 사용자, group II는 노조 group III는 주로 전문가집단, 농민, 환경단체 및 소비자 단체 등의 이익집단에서에서 위원이 배출된다.

한편 경제사회위원회 내부에서는 다루는 정책영역에 따라 6개의 분과(sections)로 구성되며 여기에 참여하는 위원은 국적과 사회 각 계층을 고려하여 인적안배가 이루어진다.

· 경제통화동맹 및 경제사회적 결속(ECO: Economic and Monetary Union and Economic and Social Cohesion)
· 단일시장, 생산 및 소비(INT: The Single Market, Production and Consumption)
· 운송, 에너지, 인프라 및 정보화사회(TEN: Transport, Energy, Infrastructure and the Information Society)
· 고용, 사회 및 시민권(SOC: Employment, Social Affairs and Citizenship)

· 농업, 농촌발전 및 환경(NAT: Agriculture, Rural Development and the Environment)
· 대외관계(REX: External Relations)

유럽경제사회위원회의 기능

유럽경제사회위원회의 주 기능은 경제사회 이슈에 대한 정책결정시 유럽위원회, 유럽의회 및 각료이사회에 대한 자문 및 의견제기이다. 본 위원회의 자문을 요하는 정책영역은 사회정책, 환경, 단일시장, 결속 및 고용정책 등 경제사회정책이 망라된다. 이외에 유럽경제사회위원회는 경제사회정책에 관련된 보고서 발간, 유럽위원회의 요청에 따른 자문 그리고 자체의 의견제기 등 다양한 활동을 실행한다. 그러나 유럽위원회를 위시한 정책결정기구들이 유럽경제사회위원회의 자문을 반드시 수용해야하는 것은 아니다. 이 점에서 본 위원회는 지역위원회와 함께 정책결정 권한을 갖지 못하는 유명무실한 기구라는 비판이 꾸준히 제기되어 왔다. 그럼에도 유럽경제사회위원회는 유럽연합의 다양한 이익집단 대표들이 브뤼셀에서 정례회합을 갖고 상주한다는 점에서 특별히 유럽위원회에 대한 정보제공 창구로서 적지 않은 역할을 갖는다.

지역위원회의 연역

지역위원회는 유럽경제사회위원회 보다 훨씬 뒤늦게 마스트리히트 조약 체결로 출범하였다. 지방정부들은 이미 1980년대부터 자발적으로 유럽차원의 지방정부간 연합인 유럽지역의회(Assembly of European Regions)를 결성하여 지역정책과 같이 지방정부에 영향을 미치는 유럽연합의 공공정책에 압력을 행사하였다. 이후 1990년대 초 마스트리히트조약 체결을 위한 정부간회담(IGC: Intergovernmental Conference)에서는 이른바 '지방의 유럽(Europe of the Regions)'이라는 슬로건을 내걸고 유럽내 많은 지방정부들이 유럽연합의 정책과정 참여를 요구하였다. 이러한 지방정부의 요구를 수용하여 자문기구로서 지역위원회가 설립되었다. 당시 유럽위원회는 지역위원회 설립을 제안하면서 정책과정에서 실질적 권한을 갖는 기구를 의도하였으나 회원국간 이해가 엇갈려 유럽경제사회위원회와 함께 기능이 제한된 자문기구로 출범하였다.

지역위원회의 구성

지역위원회의 위원수 및 국가별 위원할당 그리고 위원의 임기는 유럽경제사회위원회와 동일하며 연 5회 공식적인 회기를 갖는다. 또한 지역위원회 위원장(President) 임기는 2년 6개월로 로테이션되며 경제사회위원회와 달리 수석 부위원장(First Vice-president) 한명과 각 회원국에서 한명씩 임명된 27명의 부위원장(Vice-president)을 두고 있다. 또한 지역위원회에는 유럽경제사회위원회에는 없는 정당연합(political groups)이 존재한다. 2011년 기준 유럽국민연합(EPP), 유럽자유민주연합(ALDE), 유럽사회주의연합(PES: Party of European Socialists) 그리고 유럽국가연합(UEN-EA: Union for Europe of the Nations-European Alliance) 등 4개의 정당연합이 구성되어있는데 각 정당연합은 사무국(secretariat)을 두고 회기 전에 회합을 갖고 의견을 조율한다.

한편 유럽경제사회위원회는 정책영역에 따라 분과(sections)를 구성하는데 반해 지역위원회는 6개의 위원회(commission)를 두고 있다. 이러한 위원회는 위원들의 국적과 소속 정당연합을 고려하여 인적안배가 이루어진다. 유럽위원회가 제기한 의제는 위원회에서 먼저 검토되고 이후 회기 동안에 지역위원회 차원의 견해가 만들어진다.

· 지역 간 결속 (COTER: Commission for territorial Cohesion Policy)
· 경제사회정책(ECOS: Commission for Economic and Social Policy)
· 교육, 청소년 및 연구(EDUC: Commission for Education, Youth and Research)
· 환경, 기후변화 및 에너지(ENVE: Commission for Environment, Climate Change and Energy)
· 시민권, 거버넌스, 제도 및 대외업무(CIVEX: Commission for Citizenship, Governance, Institutional and External Affairs)
· 자연자원(NAT; Commission for Natural Resources)

지역위원회의 기능

지역위원회는 마스트리히트조약 체결로 출범시 결속, 운송, 공공보건, 교육·청소년 그리고 문화 등 5개 정책영역에서 자문기능을 수행토록 조약에 명기되었다. 이후 지역위원회의 자문이 요구되는 정책이 꾸준히 증가하여 암스테르담조약에서는 고용, 사회정책, 환경 및 직업교육 등으로 확대되었다. 리스본조약에서도 시민보호(civil protection) 및 기후변화(climate change)에 대한 정책결정시 지역위원회의 자문을 거치도록 명기되었다. 이와 같이 지역위원회의 자문을 요하는 정책이 꾸준히 증가하고 있지만 실질적인 정책결정 기능이 없다는 점에서 유럽경제사회위원회와 유사한 제도적 한계를 갖고 있다. 더욱이 유럽연합 내 지방정부는 그 규모와 중앙정부와의 관계 등에서 다양한 격차를 갖고 있어 이러한 지방정부간 단일의 목소리를 취합하기가 용이하지 않다는 문제점 역시 안고 있다.

제7장

유럽연합의 정책결정과정

1. 정책결정 유형

정책결정기구

유럽연합의 정책결정과정은 매우 복잡하다. 정책결정과정에는 유럽위원회, 유럽의회 및 각료이사회 등 3개의 기구만이 모든 정책과정에서 권한을 공유하거나 배타적으로 행사한다. 다만 예외적으로 유로존의 의사결정의 경우 유럽중앙은행이 여타 유럽연합 기구 및 회원국정부로부터 독립적인 위치에서 중심적인 권한을 행사한다. 이외에도 유럽연합의 정책결정과정에는 사용자 단체, 노조, 지방정부 및 NGO 등 유럽차원에서 조직화된 여러 이익집단이 직간접적으로 개입한다. 27개 회원국정부 역시 유럽이사회와 각료이사회를 통해 국가간 이해관계를 조정하고 동시에 의사를 개진한다. 유럽연합 기구와 이익집단은 유럽위원회가 위치하며 각료이사회 회합이 열리는 브뤼셀과 유럽의회 사무국이 소재한 룩셈부르크에서 경쟁과 협력을 통해 정책을 결정한다. 이와 같이 여러 행위자들이 관여하는 유럽연합의 정책결정과정은 공동정책의 속성과 이슈의 중요성에 따라 여러 정책결정방식으로 구성된다.

유럽연합에서는 정책과 이슈에 따라 정책결정방식이 다양하게 분화되어 있다. 그럼에도 1990년대 이후 통합이 심화되면서 대부분의 의사결정은 유럽위원회, 유럽의회 및 각료이사회 등 3개의 정책결정기구가 동등한 권한을 갖고 상호의존적 관계에서 정책을 결정하는 공동체 방식(Community method)이 일반적인 정책과정으로 자리 잡았다. 물론 외교, 안보 및 조세 등 회원국의 주권에 직접적으로 영향을 미치는 정책들은 여전히 유럽이사회와 각료이사회를 통해 정책이 결정되고 실행된다. 이와 같이 다양한 정책결정과정에 기인하여 모든 정책결정기구가 정책의 전 과정에서 동일한 권한을 갖는 것은 아니다. 즉, 정책과 이슈에 따라 정책결정기구의 권한은 차별화된다. 일례로 외교안보정책은 각료이사회와 유럽이사회를 중심으로 결정과 실행이 이루어진다. 반면에 경쟁 및 시장통합정책에서는 유럽위원회가 그리고 유로존 정책에서는 유럽중앙은행이 독립적으로 정책을 결정하고 실행한다.

정책결정방식

유럽연합의 정책결정방식은 정책과 이슈에 따라 공동체 방식, 정부간 조정(intergovernmental coordination) 그리고 개방적 조정(OMC: Open Method Coordination) 등 크게 3가지로 구분할 수 있다. 유럽연합의 일상적인 운영을 위한 조치와 대부분의 공동정책은 공동체 방식에 의해 이루어진다. 공동체 방식은 유럽위원회, 이사회 그리고 유럽의회간 동등한 권한을 갖고 제도화된 절차 내에서 상호협력과 경쟁과정을 통해 정책을 결정하는 방식이다. 공동체 방식은 몇 가지 유형으로 구분되지만 리스본조약에서 일반입법절차(ordinary legislative procedure)로 명칭이 변경된 공동결정절차가 가장 폭넓게 적용된다.

한편 정부간 조정은 조약수정과 회원국 가입 등 주요한 정치적 결정에 적용된다. 또한 본 정책과정은 회원국간 정치적 결정을 요하는 외교안보, 조세 및 회원국간 경제정책 조정 등에서 유럽이사회와 각료이사회를 중심으로 행하는 정책결정방식을 말한다. 이외에 개방적 조정은 2000년대 이후 활성화된 방식으로 일종의 연성화된 거버넌스(soft governance) 시스템에 따른 정책결정 시스템이다. 개방적 조정은 신속한 정책진행과 사회적 세력의 참여를 고무하기위해 제도화된 입법절차 대신 유럽연합 차원에서 가이드라인을 통한 자발적 협력과 선행사례에 대한 벤치마킹전략이 활용되는 유연한 정책과정이다.

〈표 17〉 유럽연합의 정책결정방식

<table>
<tr><th colspan="2">정책결정과정</th><th>참여 행위자</th><th>의사결정 시스템</th><th>적용 정책</th></tr>
<tr><td rowspan="2">공동체 방식</td><td>일반입법절차
(공동결정)</td><td rowspan="2">•유럽위원회 / 이사회 / 유럽의회
•자문기구(지역위원회 / 유럽경제사회위원회)</td><td rowspan="2">•제도화된 합의절차
•정책결정기구간 권력 균형
•자문기구, 위원회 및 이익집단의 참여</td><td rowspan="2">•유럽연합운영조약 내 대부분의 공동정책</td></tr>
<tr><td>특별입법절차
(자문/합의)</td></tr>
<tr><td rowspan="2">정부간 조정</td><td>유럽이사회와 각료이사회에서의 합의</td><td>•유럽이사회 / 이사회
•외교안보고위대표부
•유럽위원회와 유럽의 회의 간접개입</td><td>•합의중심의 결정
•일부 영역에서 제도화 된 표결시스템 적용 (가중다수결)
•조약에 명기된 회원국 간 협력방식</td><td>•유럽연합조약 내 공동정책(외교, 안보)
•주요 정치적 현안 및 장기적 발전방향</td></tr>
<tr><td>정부간 회담</td><td>•유럽이사회
•회원국 정상 및 관료
•유럽위원회</td><td>•회원국간 만장일치에 따른 정치적 합의</td><td>•조약수정
•새로운 정책도입
- 경제통화동맹</td></tr>
<tr><td colspan="2">개방적 조정</td><td>•이사회 / 유럽위원회
•회원국정부
•사회적 행위자</td><td>•가이드라인 설정
•자발적 협력
•벤치마킹
•비입법화</td><td>•일부 경제사회정책
- 정보화사회
- 유럽사회 모델
- 교육 등</td></tr>
</table>

정책결정과정

유럽연합의 모든 정책결정과정은 의제제안(agenda setting and proposal), 정책결정(decision making and adoption), 정책실행(policy implementation) 및 정책평가(policy monitoring and evaluation) 등 4단계로 구분된다. 의제제안은 유럽위원회만이 갖는 고유한 권한으로 모든 정책결정과 입법은 유럽위원회의 의제설정과 제안으로부터 시작된다. 물론 유럽이사회는 조약수정 및 제도개혁과 같은 주요한 정치적 결정을 행하는 최고정점의 의사결정기구이지만 조약에 명기된 바와 같이 입법기능을 행할 수 없다. 따라서 유럽이사회에서 결정된 사안은 각료이사회와 유럽위원회에서 논의를 거쳐 구체적인 의제로 만들어지고 이후 유럽위원회가 입법을 제안한다. 이외에 일상적인 의제는 유럽위원회, 이사회 및 유럽의회간 협의를 통해 의제가 설정되고 뒤이어 유럽위원회가 공식적으로 의제를 제출한다.

유럽위원회가 유럽의회와 이사회로 의제를 제출하면 공동체 방식의 경우 이들 3개의 정책결정기구가 고도로 제도화된 틀 속에서 결정을 행한다. 그러나 모든 공동체 방식에서 이들 기구가 동등한 권한을 갖는 것은 아니다. 공동체 방식은 일반입법과 특별입법절차로 구분되어 후자의 경우 유럽의회의 권한은 단순한 의견제기 혹은 최종적인 승인기능으로 한정된다. 이 과정에서 자문기구의 자문을 요하는 정책의 경우 유럽경제사회위원회와 지역위원회가 의견을 제기한다. 그러나 이러한 의견은 공식적인 구속력을 갖지 않는다. 한편 정부간 조정에 의해 이루어지는 정책결정과정은 각료이사회와 유럽이사회에서 결정이 이루어진다. 이 과정에서 유럽위원회와 유럽의회는 정보제공과 의견제기 및 동의기능 정도로 권한이 제약된다. 외교안보정책의 경우에는 외교안보고위대표부 의장이 각료이사회(대외관계이사회)를 주재하므로 본 대표부가 공식적인 행위자로 위치한다. 또한 정부간 회담의 경우에는 유럽이사회를 통해 회원국정부가 지배적인 정책결정 권한을 행사한다. 나아가 개방적 조정은 유럽위원회와 이사회가 주도적 권한을 갖고 산업계와 NGO와 같은 사회적 세력이 참여하지만 본 정책과정에서 유럽의회의 권한은 극도로 제한된다. 이와 같이 여러 정책과정에서 각료이사회가 최종결정 권한을 가진다. 다만 공동체 방식에서 합의절차(assent procedure)는 각료이사회의 결정 이후 유럽의회가 승인 혹은 거부권을 통해 최종적인 결정이 이루어진다.

다양한 정책결정방식으로 이루어진 결정사안은 유럽위원회와 회원국정부가 실행한다. 원칙적으로 정책실행 주체는 유럽위원회이다. 그러나 약 2만여 명에 불과한 유럽위원회 관료만으로는 모든 초국가 정책을 실행 할 수 없다. 따라서 경쟁정책과 대외무역협상을 위시한 몇몇 정책을 제외하고는 회원국정부에 실행을 위임한다. 결속정책의 경우 세부 프로젝트 진행은 지방정부 차원에서 이루어진다. 끝으로 정책평가는 유럽위원회와 유럽사법재판소의 권한이다. 유럽위원회는 정책을 진행하는 회원국정부에 대한 감독과 모니터링을 통해 미실행 및 지연에 대한 정치적 조정을 꾀한다. 여기서도 해결책을 찾을 수 없는 경우 사법재판소에 대한 제소와 판결이 이루진다. 다만 사법재판소의 판결까지 이어지는 것은 매우 드문 예외적 경우이다.

〈그림 3〉 유럽연합의 정책결정 구조

단계	방식	내용
의제 제안		•유럽위원회: 공식적인 의제제안 •유럽이사회: 의제제기
정책 결정	공동체 방식	•유럽위원회 / 이사회 / 유럽의회; 정책결정 •유럽경제사회위원회 / 지역위원회: 자문
	정부간 조정	•유럽이사회 / 이사회: 정책결정 •외교안보고위대표부: 외교, 안보정책 실무결정
	개방적 조정	•유럽위원회 / 이사회 / 회원국정부 / 사회적 행위자간 협력
정책 실행		•유럽위원회: 직접부과 •회원국정부: 정책위임
정책 평가		•유럽위원회: 회원국에 대한 권고 •유럽사법재판소: 조약해석, 판결

2. 공동체 방식

공동체 방식의 기원과 특징

공동체 방식은 1950년대 유럽통합 초기 모네(Jean Monnet)가 전통적인 정부간 조정에 대비되는 정책결정방식으로 제기한 개념이다. 이는 또한 당시 유럽석탄철강공동체의 초국가 운영방식이기도 하다. 이후 본 공동체 방식은 1992년 마스트리히트조약 체결로 유럽위원회, 이사회 및 유럽의회간 힘의 균형 속에서 협력을 통해 정책을 결정하는 공동결정절차(codecision procedure)를 지칭하는 용어로 널리 원용되고 있다. 보다 폭넓은 해석으로 공동체 방식은 공동결정절차 이외에도 자문절차(consultation procedure)와 합의절차(consent procedure) 등 유럽연합 차원에서 공식화된 정책과정을 모두 통칭한다.

로마조약에는 이사회의 최종의사 결정전에 유럽의회의 자문을 요하는 자문절차가 명기되었으나 1980년대 중반까지 거의 사문화되었다. 이후 1986년 단일유럽의정서 체결로 자문절차의 기능이 복원되었고, 협력절차(cooperation procedure)와 동의절차(assent procedure)가 만들어졌다. 1992년 마스트리히트조약 체결로 공동결정절차가 도입되어 점차 협력절차를 대치하여 2007년 리스본조약 체결로 협력절차는 폐지되었다. 또한 리스본조약 체결로 공동결정절차는 일반입법절차(ordinary legislative procedure)로 변경되어 대부분의 공동정책 의사결정에 적용된다. 한편 동의절차는 합의절차로 변경되어 자문절차와 함께 특별입법절차(special legislative procedure)로 몇몇 제한된 정책에서만 적용된다.

〈그림 4〉 공동체 방식의 정책결정과정

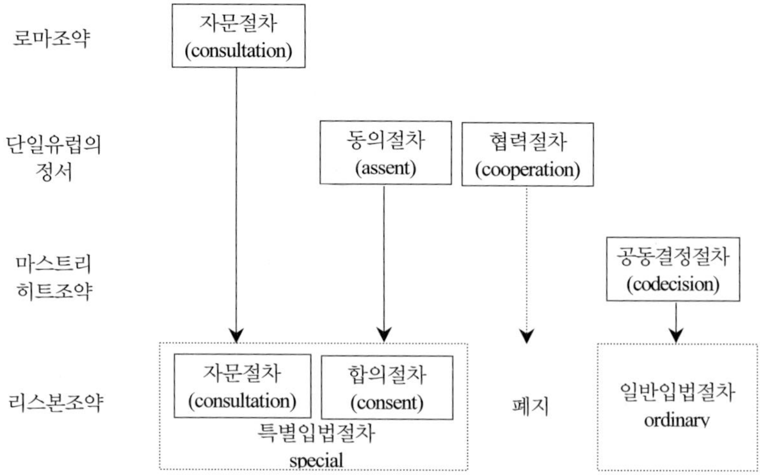

일반입법절차

공동결정절차는 가장 대표적인 공동체 방식의 정책과정이다. 본 정책과정은 마스트리히트조약 체결로 만들어졌지만 조약에는 공동결정(codecision)이라는 용어가 언급되지 않았다. 이후 암스테르담조약으로 공동결정절차가 수정되었는데 역시 본 조약에서도 정책과정 명칭이 명기되지 않다가 리스본조약 체결로 유럽연합운영조약 294조(TFEU Art. 294)에 일반입법절차로 공식적인 정책과정 명칭이 만들어졌다. 따라서 공동결정이라는 용어는 마스트리히트조약이후 학자들이 명명한 것이며 리스본조약 이후에도 널리 통칭되고 있다. 공동결정절차는 도입될 당시에는 15개 정책영역에 적용되었으나 암스테르담조약으로 37개 분야로 확대되어 농업, 내무사법, 통상 및 경제통화동맹 등을 제외한 대부분의 공동정책 결정에 적용되었다. 이후 니스조약과 리스본조약에서도 공동결정절차가 적용되는 정책영역이 추가되어 현재는 약 80여개의 분야에 이른다.

공동결정절차는 유럽위원회의 의제제안(proposal), 유럽의회와 이사회에서 각각 2회에 걸친 독해(reading)를 통해 유럽의회는 수정안(amendment) 그리고 이사회는 일반입장(common position) 제기로 구성된다. 이 과정에서 합의가 이루어지지 않으면 유럽의회와 이사회 대표들로 구성된 조정위원회(conciliation committee)가 개최되어 최종타결을 시도한다. 이러한 과정은 유럽위원회의 의제제안에서부터 조정위원회의 타결과 다시 이사회와 유럽의회에서의 최종결정까지 크게 3단계로 구분할 수 있다. 본 정책과정이 본격적으로 정착된 암스테르담조약 발효 시점인 1999년부터 2000년대 중반까지 초기 1단계에서 최종적인 합의가 이루어지는 비율은 약 30%를 상회하는 정도에 그쳤다. 이후 2000년대 중반이후부터는 그 비율이 70%를 넘어 시간이 경과하면서 효율적인 정책결정 시스템으로 정착되어가고 있다는 것을 알 수 있다.

공동결정절차에서 주목할 사실은 공동정책의 일상적 운영은 대부분 본 정책과정으로 진행되면서 각 기구 내 실무관료들을 중심으로 합의가 이루어지고 있다는 점이다. 즉 여기에는 유럽위원회 내 각 총국(DG)과 전문가위원회(export committee) 그리고 각료이사회에서는 상주대표부(export)와 실무그룹(working groups) 이외에 유럽의회에서는 상임위원회(standing committee)가 매 정책단계마다 협상을 통해 합의를 이끌어낸다. 이러한 점이 공동결정절차가 유럽연합의 일반적인 정책과정으로 정착케 된 요인이라고 할 수 있다.

〈그림 5〉 일반입법절차

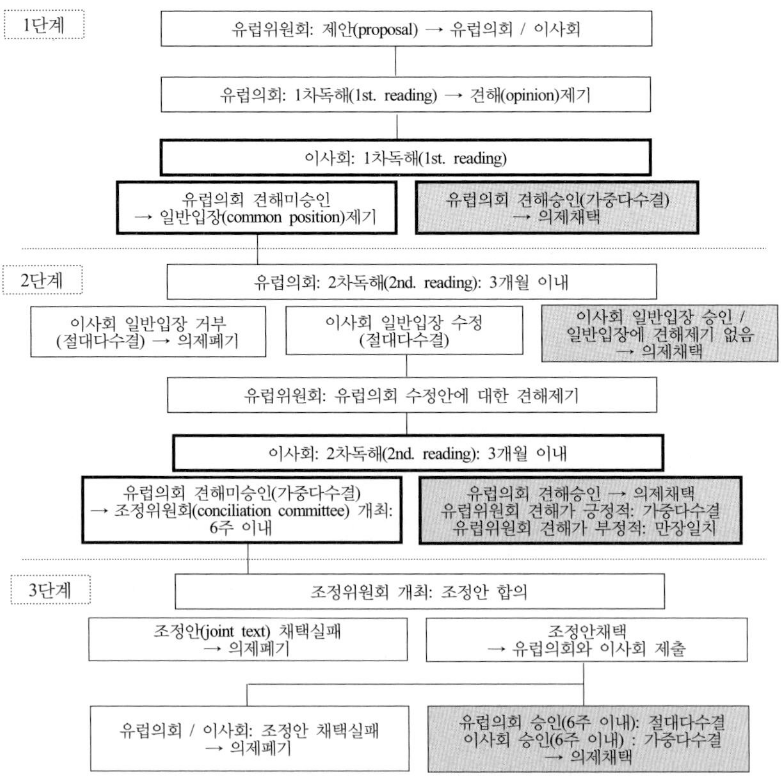

특별입법절차

특별입법절차는 자문절차와 합의절차로 구성되며 회원국간 이해관계 폭이 큰 제한적인 정책영역에만 적용된다. 자문절차는 로마조약에 명기된 유럽연합에서 가장 오래된 정책과정이지만 단일유럽의정서 체결 전까지 실질적으로 기능이 제약되었다. 이후에도 자문절차는 공동결정이 일반화되면서 적용되는 정책이 축소되었다. 자문절차에서는 유럽의회의 권한이 공동결정절차에 비해 상대적으로 제약되며 각료이사회에서의 최종결정도 대부분 만장일치표결로 이루어진다. 이러한 이유는 자문절차가 적용되는 정책영역은 사회정책 및 관련조치, 내무사법 관련정책, 단일시장에 대한 직접개입 그리고 환경과 에너지정책의 재정 등 회원국에게 민감한 이슈들을 포함하기 때문이다. 자문절차에서는 유럽의회가 단 한번의 독해(reading)과정을 통해 구속력 없는 견해(opinion)를 제기하고 이후 이사회에서 최종적으로 결정된다. 본 정책과정에서 유럽의회가 단 한번의 독해를 통해 구속력 없는 의견제기에 머물지만 이사회는 반드시 유럽의회의 의견제기 이후에 의사결정을 취해야 한다.

한편 합의절차는 단일유럽의정서로 만들어진 동의절차(assent procedure)가 리스본조약 체결로 특별입법절차로 편입되면서 동시에 합의절차로 명칭이 변경된 것이다. 합의절차는 차별행위에 대한 조치, 시민권 권리확대 및 다년예산계획 등 몇몇 제한적인 영역에만 적용되는데 본 정책과정에서는 이사회의 결정 이후 유럽의회가 이에 대한 승인 혹은 거부권만을 제기 할 수 있다.

〈표 18〉 일반입법 및 특별입법절차 적용정책

입법과정		적용정책	이사회 내 정책결정	유럽의회의 권한
일반입법: 공동결정		•대부분의 경제정책 및 단일시장정책	가중다수결 (일부 절대다수 / 만장일치 적용)	수정권
특별입법	자문	•유럽인권협약 / 사회안전 및 보호조치 •사회정책: 사회안전. 노동자 권익 •시민권 / 여권, ID카드 및 거주이전 조치 •회원국간 가족관계 입법에 관한 사법협력 •경찰협력 / 국경통제 •단일시장에 대한 직접적 조치 •제3세계와의 자본 자유이동 조치 •지적재산권 조정 / 사법부의 지적재산권 관할 •유럽중앙은행의 특별임무 •환경정책 및 에너지정책의 재정부분 •역외국가와의 협정 •유럽연합 자체예산 시스템 조정	만장일치	견해제기
		•외교보호 •연구개발 •변경지역	가중다수결	
	합의	•차별행위에 대한 조치 •시민권 권리확대 •유럽검사국 (European Public Prosecutor's Office) •투표절차 •다년예산계획	만장일치	승인 / 거부권 행사
		•유럽연합 자체예산 실행	가중다수결	

3. 회원국간 조정과 개방적 조정

정부간 조정의 연혁과 특징

정부간 조정은 각료이사회와 유럽이사회 내에서 회원국간 조정과 합의방식으로 조약수정, 외교안보 및 조세정책과 같이 유럽연합의 제도변화와 회원국의 주권영역에 있는 여러 정책이 본 방식을 통해 결정된다. 정부간 조정방식이 독립된 정책과정으로 정착된 것은 1970년대 초 외교·안보정책에서 회원국간 협력을 의도한 유럽정치협력(EPC: European Political Cooperation)이 출범한 이후이다. 당시 유럽공동체 회원국들은 유럽위원회가 회원국을 대표하여 단일 협상주체로 국제무역협상에 참여하여 결과적으로 보다 효과적으로 국가이익을 개진하는 선례를 따라 외교안보부분에서도 유럽정치협력을 통해 회원국간 제도화된 협력을 꾀하였다. 다만 회원국들은 외교안보는 국가 주권에 직접적으로 영향을 미치는 분야이므로 이에 대한 결정은 만장일치에 따른 회원국간 합의방식을 취한 것이다.

이와 같이 정부간 조정의 적용은 주권에 영향을 미치는 주요한 정책영역으로 제한된다. 따라서 정부간 조정방식에서는 회원국간 만장일치 합의가 이루어지고 유럽위원회와 유럽의회는 정보제공 및 자문제기와 같은 구속력 없는 부수적인 역할만을 갖는다. 그러나 시간이 경과함에 따라 정부간 조정 역시 효과적인 의사결정 진행을 위해 비교적 덜 중요한 외교안보정책 사안과 같은 경우 공동체방식과 유사하게 가중다수결이 도입되고 있다. 또한 회원국간 원활한 합의를 위해 강화된 협력(enhanced cooperation)과 같이 제도화된 합의방식이 제한적으로 적용되고 있다. 정부간 조정방식이 적용되는 또 다른 대표적인 정책인 내무사법(JHA: Justice and Home Affairs)의 경우 암스테르담조약 체결 이후 점진적으로 공동체 방식이 확대되었고 리스본조약 체결로 본 정책은 유럽연합의 일반적인 공동정책과 같이 초국가화된 정책영역이 되었다.

제도화된 합의방식

정부간 조정은 기본적으로 회원국간 만장일치에 따른 합의로 효율적인 의사결정이 구조적으로 제약된다. 즉 27개 회원국 중 어느 한 국가만이라도 반대를 한다면 유럽연합 차원의 공동정책과 조치가 제약될 수밖에 없다. 이러한 단점을 보완하기 위해 유럽연합은 1997년 암스테르담조약을 통해 긴밀한 협력(closer cooperation) 원칙을 도입하였다. 긴밀한 협력은 정부간 조정에서 회원국의 비토권을 최대한 억제하여 효과적인 의사결정을 도모한다는 개념이다. 즉 긴밀한 협력에서는 특정 정책이나 조치를 수용할 의사가 없는 국가는 자발적으로 표결에 관여치 않아 나머지 국가들만 정책을 실행한다. 쉥겐협정(Schengen agreement)의 실행이 그 예이다. 다만 긴밀한 협력은 공동외교안보정책(CFSP)에는 적용되지 않는다. 이후 2000년 니스조약 체결로 긴밀한 협력은 강화된 협력(enhanced cooperation)으로 대치되어 공동외교안보정책의 비군사적 이슈에도 적용이 확대되었다.

유럽연합조약 20조(TFEU Art. 20)에 명기된 강화된 협력은 유럽연합의 고유권한(exclusive competences) 이외에 비 배타적 권한(non-exclusive competences) 영역에서 회원국간 제도화된 협력사항을 명기한 것이다. 유럽연합이 합리적인 기간 내에 목적을 달성하기 힘든 경우 회원국 중 최소 9개국 이상이 참여하여 결정을 행하고, 이러한 결정 사항은 표결 참여국가에만 적용된다. 이는 정부간 조정을 통한 합의가 난항을 겪을 경우 행하는 최종적인 수단으로 공동체 방식과 같이 차선에서라도 최대한 합의를 이끌어내기 위한 제도적 장치이다.

〈표 19〉 제도화된 정부간 조정방식

	긴밀한 협력(closer cooperation)	강화된 협력(enhanced cooperation)
연역	•암스테르담조약에 명기 •니스조약으로 강화된 협력으로 대치	•니스조약에 명기 •리스본조약으로 적용정책 확대
시스템	•건설적 기권(constructive abstention)을 통한 정부간 조정에서 표결 제한	•이사회 내에서 9개 회원국 이상 참여 •표결 참여국만 정책과 조치 적용 •공동체의 법체계(Acquis Communautaire) 적용 제외
적용	•공동외교안보정책은 적용제외 •쉥겐협정의 적용	•공동외교안보정책: 비군사적 부분 적용 •유럽연합의 비배타적(non-exclusive) 권한 영역에 적용

정부간 회담

광의의 의미에서 정부간 조정은 정부간회담(IGC: Intergovernmental Conference)을 포함한다. 정부간 회담은 유럽연합의 기존 조약을 수정하거나 새로운 조약을 만들기 위한 회원국간 정치적 협상을 말한다. 통합과정에서 정부간 조정은 1990년 경제통화동맹 설립을 위한 회담을 포함하여 총 9회가 개최되었으며 1990년대 조약수정이 빈번하게 이루어지면서 회담개최 빈도 역시 증가하였다. 엄밀한 의미에서 정부간 회담은 조약에 명기되지 않는 정치적 행위로 특정한 제도적 틀과 의사결정 방식을 갖춘 것은 아니다. 그러나 1990년대 이후 정부간 회담이 빈번하게 개최되면서 점차 유럽위원회와 다양한 사회적 세력이 직간접적으로 관여하고, 실무수준의 합의에서부터 최종결정까지 일정한 틀을 갖추어가고 있다.

〈표 20〉 유럽연합의 정부간 회담개최

일시	내용
1950	파리조약 체결 : 유럽석탄철강공동체 설립
1955	로마조약 체결 : 유럽경제공동체와 유럽원자력공동체 설립
1985	단일유럽의정서 체결
1990 -1991	경제통화동맹 출범 / 마스트리히트조약 체결
1996 -1997	암스테르담조약 체결
2000	니스조약 체결
2004	유럽헌법 제정
2007	리스본조약 체결

개방적 조정 도입 배경

기존의 공동체 방식은 이사회, 유럽위원회 및 유럽의회 3자간 제도화된 구조 내에서 이루어지는 의사결정 방식이다. 이러한 구조는 정책결정의 효율성을 제고한다는 장점을 갖는 반면 상대적으로 회원국정부와 여러 사회적 행위자의 직접적 참여가 제한된다. 이에 따라 1990년대부터 공동체 방식은 초국가 기구를 중심으로 한 폐쇄적인 협상민주주의(bargaining democracy)라는 비판 속에 유럽연합의 운영과정에서 민주적 결핍(democratic deficit)을 야기하는 원인으로 지목되어 왔다. 또한 공동체 방식은 유럽위원회의 의제제안에서부터 최종결정까지 수개월의 시간을 소요하므로 신속한 입법을 요하는 사안에 적용키 어려운 단점을 갖고 있었다. 공동체 방식은 실무자 수준에서 대부분의 결정이 이루어지므로 유럽위원회를 중심으로 한 유럽관료(Eurocrats)에 크게 의존하는 시스템이다. 이 결과 과도한 유럽위원회의 업무와 권한 확대를 야기하였고 경우에 따라서는 실행과정에서 인력과 자원의 제약이라는 문제가 야기되었다.

이러한 여러 문제점을 보완한 개방적 조정(OMC: Open method Coordination)은 2000년 3월 리스본 유럽이사회에서 결정된 새로운 정책결정방식이다. 본 이사회에서 회원국 정상들은 개방적 조정을 리스본 전략(Lisbon Strategy)에 적극 도입키로 하였다. 리스본 전략은 지식기반 경제로의 전환을 통해 지속적 경제성장과 고용증진을 꾀한다는 유럽연합의 거시경제발전 전략으로 회원국들은 신속한 입법과 다양한 사회적 세력의 참여를 유도하기 위해 본 전략에 개방적 조정방식을 도입하였다. 이에 따라 개방적 조정은 정보화사회정책, 유럽연합의 고등교육정책인 볼로냐 프로세스(Bologna Process) 및 노동시장정책 등 다양한 사회경제정책에 폭넓게 도입되었다. 정보화사회정책과 볼로냐 프로세스의 경우 개방적 조정방식의 도입으로 정책집행이 활성화된 대표적인 경우이다.

개방적 조정 과정

개방적 조정은 연성화된 입법(soft laws), 자발적 합의(voluntary agrements) 그리고 동반자 모델(partnership model) 등 기존의 정책과정과 차별화되는 합의기제를 갖는다. 본 정책과정에서는 이사회가 정책의 필요성을 제기하면 뒤이어 유럽위원회와 회원국정부 및 다양한 사회적 행위자들이 참여하여 자발적이며 비공식적인 협의를 통해 공식적인 입법절차 없이 정책을 결정한다. 개방적 협력의 가장 두드러진 특징은 공동체 방식과 정부간 조정과 같이 제한된 행위자의 참여를 배제하고 여러 사회적 동반자(social partners)에게 권한을 위임하여 자발적인 합의를 유도한다는데 있다. 구체적으로 정책과정은 먼저 각료이사회에서 회원국간 만장일치 합의를 통하여 공식적인 입법대신에 정책목표와 가이드라인을 설정하고 이를 위해 필요한 여러 정책과 프로그램을 결정한다. 이후 각 회원국정부는 국내사정에 맞게 정책내용과 시행시기를 결정하여 실행하며, 이 과정에서 다양한 사회적 세력의 참여가 이루어진다. 또한, 여기서 유럽위원회는 정책모니터링을 통해 우수사례를 선별하여 회원국간 벤치마킹을 유도한다. 최종적으로 회원국정부는 유럽위원회와 이사회에 정책실행 결과를 담은 연례보고서를 제출한다.

〈표 21〉 개방적 조정: 정책 과정

정책 진행	정책 과정
가이드라인 설정	•주체: 각료이사회 / 유럽이사회(장기적 발전전략) •내용: 가이드라인 및 목표 설정 / 비입법화
정책실행	•주체: 회원국 정부 / 사회적 행위자(산업계, 기업, NGO, 전문가 집단) •내용: 회원국과 사회적 행위자간 연합을 통한 정책실행
정책모니터링	•주체: 유럽위원회 •내용: 정책모니터링을 통한 권고 및 견해 제기 / 우수사례 및 벤치마킹 대상 선정
정책보고	•주체: 회원국 정부 •내용: 유럽위원회와 이사회에 연례보고서 제출

제8장

유럽연합의 제도적 구조와 운영

1. 유럽연합의 조약

유럽연합의 법적 구조

조약(treaties)과 2차 입법(secondary legislation)은 유럽연합의 가장 중요한 법적 기반이다. 유럽연합 기구들의 권한, 일상적 운영과 공동정책 등은 최상위 입법(primary legislation)으로 유럽연합의 설립조약들(European Union founding treaties)에 근거한다. 이러한 설립조약은 리스본조약 체결 이후 유럽연합조약(TEU: Treaty on European Union)과 유럽연합운영조약(TFEU: Treaty on the Functioning of the European Union) 등 2개의 조약으로 구성된다. 두개의 조약은 1990년대 이후 여러 차례 수정을 거쳐 현재에 이르고 있다.

한편, 유럽연합 기본권헌장(Chapter of Fundamental Rights of the European Union) 역시 리스본조약 체결로 유럽연합의 조약과 함께 법적 구속력을 갖게 되었다. 2000년에 유럽연합 회원국들이 서명한 유럽연합 기본권헌장은 유럽시민의 보편적인 권리를 명기한 것으로 존엄(dignity), 자유(freedom), 평등(equality), 연대(solidarity), 시민의 권리(citizens' rights) 그리고 정의(justice) 등 6개 조항으로 구성되어 있다.

유럽연합은 2007년 유럽연합 기본권헌장에 따른 인권문제를 다루는 독립기구인 유럽연합 기본권기구(FRA : European Union Agency for Fundamental Rights)를 설립한 바 있다. 이와 같이 유럽연합은 유럽연합조약(TEU), 유럽연합운영조약(TFEU) 및 유럽연합 기본권헌장이 제도적 구조를 형성한다.

로마조약과 합병조약

유럽통합의 역사는 1951년 4월 프랑스, 독일, 이탈리아, 네덜란드, 벨기에 및 룩셈부르크 등 6개국 간에 체결된 파리조약(Treaty of Paris)으로부터 기원한다. 파리조약의 정식명칭은 유럽석탄철강공동체설립조약(Treaty Establishing the European Coal and Steel Community)으로 1952년 7월에 발효되었다. 파리조약은 50년 한시조약으로 2007년 7월에 폐기되어 유럽석탄철강공동체는 해체되었다. 이후 1957년 3월 6개 파리조약 체결국은 다시 로마조약(Treaty of Rome)을 체결하였고, 이듬해 1월부터 발효되었다. 로마조약은 유럽경제공동체설립조약(Treaty Establishing the European Economic Community)과 유럽원자력공동체설립조약(Treaty Establishing the European Atomic Energy Community)을 합친 명칭으로 통상 로마조약이라고 지칭할 때는 전자를 말한다. 이와 같이 유럽에는 1951년 이후 3개의 조약이 잇달아 체결되어 유럽석탄철강공동체(ECSC), 유럽경제공동체(EEC) 및 유럽원자력공동체(EURATOM) 등 3개의 공동체가 만들어졌다.

문제는 3개의 공동체간 유사한 기능을 행하는 기관이 중복되므로 6개 회원국은 1965년 4월에 이른바 합병조약(Merger Treaty)으로 불리는 브뤼셀조약(Treaty of Brussels)을 체결하였다. 브뤼셀조약은 3개 공동체를 통합한 것이 아니라 이들 공동체 내에 산재한 유사한 기관을 통합한 것이다. 즉, 유럽석탄철강공동체의 고등관청(High Authority), 유럽경제공동체와 유럽원자력공동체에 각기 설립된 위원회(Commission) 그리고 이들 3개 기구에 모두 존재하는 이사회(Council of the Ministers)를 통합한 것이다. 따라서 조약의 정식명칭은 유럽공동체 단일이사회와 단일위원회설립조약(Treaty Establishing a Single Council and a Single Commission of the European Communities)으로 1967년 7월에 발효되었다. 더불어 본 조약을 통해 기존 3개 공동체를 유럽공동체(EC: European Communities)로 통칭하게 되었다. 그러나 일반적으로 유럽공동체라고 지칭할 때는 기능이 미비한 석탄철강과 원자력공동체를 제외하고 유럽경제공동체만을 말한다.

단일유럽의정서와 마스트리히트조약

이후 유럽연합은 1986년 2월 단일유럽의정서(SEA: Single European Act)를 체결하였고, 동 조약은 이듬해 7월부터 발효되었다. 단일유럽의정서는 별도의 새로운 조약이 아니라 기존 로마조약 내용을 일부 수정한 것이다. 단일유럽의정서는 단일시장 계획을 위해 의사결정방식의 변경 및 신설 그리고 환경, 결속 및 연구개발 등 일부 사회경제정책 관련 내용을 추가로 명기한 것이다. 뒤이어 유럽연합은 1992년 2월에 마스트리히트조약(Treaty of Maastricht)을 체결하였다. 본 조약은 로마조약의 수정이 아닌 새로운 조약의 신설로 정식명칭은 유럽연합조약(Treaty on European Union)이다. 유럽연합조약에는 공동외교안보정책(CFSP) 및 내무사법협력(JHA) 등 기존에 유럽연합이 실행하지 않았던 공동정책이 명기되어 1993년 11월에 발효되었다. 더불어 유럽연합은 유럽연합조약 체결시 기존 유럽경제공동체설립조약을 유럽공동체설립조약(TEC: Treaty Establishing the European Community)으로 개칭하고 공공보건, 소비자보호 및 유럽시민권 등 몇몇 정책을 새롭게 추가하였다.

또한, 마스트리히트조약 체결과 함께 유럽연합의 대외일반 호칭은 유럽연합(European Union)을 사용하게 되었고, 반면 기존의 유럽공동체(European Communities)는 여전히 법인격(legal personality)을 갖기 때문에 모든 입법과 국제조약 체결 주체는 유럽공동체로 표기되었다. 이러한 유럽연합과 유럽공동체의 명칭혼용은 많은 혼란과 문제점을 야기하여 이후 리스본조약 체결로 유럽공동체는 폐기되고 일반호칭과 법인격은 모두 유럽연합으로 단일화되었다.

수정조약과 유럽헌법

유럽연합은 1997년 6월에 암스테르담조약(Treaty of Amsterdam) 그리고 2001년 2월에 니스조약(Treaty of Nice)을 체결하였고, 각각의 조약은 1997년 6월과 2003년 2월에 발효되었다. 본 조약들은 마스트리히트조약과 같은 새로운 조약이 아니라 기존의 유럽연합조약과 유럽공동체설립조약을 수정한 것이다. 암스테르담조약에서는 공동외교안보정책 고위대표부(High Representative for the CFSP)를 신설하여 외교안보 부분을 강화하고 기존 유럽연합조약에 명기된 내무사법의 일부영역(이민, 망명정책)을 유럽공동체설립조약으로 옮겨 초국가적 조치를 강화하였다. 한편 니스조약은 일부의 내무사법과 사회정책의 변경내용을 담고 가중다수결표결 가중치 변경 등 회원국 확대에 대비한 제도변화 내용을 명기하였다.

이와 같이 유럽연합은 1990년대 초부터 지속적인 조약수정과 생성을 통해 여러 제도변화를 꾀하였다. 그럼에도 2000년대 이후 대규모의 회원국 가입에 따른 근본적인 제도개혁 그리고 외교안보부분에서 응집력 있는 정책실행 등 산적한 과제들이 조약수정을 통해 명쾌하게 해결되지 않았다. 이에 따라 2001년 12월 라켄 유럽이사회(Laeken European Council)에서는 기존 조약을 대치한 유럽헌법(European

Constitution)을 제정키로 합의하여 2002년 2월부터 정부간 회담을 개최하였다. 오랜 논의 끝에 2004년 10월에 유럽헌법조약(Treaty Establishing a Constitutional Treaty)이 체결되어 이듬해 2005년부터 각 회원국에서 비준단계에 들어갔다. 그러나 2005년 5월과 6월에 각각 프랑스와 네덜란드의 국민투표에서 유럽헌법이 부결되면서 동년 6월 유럽이사회는 헌법 비준 중지라는 결정을 내려 새로운 제도 개혁은 후퇴하였다.

리스본조약

유럽연합은 유럽헌법의 부결에 따라 유럽위원회 위원수 조정과 같은 시급한 제도개혁 마저 뒤로 미루게 되었다. 이후 유럽연합 회원국은 2007년 7월 새로운 정부간 회담을 개최하여 회원국 확대에 따른 여러 제도개혁을 위한 조약수정에 들어가 동년 12월 리스본조약을 체결하였다. 리스본조약에서 가장 큰 제도적 변화는 기존 유럽공동체설립조약이 유럽연합운영조약(TFEU: Treaty on the Functioning of the European Union)으로 변경되고, 유럽연합조약의 내무사법협력이 유럽연합운영조약으로 포함된 것이다. 이에 따라 기존 유럽연합조약은 외교안보를 위시한 대외관계 내용만을 담게 되었다. 물론 리스본조약은 급진적인 변화를 담은 유럽헌법에는 미치지 못하지만 외교안보고위대표부(HRUFASP: High Representative of Union for Foreign Affairs & Security Policy) 신설과 공동안보방위정책(CSDP: Common Security and Defence Policy)의 출범과 같이 외교안보 부분에서 유럽연합의 권한이 대폭 확대되었다. 리스본조약은 또한 유럽이사회 상설의장직 신설 및 유럽연합의 지주구조(pillar structure)의 사실상 폐기 등으로 1992년 체결된 마스트리히트조약 이후 가장 많은 제도적 변화내용을 담았다.

〈표 22〉 리스본조약 내용

변경부분	변경 및 신설 내용
제도변화	•유럽공동체 폐기 → 법인격 및 일반호칭은 유럽연합으로 통일 •지주구조의 사실상 소멸: 유럽연합조약 내 내무사법은 유럽연합운영조약으로 편입 •유럽이사회 상임의장직 신설 / 외교안보고위대표부(HRUFASP) 신설 •가중다수결 표결방식 변화(2014년 이후) / 가중다수결 표결 정책분야 확대 •기존 공동결정은 일반입법과정으로 변경되고 대부분의 공동정책에 적용 / 자문 및 합의절차는 특별입법과정으로 포함되어 제한된 정책에만 적용
정책변화	•유럽안보방위정책(ESDP)은 공동안보방위정책(CSDP)으로 전환 •자유안전사법 강화: 대 테러조치 •유럽연합 기본권헌장은 유럽연합 구조로 편입 •경제사회정책 내용강화: 에너지, 연구개발, 인권 등

〈그림 6〉 유럽연합의 조약

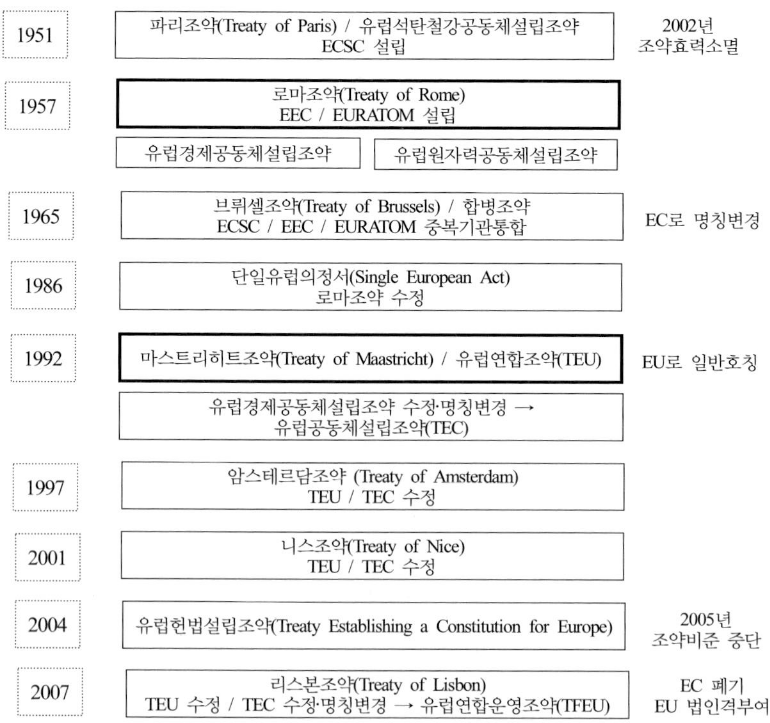

비고 : 조약 체결년도 기준

2. 유럽연합과 회원국의 권한

2차 입법 유형

유럽연합의 공동정책 실행과 같은 일상적인 운영은 2차 입법(secondary legislation)에 따라 이루어진다. 2차 입법은 크게 규정(regulation), 지침(directive), 결정(decision) 그리고 권고(recommendation)와 견해(opinion)로 구성되는데 이러한 2차 입법은 조약과 더불어 유럽연합의 법적 구조를 형성하는 가장 중요한 기반이다. 공동체 방식과 정부간 조정 등 다양한 정책과정은 결국 최종적으로 2차 입법을 생성하는 과정이라고 할 수 있다.

권고와 견해는 주로 유럽연합 기구간 구속력 없는 자문의 제기로 회원국을 포괄하여 정책실행을 위한 실질적 입법은 규정, 지침 및 결정에 한정된다. 결정은 의무의 이행 혹은 권리부과 등을 담은 것으로 정책대상을 전적으로 구속(binding in its entity)한다. 따라서 회원국 정부에서 별도의 입법절차를 둘 수 없으며 유럽연합에서 부과한 법률이 직접 적용(directly application)된다. 이 점에서 규정은 정책대상에 대한 보편적 구속과 규제를 의도한 것이라고 할 수 있다. 이사회에서 규정을 결정하면 당일 혹은 최대한 빠른 시간 내에 유럽연합의 관보(Official Journal)를 통해 발표되며 즉각적으로 적용된다. 이러한 규정제정은 유럽연합이 회원국과 단일시장 내 기업들에게 직접 부과하는 상세한 기술입법 혹은 규제적 조치 등에서 활발하게 이루어진다.

2차 입법 중 가장 중요한 의미를 갖는 것은 지침이다. 유럽연합이 지침을 제정하면 회원국 정부는 정책목적과 내용에 준해 국내에서 재입법화한다. 따라서 지침은 회원국 나름의 정책실행 방법과 진행과정에 유연성을 두면서 입법이 의도한 결과에 대해서 구속력을 갖는 것이다. 지침은 규정과 달리 회원국 정부에 적절한 입법시행의 여지를 둔 것이므로 규정이 일관된 통일성을 강조한다면, 지침은 회원국간 입법의 조화(harmonization)와 적절성(approximation)을 두어 정책 목적을 달성하는 방법이다. 그럼에도 유럽연합이 지침을 부과할 경우에는 대부분 지침실행을 위한 방법과 시행시기 등 상세한 조건을 명시하여 회원국의 일탈적인 입법조치의 여지는 원천적으로 제약된다.

이외에 결정은 입법시 명기된 대상만을 구속한다. 그러므로 결정은 입법시 특정 회원국이나 법인과 개인을 지칭하여 그 대상에만 효력이 미친다. 일반적으로 결정은 포괄적인 구속력을 갖는 입법의 성격보다는 절차변경 및 특정 대상에 대한 의무 부과 등 일종의 세부적인 행정조치의 성격을 갖는다. 한편 권고와 견해는 입법과정에서 유럽연합 기구간 구속력이 없는 일종의 의견제시와 자문행위로. 결속정책 결정과정에서 지역위원회의 자문제기 등과 같은 형식을 통해 이루어진다. 이외에도 권고와 견해는 가이드라인, 선언(declaration), 의견개진(memoranda) 등 여러 방식을 통해 제기된다.

〈표 23〉 2차 입법의 구성과 내용

변경부분	변경 및 신설 내용
규정 (regulation)	•대상: 모든 회원국 / 정책대상이 되는 모든 법인과 개인 •내용: 모든 정책대상에게 일괄적으로 부과 / 직접 적용(direct application) / 상세한 규제를 담은 기술입법에 널리 적용
지침 (directive)	•대상: 모든 회원국 •내용: 회원국의 독립적인 입법절차와 방법을 통해 결과에 대한 구속 / 실질적으로 직접 효력(direct effects) 효과
결정 (decision)	•대상: 입법시 명기된 특정한 회원국, 법인 및 개인 •내용: 특정 정책 대상에만 적용되는 의무이행 및 권리부여
권고 / 견해 (recommendation / opinion)	•대상: 주로 유럽연합의 정책결정기구(이사회, 유럽위원회) •내용: 유럽위원회, 유럽의회 및 자문기구(유럽경제사회위원회와 지역위원회) 의 구속력 없는 의견개진 및 자문

권한소재 논쟁

유럽통합이 심화되면서 기존에 회원국정부가 독립적으로 운영하던 여러 정책들이 점진적으로 유럽연합으로 권한이 이전되거나 유럽연합과 회원국 간 협력을 통하여 실행되고 있다. 특히 시장통합을 넘어 회원국간 정치·사회적 협조가 요구되는 정책이 증가하면서 유럽연합과 회원국 간 협력을 통해 진행되는 공유권한(shared competence) 영역이 증가하였다. 한편 통합의 진척과 더불어 회원국 차원에서 능력이 제약될 경우 유럽연합과의 협력이 증가하고 있다. 환경정책은 대표적 예이다. 로마조약에는 유럽연합이 개입하는 환경정책에 대한 내용이 명기되지 않았다. 그러나 환경규제가 일종의 산업경쟁력의 한 요소로 등장하면서 개별 회원국 차원에서의 대응과 더불어 유럽연합은 조약에 명기되지 않는 환경정책을 1970년대 초부터 실행하였다. 노동시장, 에너지 및 회원국간 사법협력 등도 회원국이 독립적으로 정책을 실행하는데 여러 제약이 따르면서 유럽연합과 협력이 강화된 경우이다.

1990년대 들어 유럽연합과 회원국은 지적재산권 및 투자 등 새로운 통상이슈 분야에서 상호 관할권을 주장하면서 대립하였다. 이러한 이유는 시장통합이 진척되고 경제패러다임이 변화하면서 점차 국내정책과 유럽연합의 공동정책이 상호 밀접하게 연관되고 회원국과 유럽연합간 권한영역이 중첩되었기 때문이다. 물론 마스트리히트조약으로 만들어진 보충성 원칙(principle of subsidiarity)을 통해 유럽연합은 회원국정부 보다 더 효과적으로 수행할 수 있는 경우에 한해 권한의 범위와 효력이 성립된다는 원칙이 만들어졌다. 다시 말해 유럽연합은 개별 회원국 차원에서 능력이 제약될 경우에만 개입한다는 것이다. 그러나 유럽연합과 회원국 간 능력의 우위를 판단하는 것은 쉽지 않은 일이다. 이에 따라 유럽연합의 개입을 꺼려하는 회원국의 경우 보충성의 원칙을 강조하면서 통합과정에서 많은 마찰이 야기되었다. 이는 결국 보충성의 원칙이 상당히 모호한 개념으로 여러 해석의 여지를 낳아 야기된 일이다. 이러한 문제점을 시정하기 위해 유럽연합은 리스본조약 체결로 여러 정책에서 유럽연합과 회원국 간 관할권을 명시하였다.

유럽연합과 회원국 간 권한 관계

유럽연합운영조약 3-6조(TFEU Art. 3-6)에는 유럽연합의 배타적 권한(exclusive competence), 유럽연합과 회원국 간 공유권한(shared competence) 그리고 회원국에 대한 유럽연합의 지원, 조정 및 보완(supporting, co-ordination or supplementary action)으로 정책에 따라 유럽연합과 회원국 간 관계가 명기되었다. 이외에도 통합과정에서 여전히 회원국이 정책실행 책임(responsibility of member states)을 갖는 국내정책 역시 존재한다. 유럽연합의 배타적 권한은 유럽연합이 독립적으로 실행하는 정책으로 경쟁정책, 유로존 내 통화정책, 공동어업정책(CFP) 내 해양생물자원 보전, 공동통상정책(CCP) 그리고 유럽연합이 권한을 갖는 국제협정(international agreement) 체결 등 5가지 영역으로 구성된다. 이외에 대다수의 공동정책들은 유럽연합과 회원국 간 공유권한이다. 유럽연합과 회원국 간 공유권한은 역내시장 관련 여러 경제정책과 공공보건과 같은 몇몇 사회정책 그리고 내무사법 및 대외협력을 포함한다. 한편 대부분의 경제사회정책은 회원국의 권한으로 이러한 정책영역에서 유럽연합의 권한은 지원, 조정 및 보완적인 수준에 그친다. 또한, 통합의 진척에도 불구하고 안보, 조세 및 방송 등과 같은 분야에서는 여전히 회원국의 배타적 권한이 존재한다.

이와 같이 조약에는 유럽연합과 회원국 간 권한의 분할이 명기되어 있다. 그러나 이러한 권한 분할은 실제 정책의 운영과정에서 명백하게 이루어지지는 않는다. 공동정책은 여러 하위 프로그램으로 구성되고 또한 정책의 발전과정에서는 일종의 파급을 통해 타 정책과 연계되거나 경우에 따라서 전혀 성격이 다른 정책과 융합되는 경우도 발생할 수 있다. 대표적인 예는 통상정책이다. 통상정책은 연구개발, 직접투자, 농업, 노동조건, 지적 재산권 및 환경 등 다양한 정책영역을 망라한다. 따라서 대외무역협상에서 유럽위원회가 전권을 행사하기 위해서는 유럽연합과 회원국 간 공유권한 영역인 환경정책과 유럽연합의 조정영역인 회원국의 경제 및 고용정책에서도 깊이 개입할 수밖에 없다. 실제로 환경정책은 유럽연합과 회원국 간 공유권한 영역이지만 현실적으로 대부분의 환경규제는 유럽차원에서 만들어지고 있다. 반대의 경우로 공공보건은 공유권한 내 정책이지만 각 회원국에서 사회적으로 매우 중요한 부분으로 대개의 정책결정과 실행은 국가수준에서 이루어지고 있다.

또 다른 경우로 교육정책은 회원국의 배타적 권한을 갖는 정책영역이지만 유럽연합 차원의 공동정책과 병행되고 있다. 고등교육기관간 학생교환 프로그램인 에라스무스(Erasmus)는 이미 1987년부터 실행되었고, 1999년 회원국의 고등교육 기관간 협력을 담은 볼로냐선언(Bologna Declaration) 채택 이후 유럽연합 차원에서 다양한 공동교육프로그램이 실행되고 있다. 이와 같이 유럽연합에서 공동정책의 실행과정을 볼 때 조약에 명기된 유럽연합과 회원국 간 권한분할은 현실에서 명확히 이루어지지는 않는다.

〈표 24〉 **유럽연합과 회원국 간 권한 관계**

권한	내용
유럽연합의 배타적 권한 (exclusive competence)	•역내시장 내 경쟁정책 •유로존 국가의 통화정책 •공동어업정책(CFP) 내 해양생물자원 보전 •공동통상정책(CCP) •유럽연합에 규정된 국제협정(international agreement) 체결

권한	내용
유럽연합과 회원국 간 공유권한 (shared competence)	•역내시장 •사회정책 •경제, 사회 및 영토적 결속 •농업과 어업(해양생물자원 보전 제외) •환경 / 운송 / 에너지 / 소비자 보호 / 범유럽네트워크 •자유, 안전 사법 •공공보건 •기술개발 및 우주 •대외개발협력 및 인도적 지원
유럽연합의 조정 (co-ordination)	•회원국의 경제정책 •회원국의 고용정책 •회원국의 사회정책
유럽연합의 지원, 조정 및 보완 (supporting, co-ordination or supplementary action)	•건강보호 및 증진 •산업 / 문화 / 관광 •교육, 직업훈련, 청소년 및 스포츠 •시민보호 •행정협력
회원국의 배타적 권한 (responsibility of member states)	•방송 / 교육 / 보건 / 우편서비스 •시민권 / 형사재판 •지방운송 / 토지이용 •조세정책 / 안보

3. 유럽연합의 예산

예산시스템의 발전

유럽연합 예산은 통합과정에서 회원국간 첨예한 반목과 대립이 지속되어온 논쟁적 이슈이다. 유럽연합의 독립적 운영을 위한 자체예산(own resources) 확보, 예산규모, 과도한 농업부분 지출 및 영국의 예산환급 요구 등 예산관련 이슈들은 모두 주요한 정치적 의제가 되었다. 현재에도 중동부유럽 회원국의 대거 가입에 따라 예산의 순 기여국과 수혜국간 갈등이 이어지고 있다. 1960년대 중반까지 유럽경제공동체 예산은 대부분 회원국의 분담금(national contributions)으로 충당되었다.

당시 유렵경제공동체는 회원국의 규모에 따라 분담금을 징수하여 프랑스, 독일 및 이탈리아가 각각 약 30% 그리고 네덜란드와 벨기에가 10% 미만으로 분담금을 부담하였다. 룩셈부르크는 여타 회원국보다 현저하게 적은 인구 및 산업규모에 따라 약 0.2% 정도의 미미한 금액만 부담하였다.

그러나 1960년대부터 유럽위원회와 유럽의회는 회원국정부로부터의 간섭을 배제하고 안정적인 공동정책 실행을 위하여 자체예산 확보를 꾸준히 제기하여 결국 1970년 각료이사회는 당시 유럽공동체의 자체예산 조달시스템을 결정하였다. 이에 따라 1975년부터 회원국의 분담금을 통한 재정기여 시스템은 완전히 폐지되었다. 대신 회원국에서 징수하는 부가가치세(VAT)가 역외수입에 부과하는 관세(customs duties) 및 농산물과징금(agricultural duties and sugar levies)과 더불어 유럽연합의 새로운 예산수입이 되었다. 그러나 부가가치세 징수는 해마다 경제상황에 따라 그 규모가 일정치 않았다. 또한 1960년대 이후 관세 및 무역에 관한 일반협정(GATT: General Agreement on Tariffs and Trade)을 통한 지속적인 관세인하는 재정수입 감소로 이어져 유럽연합은 갈수록 예산조달에 어려움을 겪게 되었다.

한편 예산수입의 감소추세에도 불구하고 유럽연합의 예산지출 중 가장 큰 부분을 차지하는 공동농업정책(CAP)의 지출은 갈수록 확대되어 결국 1980년대 중반에 이르러 예산고갈 문제가 표면화되었다. 이러한 문제를 해결하기 위해 1988년 당시 유럽위원회 위원장인 들로르는 예산개혁 내용을 담은 들로르패키지(Delors package)를 발표하였다. 들로르패키지에 담긴 추가예산(additional resources) 시스템 마련과 다년예산구조(multiannual budget framework) 수립 등과 같은 예산구조개혁안은 현재와 같은 유럽연합 예산구조의 틀을 마련한 전환점이 되었다.

예산수입구조

유럽연합은 1957년 로마조약 체결이래로 회원국의 분담금에 의존하는 시스템을 지속하다 1970년 7월 이사회 결정(decision)을 통해 분담금을 대치하는 자체예산시스템을 마련하여 1975년부터 시행에 들어갔다. 이에 따라 유럽연합의 자체예산은 전통적인 자체예산(traditional own resources)으로 농산물 관세(agricultural duties)와 설탕수입 과징금(sugar levies), 회원국에서 징수하는 부가가치세(VAT resource) 그리고 추가예산(additional resource)인 회원국의 GNI 대비 분담금으로 구성된다. 이 외에도 기타예산으로 역내시장에서 경쟁법 위반에 대한 과징금 부과와 같은 불규칙한 수입이 미미한 규모를 차지한다.

전통적인 자체예산인 농산물 관세와 설탕수입 과징금은 역외국가로부터의 해당 품목의 수입에 따라 부과된다. 본 예산항목은 무역자유화와 FTA 체결 등으로 전체 예산규모에서 갈수록 비중이 낮아지고 있으며, 2000년 유럽연합 예산에서 16%를 점하였으나 2011년에는 13%로 감소하였다. 한편 부가가치세는 회원국의 부가세 수입에서 일정 비율을 징수하여 조달되는 예산이다. 본 항목은 1970년대에는 회원국 부가세 수입의 1% 그리고 1980년대에는 1.4%로 증가하였다가 2004년 이후부터는 0.5%로 조정되어 징수되고 있다. 이와 같이 부가세의 조달비중이 줄면서 총 예산대비 비율 역시 1996년 51%, 2000년 38% 그리고 2011년에는 11%로 급격하게 감소하였다.

끝으로 1988년 들로르패키지에 따라 만들어진 네 번째 재원(fourth resource)인 추가예산은 회원국 GNI 대비 일정비율을 징수하는 예산으로 유럽연합 예산에서 가장 큰 비중을 차지한다. 본 예산항목은 부가세 징수율 감소와 맞물려 1996년 전체 예산대비 30%, 2000년 40% 그리고 2011년에는 75%로 증가하였다. 회원국 GNI 대비 분담금을 추가예산이라고 명명한 것은 해마다 징수액이 유동적인 관세, 설탕수입 과징금 및 부가세 징수 금액에 맞추어 추가적으로 조달하는 예산이기 때문이다. 이러한 모든 예산 총액은 회원국 GNI 대비 1.24%를 넘을 수 없다.

〈표 25〉 유럽연합의 수입구조(2000/2011년)

항목	2000년 (단위: %)	2011년 (단위: %)
전통적인 자체예산(traditional own resources): 관세 / 설탕수입 과징금	16	13
부가가치세	38	11
추가예산(additional resource): GNI 대비 분담금	40	75
기타수입	5	1
총계	99*	100

비고 : 2000년 예산은 반올림으로 총계가 100이 되지 않음
출처 : European Commission (2012), the budged explained. http://ec.europa.eu/budget/explained/budg_system/financing/fin_en.cfm (검색일 2012년 1월)

예산지출구조: 다년예산계획

유럽연합은 1988년 들로로패키지에 따른 예산구조 개혁으로 1993년 이후 안정된 예산조달과 효과적인 집행을 위해 1993-99, 2000-06, 2007-13 그리고 2014-20년 등 7년 단위로 다년예산계획을 세워 이에 준하여 매년 예산총액을 결정한다. 2007-13년 예산의 경우 2000-06예산보다 35%가 증액되었다. 이러한 원인은 그동안 지속적으로 감축이 이루어졌던 농업부분의 직접지원(direct aids) 예산이 농업비중이 높은 중동부유럽 회원국의 대거 가입으로 오히려 증가한데 따른 것이다. 한편 유럽연합의 예산 총액은 회원국 GNI의 1.24%를 넘을 수 없기 때문에 2007-14년 예산은 매년 GNI 대비 1.02%에서 1.18% 수준에서 결정되어 집행되고 있다.

〈표 26〉 유럽연합 예산(2007-13년)

항목	2007	2008	2009	2010	2011	2012	2013
지속적 성장	53,979	57,653	61,696	63,555	63,974	66,967	69,957
자연자원	55,143	59,193	56,333	59,955	63,338	60,810	61,289
•농업부분 직접지원	45,759	46,217	46,679	47,146	47,617	48,093	48,574
자유안전사법 / 시민권	1,273	1,362	1,518	1,693	1,889	2,105	2,376
대외관계	6,578	7,002	7,440	7,893	8,430	8,997	9,595
행정비용	7,039	7,380	7,525	7,882	8,334	8,670	9,095
보상금(compensation)	445	207	210	0	0	0	0
총 계	124,457	132,797	134,722	140,978	142,965	147,546	152,312
GNI 대비 비율	1.02%	1.08%	1.16%	1.18%	1.16%	1.15%	1.14%

비고: 다년예산계획을 통해 결정한 예산과 실제 예산집행은 다소의 금액변동이 있음
출처: European Commission (2012), Multiannual Financial Framework. http://ec.europa.eu/budget/biblio/documents/fin_fwk0713/fin_fwk0713_en.cfm (검색일 2012년 1월)

한편 유럽연합의 예산지출구조를 보면 유럽연합이 실행하는 공동정책의 성격 및 유형을 이해할 수 있다. 2011년 기준 유럽연합 예산지출은 약 1,420억 유로로 이중 자연자원(natural resource)에 약 590억 유로가 지출되어 총액 대비 41.3%를 점하였다. 유럽연합은 예산항목에 농업과 환경정책 비용을 포함하여 자연자원이라고 모호한 표현을 쓰지만 실제 대부분의 비용은 공동농업정책 관련 부분에 지출된다. 공동농업정책 중 직접지원(direct aids) 비용만을 환산하면 전체 예산의 30.2%인 약 430억 유로를 점한다. 이러한 점을 볼 때 여전히 유럽연합은 어업정책을 제외하여도 농업부분에 전체예산의 약 1/3이 소요되는 기형적인 예산구조임을 알 수 있다. 물론 1973년의 경우 농업부분 예산이 전체 예산의 약 80%를 점한 것에 비하여는 상당부분 줄어든 금액이지만 여전히 높은 비중을 점한다.

이외에 지속 가능한 성장(sustainable growth) 항목 중 결속정책에 총예산의 36%인 약 510억 유로가 지출되며, 이에 가장 많은 예산이 소요되고 있다. 이와 같이 농업과 결속정책이 유럽연합 예산의 약 2/3을 점

하는 이유는 이들 정책이 많은 재원을 요하는 일종의 재분배정책(redistribution policy)이기 때문이다. 유럽연합은 이러한 재분배정책에 다수의 예산이 소요된다. 반면, 내무사법 및 대외관계에 소요되는 예산은 합산하여도 전체예산의 7.5%에 불과하다.

〈표 27〉 유럽연합의 지출구조(2011년)

항목	금액 (10억 유로)	비율
지속적 성장(sustainable growth)	64.5	45.5
•경쟁력: 교육훈련 / 연구 / 혁신 / 운송 / 에너지 / 네트워크 / 사회정책	13.5	9.5
•결속(cohesion): 수렴 / 지역경쟁력 / 고용	51.0	36.0
자연자원(natural resources)	58.7	41.3
•직접지원(direct aids & market)	42.9	30.2
•농촌개발, 환경, 어업	15.7	11.1
자유안전사법 / 시민권(freedom, security & justice / citizenship)	1.8	1.3
•자유, 안전 및 사법	0.7	0.5
•시민권	1.1	0.8
대외관계(EU as a global player)	8.8	6.2
행정비용(administration)	8.2	5.7
•유럽위원회	3.3	2.3
유럽연합 27개국 GNI대비 1.13%	141.9	100

출처 : European Commission (2012), The Budged in Figures. http://ec.europa.eu/budget/figures/index_en.cfm (검색일 2012년 1월)

1970년대와 비교하여 유럽연합의 예산지출 구조의 두드러진 변화는 농업부분의 예산이 상당부분 결속정책 및 여러 산업정책으로 전환된 것과 1990년대 이후 대규모의 회원국 확대와 공동외교안보정책의 실행으로 대외관계 부분 예산이 증가한 것이다. 이와 같이 낙후된 농업구조를 가진 중동유럽회원국의 대거 가입으로 당분간 농업부분 예산의 획기적 축소는 기대하기 어려운 실정이다. 또한 2008년 기준 회원국 중 1인당 GNI가 가장 높은 룩셈부르크가 69,390 달러, 뒤이어 스웨덴이 50,910 달러인 반면 불가리아는 5,490달러 그리고 루마니아는 8,280달러에 불과하다. 이와 같이 회원국간 경제사회적 격차가 현저한 현실을 볼 때 국가와 지역간 경제사회적 격차해소를 위해 지출되는 결속정책 역시 예산을 감축을 기대하기 힘들다.

〈표 28〉 유럽연합 예산 지출구조 변화(1973/2011년)

항목	1973	2011
지역 및 경제·산업	구조기금/연구, 에너지, 산업, 운송 7.1	지속적 성장(결속정책 포함) 45.5
농업 및 환경	농어업 80.6	자연자원(농어업정책 포함) 41.3
대외관계	대외협력 1.4	대외관계(회원국확대포함) 6.2
행정비용	행정비용 5.5	행정비용 5.7
기타/내무사법	기타 5.5	자유안전사법/시민권 1.3

출처 : Leonard Dick 2010, Guide to the European Union 10th., Ingram Pub Services, p. 105; European Commission (2012), The Budged in Figures. http://ec.europa.eu/budget/figures/index_en.cfm (검색일 2012년 1월)

3 유럽연합의 경제정책과 유로화

제9장 유럽연합의 단일시장

제10장 경제통화동맹의 형성과 운영

유럽연합: 연속성과 정체성

제9장

유럽연합의 단일시장

1. 단일시장 계획

단일시장의 의미

단일시장(single market) 혹은 공동시장(common market)은 물리적, 기술적 그리고 재정적 장벽을 제거하여 회원국간에 상품(goods), 서비스(services), 자본(capital) 및 노동(labour)이 제약 없이 자유롭게 이동할 수 있는 시장이다. 유럽연합조약(TEU) 및 유럽연합운영조약(TFEU)에 명기된 역내시장(internal market)은 단일시장을 지칭한다. 이는 곧 국경이 없는 하나의 통합된 시장으로 로마조약 이후 유럽연합이 가장 역점을 둔 통합의 가시적 목적이다. 이러한 이유는 무역, 경쟁, 연구개발 및 고용정책 등 여타 경제정책의 효과적인 운영을 위해 통합된 시장이 반드시 요구되기 때문이다.

유럽연합은 본격적인 단일시장의 출범을 위해 1985년 6월 단일시장 백서(White Paper on the Completing the Internal Market, COM (85) 310 Final)를 발표하고 이후 단일시장 계획을 담은 1992 프로그램(1992 programme)을 성공적으로 실행하여 1993년 1월 1일을 기해 회원국간 통합된 시장이 출범하였다. 그러나 단일시장은 관세동맹과 경제통화동맹과 달리 완성된 형태가 명확하게 드러나는 것은 아니다. 역내관세 철폐와 역외공동관세(external customs tariff) 실행 그리고 단일통화의 도입과 같이 관세동맹과 통화동맹은 분명한 정책의 완성단계가 있는 반면, 단일시장은 완성된 형태를 명확히 평가하기가 곤란하다. 그러므로 단일시장정책은 오랜 시간에 걸쳐 다양한 조치를 취하는 현재에도 진행형인 유럽연합의 경제통합 목표라고 할 수 있다.

단일시장 연혁

1955년 6월 유럽석탄철강공동체의 고등관청(High Authority) 의장으로 선출된 모네는 새로운 경제통합 방안을 강구하면서 관세동맹(customs union)을 포함한 단일시장(single market) 설립을 제기하였다. 이에 따라 이듬해 1956년 5월 벨기에 수상 스파크(Paul-Henri Spaak)는 회원국간 시장장벽 제거와 새로운 공동규제 설치 등을 내용으로 한 스파크보고서(Spaak Report)를 제출하여 그 내용은 1957년 체결된 로마조약에 적극적으로 반영되었다. 회원국들은 로마조약을 통해 유럽경제공동체 출범 후 12년 내에 상품, 서비스, 자본 및 노동의 자유이동을 보장하는 단일시장을 출범키로 합의하였다. 이에 따라 유럽경제공동체는 전 단계로 관세동맹을 구축하여 회원국간 전면적인 역내관세 철폐와 역외공동관세를 실행하였다. 이와 더불어 유럽경제공동체는 관세동맹의 원활한 운영을 위해 농업, 무역 경쟁 및 운송부분에서 공동정책을 도입하였다.

1950-1960년대는 서유럽에서 이른바 황금의 시대(golden age of growth)로 급격한 경제성장이 이루어지던 시기로 회원국들은 조약에 명기된 일정을 앞당겨 1968년 7월 관세동맹을 완성하였다. 그러나 여전히 회원국간에는 상이한 표준화 규정을 위시한 여러 제도적 장벽이 상존하면서 경제통합을 가로막는 비관세 장벽(NTBs: Non-tariff

Barriers)으로 작용하였다. 더욱이 1970년대 들어 브래튼우드(Bretton Woods) 체제의 붕괴와 유가상승 등 연이은 대외적 악재에 대응하여 회원국들이 국내시장 보호에 주력하면서 1980년대 중반까지는 회원국간 관세장벽이 제거되었음에도 단일시장은 실질적으로 기능하지 못하였다. 이후 유럽연합은 1970년대 초부터 오랜 경제침체기를 거치고 1985년 들로르 유럽위원장이 취임하면서 경제통합의 새로운 전기를 맞게 되었다.

들로르는 취임 이후 1992년까지 회원국간 상존하는 비관세 장벽을 제거하고 탈규제화 조치를 통해 1993년부터 완전한 단일시장을 출범한다는 야심찬 계획을 발표하였다. 이어서 들로르의 위임을 받아 당시 역내시장(internal market) 담당 유럽위원회 위원인 콕필드(Lord Cockfield)는 1992년까지 단일시장 완성 계획을 담은 콕필드 백서(Cockfield White Paper)를 발표하였다. 1985년에 발표된 콕필드 백서에는 시장기능 회복과 경쟁력 강화를 위하여 반드시 요구되는 283개의 새로운 입법내용을 담았고 이후 본 내용은 1992년까지 대부분 유럽연합의 규정과 지침으로 입법화되었다.

비관세 장벽(NTBs: Non-tariff Barriers)

비관세 장벽은 그 형태와 정책방법이 매우 다양하고 유럽연합에서는 단일시장 출범 이후에도 이러한 비관세 장벽이 여전히 상존한다. 물론 국제무역에서 지목되는 수량제한과 같은 노골적인 장벽은 관세동맹 설립과정에서 대부분 폐지되었기 때문에 회원국들은 다른 조치를 강구하여 왔다. 역내시장의 자유교역을 저해하는 대표적인 비관세 장벽은 회원국간 상이한 안전, 보건 및 노동시장 규정이다. 이러한 규정은 타당성을 갖는다하여도 대부분 국내산업계의 이해를 반영하기 때문에 외부기업에게는 보이지 않는 장벽으로 작용하여 왔다. 그러나 이러한 장벽은 1980년대 말 이후 단일시장정책을 통해 상당부분 완화되었다.

반면에 국가보조금과 폐쇄적인 공공조달시장 규정은 현재에도 대표적인 비관세 장벽으로 남아있다. 로마조약에는 경쟁정책 조항에 시장경쟁을 왜곡하는 경우에 한해 국가보조금 지급을 금하고 있지만 1960-70년대에 회원국 정부는 국내산업과 시장보호를 위해 다양한 방법으로 보조금을 지급하거나 보조금 지급에 상응하는 조치를 취하여 왔다. 현재에도 회원국들은 여전히 보조금 지급을 취하고 있지만 WTO와 역외국가로부터 제재가 이루어지기 때문에 이전과 같이 노골적인 정책실행은 어렵게 되었다. 그러나 공공조달시장은 회원국 정부의 보이지 않는 간섭과 사회문화적 요인 등으로 인해 유럽연합에서 마지막으로 남은 폐쇄적인 영역으로 지목되고 있다.

시장장벽 제거

1985년 유럽위원회가 발간한 단일시장백서에는 단일시장의 완성을 위한 3가지 시장장벽으로 물리적, 기술적, 재정적 장벽(physical, technical, fiscal barriers)이 언급되었고 이후 본 사항은 시장통합을 위한 대표적인 탈규제 대상이 되었다. 물리적 장벽은 관세동맹 완성이후에도 여전히 국경검문소에서 실행하는 국경검문 및 통관을 위한 여러 서류절차 등을 말한다. 이러한 절차는 불필요한 비용과 시간을 소요하여 결과적으로 역내에서 자유로운 상품이동을 가로막는 장벽으로 작용하였다. 이러한 문제를 해결하기 위해 프랑스, 독일, 네덜란드, 벨기에 및 룩셈부르크 등 5개국은 1985년 5월 쉥겐협정(Schengen Agreement)을 체결하여 상호국경개방 및 비자정책의 통합을 꾀하기로 합의하였다. 이후 본 협정은 1990년부터 여러 회원국의 가입으로 유럽연합의 공동정책으로 흡수되어 물리적 장벽 제거에 획기적인 전환점이 되었다.

기술적 장벽은 각 회원국 마다 상이한 안전, 보건, 환경 및 소비자보호 등에 관한 각종 규제와 정책이다. 이외에도 각종 자격증 제도와 인증제도 역시 역내시장의 활성화를 저해하는 기술적 장벽이다. 1986년 단일유럽의정서 출범 당시 회원 각국간 산업계의 상이한 표준화 및 기술규정은 약 10만여 개를 상회할 정도로 높은 장벽이었다. 물리적 장벽과 달리 산업계의 구조와 기술발전 정도에 따라 일부 불가피한 규정을 제외한다면 기업간 거래를 가로막는 기술적 장벽은 가장 높은 비관세 장벽이다. 동시에 기술적 장벽제거는 회원국과 산업계의 이해관계가 일치하고 단일시장 효과를 가장 극대화 할 수 있는 분야이다. 유럽연합은 이러한 기술적 장벽 제거를 위해 표준화정책의 경우 유럽차원의 표준화기구에 기술규정 및 표준화 조치를 위임하고 상호인증 원칙을 적용하여 회원국간 상이한 규정을 상호 인정토록 하여 많은 성과를 거두었다. 한편 1980년대에는 통신 및 운송산업에서 각국 간 기술보완관계에 있지만 서로 다른 표준화와 규정으로 시장의 분할이 야기되었다. 여기에서 유럽연합은 표준화정책과 달리 탈규제 조치를 통한 국내규제의 철폐와 유럽차원에서 기술규정과 인증시스템을 통합한 재규제 조치를 병행하여 많은 성과를 거두었다.

한편 재정적 장벽은 각국간 상이한 간접세율과 부가가치세 등 조세제도에 기원한다. 문제는 조세정책이 회원국의 주권적 영역으로 유럽연합이 공동규정을 부과 할 수 없고 상호인증 원칙 적용 역시 제약된다는 점이다. 따라서 재정적 장벽 제거를 위해서는 회원국간 조정을 통해 유럽차원의 조화(harmonization)를 꾀하는 방식이 가장 현실성 있는 조치이다. 그러나 회원 각국간 고유한 재정시스템과 문화적 차이에 기인한 주류에 대한 상이한 조세정책과 같이 이는 쉽게 해결하기 어려운 부분이다. 이에 따라 재정적 장벽은 회원국간 자발적인 정책조화를 유도하는 정도에 머물러 가장 통합이 더딘 분야로 남아있다.

탈규제와 재규제

유럽연합은 1980년대 말 이후 물리적, 기술적 그리고 재정적 장벽제거를 위해 탈규제(deregulation)와 재규제(reregulation) 라는 두 가지 전략을 활용하였다. 탈규제는 기존에 회원국간 자유무역을 가로막는 각종 규제와 규정을 폐지하는 자유화 조치이다. 유럽연합은 탈규제를 담은 지침을 통해 회원국 차원에서 에너지, 통신 및 운송과 같은 기간산업의 민영화와 독점해체를 적극적으로 추진토록 압박하였다. 또한 유럽연합은 상호인증 원칙을 적극 적용하여 회원국간 물리적 장벽 제거

효과를 의도하였다. 이와 병행하여 회원국간 자발적인 재규제 조치 역시 적극 지원하였다. 쉥겐협정은 대표적 예이다.

한편 재규제는 회원국의 규정을 유럽연합 차원의 공동규정으로 대치하거나 새로운 규제를 부과하는 것이다. 유럽연합은 2차 입법인 규정(regulation)을 통한 유럽연합 차원의 조화와 유럽차원의 표준화기구의 자율규제(self-regulation)라는 두 가지 방법을 통해 재규제 조치를 추진하였다. 재규제의 경우 회원국간 합의를 통해 새로운 입법이 이루어져야 한다. 이에 따라 유럽연합은 단일유럽의정서 체결 이후 단일시장 조치는 이사회 표결시 가중다수결을 적용하여 신속한 입법을 꾀하였다.

〈표 29〉 시장장벽 제거를 위한 정책

유형	내용	정책
물리적 장벽 (physical barriers)	회원국간 국경검문 / 통관절차	•적극적인 탈규제 조치(기존 규제철폐) •회원국간 자발적인 재규제(쉥겐협정)
기술적 장벽 (technical barriers)	기술규정 / 인증시스템 / 자격증 / 학위제도	•적극적인 재규제 조치 (유럽연합 차원의 표준화 및 공동규범) •상호인증 원칙 적용
재정적 장벽 (fiscal barriers)	간접세 / 부가세율	•회원국간 조정

2. 단일시장정책

전통적인 정책

1986년 단일유럽의정서 체결을 전후로 유럽연합의 단일시장정책은 획기적인 전환이 이루어졌다. 1950년대부터 1980년대 중반까지 유럽연합의 단일시장정책은 모든 회원국에 공동의 규제를 부과하여 유럽차원에서 총체적인 조화(total harmonization)를 꾀하는 방식이었다. 이러한 전략은 회원국의 상이한 규정을 유럽차원에서 통합된 단일규제로 대치한 것으로 회원국간 자발적 조정을 배제한 정책이다. 유럽차원의 조화는 유럽위원회가 회원국의 기술관료와 유럽차원에서 산업계와 연합하여 정책의 내용은 물론이고 범위와 실행방법(scope and method)까지 제시하여 단일 규제를 부과하는 것이다. 1973년 유럽연합이 유럽표준화기구(CEN : European Committee for Standardization) 및 유럽전기전자표준화기구(CENELEC : European Committee for Electrotechnical Standardization)와 함께 제정한 전기기구의 저전압 지침(low-voltage directive)은 대표적 예이다.

그러나 유럽위원회의 이러한 전략은 1980년대 중반까지 이사회에서 만장일치 표결이 지배적인 정책결정방식으로 자리 잡은 현실에서 모든 회원국의 동의를 얻기가 힘들어 큰 실효를 거두지 못하였다. 또한 당시 유럽위원회는 기술입법에서 관료적 전문성이 부족하여 산업계의 이해를 충실히 반영하지 못하였고 이 결과 1969년부터 1985년까지 단일시장 관련 지침 제정은 불과 270개에 불과하였다. 이와 같이 유럽연합 차원의 비효율적인 정책진행으로 산업패러다임 변화를 따라잡지 못하면서 회원국의 국내입법을 부추기는 결과를 야기하였다.

신접근 전략

1980년대 들어 유럽위원회는 단일시장 관련 회원국의 입법에 관한 새로운 지침을 제정하였다. 1983년 기술표준화와 규정에 관한 정보를 담은 이사회 지침(Council Directive 83/189/EEC)에서는 회원국의 기술표준화 입법은 유럽차원에서 통용되는 표준화기구에서 정한 규정과 상응해야한다는 원칙을 담았다. 즉 회원국의 입법은 필수적인 조건(essential requirements)에 한하며 여타 기술적 사항은 유럽차원의 표준화기구의 규정을 따른다는 것이다. 또한 유럽연합은 본 지침을 통해 유럽내 표준화기구는 산업계의 표준화와 기술규정 통일을 지원하며 회원국은 이를 준수해야한다고 명기하였다. 이러한 이사회 지침은 이후 자율규제(voluntary standards)와 상호인증(mutual recognition)을 포함한 신접근 전략(new approach)의 배경이 되었다.

1985년 유럽연합은 각료이사회 의결(Council Resolution on a New Approach to Technical Harmonization and Standards)을 통해 이른바 신접근 전략(new approach)을 제기하였다. 신접근 전략은 기술적 입법에 있어 유럽연합의 한계를 인식하고 회원국의 기술관료와 산업계의 전문인력을 동원한 탈정치화된 입법을 강구하고 상호인증을 단일시장정책에 적극 도입한다는 내용이다. 또한 신접근 전략은 1983년 기술표준화와 규정에 관한 정보를 담은 이사회 지침의 내용을 대폭 수용하여 유럽차원의 조화는 반드시 필요한 필수적 사안으로 한정하였다. 이러한 신접근 전략의 채택으로 단일시장정책은 획기적인 전환을 맞게 되었다. 신접근 전략에 따라 유럽연합은 표준화정책에서 유럽표준화기구와 유럽전기전자표준화기구가 상세적인 기술입법을 진행하고 가장 폐쇄적인 시장중 하나인 금융부분의 서비스는 회원국에서 최소한의 내용만을 입법화하도록 조치하였다. 또한 상품 이외에도 자격증과 같은 분야의 입법에서 회원국은 최소한의 규정만을 담아 상호인증 원칙이 원활하게 적용토록 하였다.

〈표 30〉 단일시장정책의 변화

유형		정책	회원국간 무역 적용 비율
전통적인 정책	유럽차원의 조화 (total harmonization)	•유럽차원에서 단일 혹은 공동규정 •신접근 전략 도입 이후 사안에 따라 최소한의 사항만 입법	30%
신접근 전략 (new approach)	자율규제 (self-regulation)	•공동목표에 따른 자율적인 조정 •유럽차원의 표준화기구의 입법	20%
	상호인증 (mutual recognition)	•타 회원국의 규정은 회원국간 상호 인정	50%

상호인증

유럽연합운영조약 115조(TFEU Art. 115)에 따르면 이사회는 회원국의 법규와 규정 그리고 행정조치와 유사(approximation)하게 지침을 제정해야 한다고 명기되어 있다. 이러한 조항은 1980년대 초반까지는 유럽연합의 2차 입법과 국내법의 조화(harmonization)로 해석되어왔다. 그러나 1979년 유럽사법재판소 까시스 드 디죵(Cassis de Dijon, Case 120/78 Rewe v. Bundesmonopolverwaltung für Branntwein [1979] ECR 649, at 664) 판결 이후 유럽연합법과 회원국법의 조화는 회원국간 각기 다른 법과 규정의 조화로 그 의미가 변화하였다. 까시스 드 디죵 판례의 발단은 프랑스 주류회사 까시스 드 디죵사의 상품이 독일 국내법에 따른 알콜농도 규정에 부합치 못한다는 사유로 판매가 금지된 경우이다. 이에 대해 유럽사법재판소는 상호인증 원칙을 들어 타 회원국에서 적법한 절차에 따라 생산된 상품을 국내기준을 들어 수입을 금할 수 없다는 판결을 내렸다. 이와 같이 상호인증 원칙에 따라 여타 회원국의 적법한 규정은 모든 회원국에서도 통용된다. 다만 보건, 안전, 환경 및 여러 공익적 측면을 고려한 국내규정이 타당할 경우 등 몇몇 예외가 인정된다.

1979년 까시스 드 디죵 판례를 통해 인정된 상호인증 원칙은 이후 1980년대 중반 유럽연합이 단일시장정책에서 신접근 전략으로 채택하면서 시장운영의 가장 중요한 원칙이 되었다. 전통적인 시장통합정책은 유럽연합이 회원국의 국내규정을 대치하여 유럽차원에서 단일규정을 제정하여 일괄적으로 부과하는 방식이다. 이러한 전략은 회원국간 합의와 기술입법을 위해 다양한 사회적 세력의 지원이 요구되므로 입법에 많은 시간이 소요되었다. 이에 따라 기술발전주기가 빠른 정보통신과 같은 산업에서 입법지체라는 문제점이 야기되었고 특정 회원국의 반대가 따를 경우 입법이 용이치 않는 문제점을 갖고 있었다. 무엇보다도 산업계의 많은 규정과 표준화를 유럽위원회와 유럽차원의 표준화기구가 모두 입법화하는 것은 쉽지 않은 일이다. 이에 반해 상호인증은 기존에 만들어진 회원국의 입법을 모든 회원국이 인정함으로서 유럽연합의 입법부담을 감소하는 효과를 가져온다. 이외에도 상호인증 원칙이 적용되면 경우에 따라 단일규정 부과시 야기 될 수 있는 특정 회원국과 산업계의 저항을 원천적으로 차단 할 수 있다. 이와 같이 유럽연합은 상호인증 원칙의 도입으로 단일시장정책에 획기적인 진척을 이루게 되었다.

단일시장 성과

생산요소의 자유이동은 로마조약 체결이후 관세동맹 완성과정에서 관세와 수량제한의 철폐로부터 시작되었다. 이후 단일유럽의정서 체결을 통해 표준화, 소비자보호, 환경 및 새로운 기술발전에 따른 신산업 부분에서 유럽차원의 조화와 탈규제화 조치로 정책이 진행되었다. 유럽연합이 초기 경제통합과정에서 가장 중점을 둔 정책은 상품의 자유이동으로 상대적으로 서비스, 자본 및 노동에 비하여 신속하게 자유화 조치가 취해졌다. 1984년 유럽연합이 유럽차원의 표준화기구에 표준화 가이드라인 설정 및 입법권한을 위임하면서 자율규제가 확대되었고 결정적으로 상호인증 원칙이 도입되면서 상품의 자유이동을 저해하는 기술적 장벽은 큰 폭으로 감소하였다. 이 결과 역내시장에서 가장 통합이 진척된 부분은 상품의 자유이동이다.

반면에 노동의 자유이동은 가장 어려운 난제로 자유화가 더디게 진행되고 있다. 유럽연합운영조약 45조(TFEU Art. 45)에는 국적에 따른 고용, 급여 및 여타 노동조건에 차별을 둘 수 없다고 명기되어 있다. 더불어 유럽연합은 각국간 상이한 노동시장 규정, 최저임금제 및 근로시간 규정 등을 다룬 여러 입법을 통해 노동의 자유이동을 막는 요인을 완화하였다. 그러나 회원국간 임금 및 복지수준이 상이한 상황에서 노동의 자유이동은 특별히 상대적으로 부국인 서유럽과 북유럽국가들에게는 극도의 민감한 문제이다. 노동의 자유이동은 단순히 경제적 문제에 한정되지 않고 일국의 노동시장이나 사회복지 체제에 근본적 영향을 미칠 수 있기 때문이다.

운송, 통신 및 금융 등 서비스시장은 많은 경우 각국간 독점적 구조로 인해 회원국 정부가 깊숙이 개입하는 분야이다. 따라서 서비스시장은 상품교역보다 더욱 엄격한 규제와 자유화가 요구되는데 회원국간 이해관계 대립으로 큰 실효를 거두지 못하였다. 2007년 기준 GDP 대비 회원국간 서비스 교역은 전년대비 5% 증가하였으나 이러한 수치는 동기간 상품교역 17%보다 훨씬 뒤처진 수치이다. 서비스부분은 유럽연합 총 GDP의 약 70% 정도를 점한다는 현실을 볼 때 단일시장이 제 기능을 갖기 위해서는 서비스 부분의 탈규제화가 시급한 상황이다. 특히 서비스 산업 중 금융서비스는 자본의 자유이동과 밀접한 관계에 있어 더욱더 중요성을 갖는다. 여기에 2008년 국제금융위기와 이후 그리스의 재정적자에 따른 유로존 국가의 전체적인 금융위기로 유럽연합 차원의 규제가 매우 절실한 실정이다. 물론 유럽연합은 이러한 상황을 타개하기 위해 특별히 금융서비스를 포함한 서비스산업의 자유화 조치를 위한 여러 지침과 규정을 제정하였다. 또한 2008년 금융위기를 겪으면서 금융, 보험 및 연금 부분에서 유럽차원의 개혁과 감독을 위해 2011년에 유럽은행감독(ERA : European Banking Authority)을 위시해 4개의 독립적인 금융감독기구를 연이어 설립하여 시장 감독을 강화하고 있지만 상품교역에 비해 자유화는 상당히 더디게 진행되고 있다.

3. 단일시장 운영

경쟁정책 목적

경쟁정책(competition policy)은 단일시장정책을 효과적으로 진행하기 위한 보조적 성격의 정책으로 이미 1957년 로마조약 체결 이후부터 관세동맹과 더불어 실행되어 온 매우 오랜 역사를 갖는 정책이다. 초기 경쟁정책은 시장 내에서 기업간 공정한 경쟁을 저해하는 장벽제거와 기업의 불공정행위에 대한 감독기능에 한정되었다. 이후 1980년대 말 단일시장계획이 본격화되면서 경쟁정책은 통합된 시장에서 기업간 경쟁을 촉진하여 궁극적으로 유럽차원에서 경쟁력을 높인다는 보다 포괄적인 목적으로 발전하였다. 이에 따라 경쟁정책은 단순한 탈규제뿐 아니라 재규제 조치의 성격까지 내포한 포괄적인 정책으로 발전하였다. 그러므로 정책내용은 장벽이 제거된 시장에서 사적 행위자 즉 기업간 공정한 경쟁을 보장하는 여하간의 조치를 모두 포함한 광범위한 정책이 되었다. 또한 포괄적인 정책내용에 따라 정책의 적용 대상은 국가, 시장 및 시장 내 사적 기업을 망라한다.

관세동맹 완성 이후 1970년대 유럽위원회는 시장 내에서 경쟁제한행위(restrictive practices)에 대한 감독에 주력하다가 점차 기업의 독점(monopoly)적 행위를 적발하고 제재하는데 정책의 초점을 맞추었다. 이후 1980년대 말 이후 단일시장계획이 본격화 되면서 유럽위원회는 회원국 정부의 보조금(state aids) 지급과 기업간 합병(merger) 통제에 정책을 집중하였다. 시장에서 기업의 독점행위 감독은 결국 유럽위원회가 사적 경제영역에 개입한다는 것이다. 그러나 로마조약에는 단일시장에서 기업간 경쟁왜곡을 금한다는 내용만 명기되어 있어 본 조항을 들어 기업간 인수 및 합병에 개입하기에는 법률적 기반이 취약하였다. 이에 따라 유럽연합은 1989년 기업합병통제규정(Council Regulation

No. 4064/89)을 제정하여 이듬해 1990년부터 적용에 들어가 사적 영역인 기업간 인수합병에도 깊숙이 개입하게 되었다. 이후 1990년대 들어 유럽연합은 조약에 명기된 경쟁정책 조항과 기업합병통제규정을 통해 시장과 기업을 대상으로 한 정책을 동시에 취하고 있다. 다만 경쟁정책의 대상인 회원국의 보조금 지급은 매우 민감한 정치적 이슈로 현재까지도 유럽위원회의 개입이 여타 경쟁정책 조치보다 제약되어 있다.

단일시장과 경쟁정책

경쟁정책은 단일시장정책과 함께 유럽연합의 대표적인 경제통합정책으로 양 정책은 상호 연관되어 있다. 유럽연합은 1980년대 말 이후 단일시장계획을 진행하면서 먼저 시장 자유화(market liberalization)를 통해 장벽을 제거하여 경쟁을 고취하는 탈규제 정책에 주력하여 왔다. 이와 더불어 유럽연합은 단일시장과 관련된 여러 경제사회적 영역에서 재규제 조치로 보다 엄격한 규정(stringent regulation)을 내세워 경쟁정책 차원에서 기업간 결합과 국가보조금에 대한 엄격한 감독에 주력하여 왔다. 따라서 단일시장정책이 1986년 단일유럽의정서 체결로 본격화되었다면 현재의 경쟁정책의 특징적 모습은 단일시장계획이 출범하면서 만들어졌다. 이러한 점에서 양 정책은 발전과정과 경로가 매우 유사하다.

한편 경쟁정책은 단일시장계획 이전에는 시장 내에서 회원국 정부와 기업의 경쟁제한 행위를 감독하는 소극적 조치에 한정되었다. 그러나 단일시장이 출범하면서 상황이 많이 변화하였다. 시장이 통합되면서 국경을 넘어 신시장을 개척하고 규모의 경제를 달성하여 유럽차원에서 지배적 위치를 강화하기 위한 기업간 인수합병이 괄목하게 늘어났다. 또한 통합된 시장에서는 경쟁우위를 점한 특정 기업이 국경을 넘어 시장 지배적 지위를 강화하여 가격통제와 시장점유율의 확대 등 여러 경쟁왜곡 상황이 야기 될 수 있다. 이러한 상황에 대응하여 경쟁정책은 유럽위원회의 권한이 극대화된 대표적인 규제정책으로 발전하였다. 유럽위원회는 경쟁정책의 결정과 실행에 있어 여타 공동정책과 비교하여 상대적으로 독립적인 위치에서 폭넓은 권한을 행사한다.

그러나 조약에 명기된 바와 같이 유럽위원회의 강력한 권한은 단일시장 내에서 기업간 경쟁왜곡 행위를 적발하고 제재하는데 유효하지만 기업간 인수합병이 경쟁왜곡을 야기할 수 있다는 미실현된 사실까지 개입할 수는 없다. 이러한 딜레마에 처한 유럽연합은 1989년 기업합병통제규정을 제정하였는데 본 규정은 기업의 경제행위라는 사적영역을 통제하기 위해 제정한 유례가 드문 법률이다. 이에 따라 유럽위원회의 경쟁총국(DG Competition)은 유럽연합운영조약의 경쟁정책조항(TFEU Art. 101, 102)과 기업합병통제규정을 통해 강력한 시장 규제 및 감독기능을 행사하고 있다.

경쟁정책 내용

유럽연합운영조약 101조에는 역내시장 내 경쟁을 방해(prevention), 규제(restriction), 왜곡(distortion)시키는 목적으로 한 행위에 대한 금지 그리고 동 조약 102조에는 역내시장에서 시장 지배적 지위(dominant position)의 남용 금지가 명기되어 있다. 여기서 경쟁을 방해, 규제 및 왜곡하는 행위는 기업간 공식적인 합의 이외에 신사협정 및 해당 기업간 일치된 행위(consensual behaviour)등을 모두 망라한다. 유럽위원회가 만약 본 조항을 포괄적으로 해석할 경우 모든 상업상의 합의와 계약이 이에 해당할 수 있으며 본 조항에 따라 유럽위원회가 직접적으로 개입할 수 있다. 그러나 대개의 경우 유럽위원회는 유럽연합 차원에서 산업경쟁력 향상을 위한 연구개발협정 등 긍정적 효과를 야기할 경우 조약 101조를 유연하게 해석하여 적용하고 있다.

현실적으로 경쟁왜곡은 주로 단일시장 내 다국적 기업과 거대기업의 지배적 지위의 남용과 이들 기업간 단합에 의해 야기된다. 특별히 높은 기술력과 자본을 요하고 시장이 성숙단계에 있는 의약, 항공우주, 자동차 및 정보통신산업 등에서 거대 기업간 단합이 경쟁왜곡을 낳는 주원인이다. 2001년 비타민약재 시장에서 Hoffmann-La Roche사를 포함한 8개 기업간 카르텔 합의에 대한 8억 유로의 과징금 부과 그리고 2009년 독일의 거대 에너지기업 E.ON과 프랑스의 Gaz de France사 간에 천연가스시장에서의 담합에 대한 5억 5천 3백만 유로의 과징금 부과는 이러한 예이다. 따라서 유럽위원회는 시장지배력이 미약한 기업간 합의의 경우 경쟁왜곡을 야기하지 않는 범위 내에서 용납하고 있다. 이러한 유럽위원회의 해석에 따르면 경쟁정책 목적은 결국 기업간 공정한 경쟁 뿐 아니라 유럽내 많은 중소기업의 경쟁력 강화라는 두 가지 목적을 동시에 추구한 것임을 알 수 있다.

경쟁정책 내용

1993년 단일시장이 출범하면서 확대된 시장에서 경쟁력 강화를 위해 기업간 인수, 합병 및 전략적 제휴 등 여러 형태의 기업결합이 증가하였다. 이에 따라 유럽위원회는 1989년에 기업합병통제규정을 제정하여 기업간 결합에도 깊숙이 개입하고 있다. 기업합병통제는 경쟁왜곡을 가져오는 기업간 결합을 억제하는 소극적 목적만 갖는 것은 아니다. 본 규정은 회원국의 서로 다른 기업결합 규정에 따라 역내시장에서 국경을 넘어 이루어지는 기업간 결합이 저해되는 것을 방지한다는 적극적인 성격을 내포한다. 즉, 유럽위원회의 기업합병통제는 유럽기업이 규모의 경제를 달성하여 경쟁력을 강화할 수 있도록 기업결합을 촉진한다는데 있다. 물론 유럽연합 내에서 기업간 인수합병에 따른 규모가 일정수준을 넘을 경우 유럽위원회에 신고를 하여 결합에 따른 타당성을 인정받아야 한다. 그러나 기업간 결합이 시장경쟁 왜곡을 야기한다는 명백한 사유가 성립되지 않는 한 유럽위원회는 이를 최대한 승인하고 있다.

경쟁정책 결정

경쟁정책은 유럽연합의 모든 공동정책 중 유럽위원회의 권한이 가장 극대화된 정책영역이다. 유럽위원회에서 경쟁정책 관할은 경쟁총국이 담당하는데 본 총국은 시장경쟁왜곡, 기업간 결합과 국가보조금의 경쟁법 위반 등 다양한 분야에서 권한을 갖고 시장 감독 뿐 아니라 조약 및 규정을 위반한 기업에 대한 제소권까지 행사한다. 이와 같이 경쟁총국의 폭넓은 권한은 그동안 회원국간 많은 논란이 야기되어 왔었다. 독일의 경우 경쟁정책의 중요성에 비추어 경쟁총국을 유럽연합 차원의 독립적인 기구로 위치하여 중립성을 확보하자는 주장을 꾸준히 제기하였지만 대부분의 회원국에서 반발하여 성사되지는 않았다. 한편 시장 지배적 지위의 남용 및 기업합병이 야기하는 효과에 대한 판단은 고도의 전문적인 지식과 정보를 요한다. 따라서 경쟁정책에는 커미톨로지위원회 내 자문위원회가 관여하여 정보 및 자문제공 기능을 수행한다.

한편 경쟁정책은 단일시장 내 기업에게 직접적으로 영향을 미치는 정책이라는 점에서 1980년대 말 이후 유럽차원에서 많은 기업들이 여러 경로를 통해 경쟁정책 및 단일시장정책에 관여하고 있다. 단일시장이 출범하면서 기업들은 이른바 브뤼셀 전략(Brussels strategy)으로 유럽위원회와 유럽의회에 대한 적극적 로비를 위해 브뤼셀에 사무국을 설립하는 것이 일반적인 현상이 되었다. 더 나아가 일부 산업계는 유럽위원회와 사회적 동반자 관계(social partnership)를 맺고 유럽연합의 정책과정에서 정보제공 및 의사관철 등을 통해 직접적으로 통합과정에 개입하고 있다. 이러한 활발한 기업의 브뤼셀 전략은 단일시장 출범으로 회원국 정부가 더 이상 이전과 같이 규제장벽을 쌓아 산업계를 보호할 수 없기 때문이다. 유럽경제인연합(UNICE: Union of Industrial and Employer's Confederations of Europe)의 후신인 유럽최대의 사용자 단체인 유럽기업연합(Business Europe), 유럽중소기업의 90% 이상이 가입된 유럽상공회의소(EUROCHAMBERS : Association of European Chambers of Commerce and Industry) 및 유럽 내 주요 대기업 총수들이 참여하는 비공식 압력단체인 유럽산업계원탁회의(European Roundtables of Industrials) 등은 이러한 브뤼셀 전략을 적극 활용하는 대표적 이익집단이다.

제10장

경제통화동맹의 형성과 운영

1. 경제통화동맹의 형성

경제통화동맹의 배경

1957년 로마조약이 출범하면서 회원국들은 가시적인 경제통합 목표를 공동시장으로 설정하고 전 단계로 관세동맹 출범에 주력하였다. 당시 유럽경제공동체가 통화와 환율정책을 깊숙이 고려하지 않은 이유는 1960년대 말까지 서유럽의 경제부흥과 더불어 브래튼우드(Bretton Woods) 체제가 지속되어 회원국의 환율이 매우 안정화되어 있었기 때문이다. 1950년부터 1967년까지 영국의 파운드화는 1파운드 대비 2.80달러로 약 20여 년간 변동 없이 유지되었다. 동기간 독일의 마르크화 역시 1달러 대비 3.90-4.20마르크 사이에서 큰 변동 폭 없이 지속되었다. 이와 같이 브래튼우드 체제에서는 달러화를 기축통화로 한 안정적인 국제금융시스템이 작동하였기 때문에 유럽경제공동체가 별도의 통화시스템을 만들 필요성이 크지 않았다.

물론 회원국들은 1958년 유럽통화협정(European Monetary Agreement)을 체결하고 1964년에는 중앙은행장위원회(Committee of Central Governors)를 개최하여 회원국간 통화정책 협력을 꾀하였다. 그러나 안정적인 국제금융시스템에 기인하여 회원국간 통화 및 환율정책 부분에서 구체적인 협력은 이루어지지 않았다. 그러나 상황이 반전되어 브래튼우드 체제를 유지하던 고정환율제가 붕괴되면서 1969년 12월 헤이그 정상회담(Hague Summit)에서 회원국 정상들은 경제통화동맹(EMU: Economic and Monetary Union)의 필요성을 제기하였다. 이에 따라 당시 유럽공동체의 위임을 받아 룩셈부르크 수상인 베르너(Pierre Werner)를 위원장으로 한 위원회가 결성되어 이듬해 1970년 10월 경제통화동맹 내용을 담은 베르너보고서(Werner Report)가 제출되었다 베르너보고서에는 향후 10년 내에 통화동맹(monetary union)의 출범을 제안하고 구체적 조치로 급격한 환율변동을 억제할 회원국간 공동의 환율시스템을 제안하였다. 이외에도 베르너보고서를 통해 단일통화 및 유럽중앙은행과 같은 여러 필요사항들이 제기되었다.

유럽통화제도의 출범

유럽공동체 회원국들은 베르너보고서의 내용을 수용하여 1972년 3월 달러화 대비 유럽공동체 회원국 통화의 변동비율을 고정한 스네이크시스템(snake in the tunnel)을 출범하였다. 그러나 상이한 회원국의 경제여건과 이해관계 대립으로 스테이크시스템은 출범 2년여 만에 결국 폐지되었다. 베르너보고서의 제안과 달리 1970년대 본격적으로 경제통화동맹이 출범하지 못한 것은 불완전한 국제경제 상황과 유가상승 등 물리적 요소에 상당부분 기인한다. 그러나 더 큰 원인은 회원국간 고정된 환율시스템을 통해 경제적 수렴을 꾀하려는 프랑스와 벨기에의 입장과 먼저 경제통합을 진척하여 환율안정을 의도한 독일과 네덜란드의 입장이 대립하여 유럽공동체 차원의 단일정책이 진척되지 못하였기 때문이다.

결국 프랑스와 벨기에의 입장이 관철되어 1979년 3월 유럽통화제도

(EMS : European Monetary System)이 출범하였다. 본 시스템은 환율변동메커니즘(ERM: (Exchange Rate Mechanism)에 근거하여 회원국간 환율 변동 폭의 제한을 둔 조치이다. 환율변동메커니즘은 기준변동환율의 ±2.25%로 회원국 통화의 환율을 고정한 시스템으로 1980년대 말까지 효과적으로 실행되었다. 이외에 유럽통화시스템을 통해 바스켓통화로 유럽통화단위(ECU : European Currency Unit)가 도입되어 2009년 경제통화동맹 3단계 출범 전까지 유럽연합의 예산 및 은행간 정산단위로 통용되었다.

경제통화동맹의 완성

1985년에 취임한 들로르 유럽위원회 위원장은 취임 후 1992년까지 완전한 단일시장 출범을 위한 계획에 들어갔다. 이어서 들로르는 단일시장 효과를 극대화하기 위해 경제통화동맹을 동시에 진행한다는 전략을 갖고 1989년 하노버 유럽이사회에서 경제통화동맹을 위한 3단계 계획을 담은 이른바 들로르 플랜(Delors plan)을 발표하였다. 이러한 들로르의 이러한 계획은 1990-91년에 진행된 정부간 회담에서 회원국들의 승인을 얻어내어 1992년 마스트리히트조약 체결시 수정된 유럽공동체설립조약(TEC)에 명기되었다. 들로르 플랜은 완전한 통화동맹 출범을 위한 3단계 진행과정으로 최종 3단계 출범시 단일통화 도입이 예정되어 있었다. 계획은 순조롭게 진행되어 1990년 7월에 경제통화동맹 1단계(Stage 1)가 시작되었고 이후 1994년 1월과 199년 1월에 각각 2, 3단계(Stage 2,3) 계획이 순조롭게 진행되었다.

1990년 1월부터 시작된 경제통화동맹 1단계에서는 회원국간 자본의 자유화를 막는 물리적, 제도적 장벽이 제거되었다. 또한 각 회원국은 의무적으로 중앙은행의 독립성을 보장할 조치를 실행하였다. 이어서 1994년 1월 경제통화동맹 2단계 출범과 함께 유럽중앙은행 설립 전까지 한시적으로 통화동맹 업무를 수행할 유럽통화기구(EMI: European Monetary Institute)가 설립되었다. 뒤이어 1995년에는 유럽이사회에서 경제통화동맹 3단계에서 도입할 단일통화명을 유로(Euro)로 결정하였다. 한편 독일의 강력한 주장에 따라 유로화 도입 예정 11개 회원국들은 1997년 6월 안정과 성장협약(SGP : Stability and Growth Pact)에 서명하였다. 안정과 성장협약은 유로화 도입 예정국들이 반드시 이행해야 하는 거시경제지표를 명기한 충족조건(convergence criteria)을 담았다. 다만 1997년 경제통화동맹 2단계 출범시 영국, 덴마크 및 스웨덴은 단일통화 도입을 거부하거나 유보하기로 결정하여 이들 국가들은 안정과 성장협약 체결 및 기타 조치가 유예되었다.

1998년 5월 각료이사회는 유로화 도입 예정 11개국이 예정대로 충족조건을 이행하였다고 결론내리고 동년 유럽중앙은행(ECB: European Central Bank)을 설립하였고 이듬해 1999년 1월 1일을 기해 경제통화동맹 3단계로 단일통화를 도입하였다. 그리스의 경우 충족조건 이행에 어려움을 겪어 2년 늦게 2001년 1월에 유로화를 도입하였다. 이후 과도적 기간을 거쳐 2002년 1월부터 부터 기존 화폐의 통용이 정지되었고 유로만이 법정화폐로 통용되기 시작했다.

〈표 31〉 경제통화동맹 3단계

1단계 : 1990년 7월 -
•회원국간 자본의 자유화 조치 •회원국 중앙은행 간 협력 •경제적 수렴조건 개선

2단계 : 1994년 1월 -
•유럽중앙은행 설립 전까지 유럽통화기구(EMI) 설립 및 운영 •충족조건(convergence criteria)을 통한 회원국간 거시경제 조율 •유럽중앙은행제도(ESCB) 설립 전까지 회원국 중앙은행 독립성 강화

3단계 : 1999년 1월 -
•단일통화(Euro) 도입 •유럽중앙은행제도(ESCB)을 통한 단일통화정책 실행 •안정과 성장협약(SGP) 실행

경제통화동맹 가입 조건

경제통화동맹에 가입하기 위해서는 1997년 6월 유로화 도입 예정국 간에 체결된 안정과 성장협약(SGP: Stability and Growth Pact)을 준수해야 한다. SGP는 단일통화 도입을 위해 요구되는 회원국의 거시경제 조치로 가격안정, 예산균형, 공공부채 및 이자율 등에서 엄격한 충족조건 이행 사항을 담았다. 유럽연합 차원에서 통화정책을 원활이 운영하기 위해서는 회원국의 재정 및 거시경제정책 역시 상응한 엄격한 통제가 필요하다. 그러나 경제통화동맹은 회원국의 통화 및 외환정책만을 유럽연합 차원의 공동정책으로 취한 것이다. 따라서 재정 및 거시경제정책은 회원국의 독립적 권한영역에 위치하므로 유로존 가입국은 이 부분에서 정부간 협약을 통하여 의무적인 이행조건을 제정하였다. 물론 회원국들은 안정과 성장협약의 엄격한 이행감독을 위하여 유럽위원회에 협약 위반국에 대한 벌금부과 권한을 위임하였다.

〈표 32〉 경제통화동맹 충족조건

이행사항	충족조건
가격안정 (price stability)	•인플레이션은 최저 인플레이션을 기록한 3개국 평균의 1.5% 미만 - 평가시점 기준 과거 1년 동안의 인플레이션을 소비자물가지표 (HICP)*로 측정
공공재정 (public finance)	•재정적자 규모는 총 GDP의 3% 미만 •공공부채는 총 GDP의 60% 미만 - 평가 시점 기준 과거 1년 동안의 이자율 측정
충족조건의 지속성 (durable convergence)	•장기이자율은 최저 이자율 3개국 평균의 2% 이내
환율안정 (exchange rate stability)	•환율변동메카니즘(ERMⅡ) 참여 회원국은 2년간 심각한 위기를 초래할 수 없음

* 소비자물가지표 (HICP: Harmonized Index of Consumer Price)

안정과 성장협약은 가격안정(price stability), 공공재정(public finance), 충족조건의 지속성(durable convergence) 그리고 환율안정(exchange rate stability) 등 4가지 거시경제지표로 구성되어 있다. 이러한 4가지 조건은 유로존 내에서 인플레이션을 억제하고, 공공부채와 장기 이자율의 통제 그리고 환율안정을 위해 경제적 위기를 최대한 억제한다는 내용이다. 안정과 성장협약은 그동안 대부분의 국가에서 성공적인 통화동맹을 위해 반드시 필요한 사항이라는 공감대가 형성되었지만 너무 경직된 조항으로 몇몇 회원국에서 반발이 제기되어 왔다. 그럼에도 충족조건은 유로존의 안정화를 위해 반드시 필요한 사안이다. 충족조건 미비로 뒤늦게 유로존에 합류한 그리스의 경우 당시 유럽연합이 느슨한 평가로 불완전한 충족조건을 인정하여 결국 가입후 유로존 전체로 진화된 금융위기의 진앙지가 되었다. 이러한 경험에 의해 유로존의 성공적인 운영을 위해 충족조건 이행은 매우 중요한 사안으로 대두되고 있다. 한편 충족조건은 유로존 회원국 뿐 아니라 유로화 도입국가의 의무적인 이행사항으로 향후 유로화를 도입할 국가 역시 조약에 따라 충족조건을 만족시킬 경우에만 경제통화동맹에 참여할 수 있다.

〈표 33〉 경제통화동맹의 발전과정

일시	정책내용
1969. 12	•헤이그 정상회담(Hague Summit) 개최: 경제통화동맹 합의
1970. 10	•베르너보고서(Werner Report) 제출
1971. 5	•회원국간 경제통화동맹 3단계 계획 합의
1971. 8	•브래튼우드 체제 붕괴
1972. 5	•스네이크시스템(snake in the turnnel) 출범
1979. 5	•유럽통화제도(EMS) 출범
1988. 6	•하노버 유럽이사회에서 들로르 위원회(Delors Committee) 설립
1989. 5	•들로르 위원회(Delors Committee)에서 최종보고서 채택
1990. 7	•경제통화동맹 1단계 시작
1994. 1	•경제통화동맹 2단계 시작

일시	정책내용
1997. 6	•암스테르담 유럽이사회에서 안정과 성장협약(SGP) 체결
1997. 12	•룩셈부르크 유럽이사회에서 유로그룹(Eurogroup) 결성
1998. 5	•유로존 가입 예정국간 충족조건(convergence criteria) 합의 •유럽중앙은행(ECB) 설립
1999. 1	•경제통화동맹 3단계 시작
2001. 1	•그리스 유로존 가입
2002. 2	•유로화 지폐 및 주화 통용
2005. 5	•브뤼셀 유럽이사회에서 안정과 성장협약(SGP) 수정
2007. 1	•슬로베니아 유로존 가입
2008. 1	•사이프러스, 말타 유로존 가입
2009. 1	•슬로바키아 유로존 가입
2011.1	•에스토니아 유로존 가입

2. 유로존과 유럽중앙은행

유로화 및 유로존

유로화는 모두 8종류의 주화(1, 2, 5, 10, 20, 50센트와 1, 2유로)와 7종류의 지폐(5, 10, 20, 50, 100, 200, 500유로)로 발행되었다. 주화의 경우 앞면은 공통 도안으로 유럽연합 회원국 지도가 새겨져 있다. 뒷면은 주화를 주조할 권리를 가진 회원국 고유의 문양이 새겨져 있다. 지폐의 경우 회원국에서 발행되지만 각 액면가별로 색상은 다르지만 도안은 동일하다. 앞면에는 작은 화폐단위부터 고대부터 현대까지 각 시대를 대표하는 건축물의 창문이나 문이, 뒷면에는 다리가 새겨져 있다.

2002년 12개국으로 출발한 유로화 사용 국가는 점차 사용 지역이 확대되었다. 2007년 슬로베니아, 2008년 사이프러스와 몰타, 2009년 슬로바키아, 2011년 에스토니아가 경제통화동맹에 가입해 유로화를 도입하면서 유로화 사용 국가는 총 17개국으로 확대되어 약 3억 3천만 명이 사용하고 있다. 게다가 전 세계적으로 약 1억 7천만 명이 유로에 연동된 화폐를 사용하고 있다. 이에 따라 유로는 현재 달러(dollar) 다음으로 세계 두 번째의 준비통화(reserve currency)로 사용되고 있다.

유로화를 사용하는 유럽연합 17개국은 유로존(Eurozone)이라고 불린다. 선택적 탈퇴를 선언한 영국과 덴마크를 제외한 유럽연합 회원국은 경제수준이 경제통화동맹의 수렴기준에 이를 경우 유로화를 도입해야 하기 때문에 유로존은 향후 더욱 확대될 예정이다. 유로존 이외에 공식적 혹은 비공식적으로 유로를 사용하는 국가는 매우 광범위하다. 먼저 유럽 내의 소규모 국가들인 모나코(Monaco), 산마리노(San Marino), 바티칸(Vatican)은 유럽연합과 합의를 통해 유로화를 사용할 뿐만 아니라 주화를 주조할 수 있는 권리까지 가지고 있다. 또 다른 소국인 안도라(Andora)은 자체적으로 화폐를 가지고 있지 않았기 때문에 유로화 도입 당시부터 유럽연합과 합의 없이 유로화를 사용하였다. 하지만 2011년 유럽연합과 합의서에 서명하고 2013년부터 공식적으로 유로화를 도입할 예정이다. 한편 옛 유고슬라비아 연방이었던 코소보(Kosovo)와 몬테네그로(Montenegro)는 유고연방의 해체 이후부터 독일 마르크를 사용했기 때문에 유로화 도입 직후부터 유로화를 공식 화폐로 사용하고 있다. 이들 지역 이외에 프랑스와 영국의 해외영토에서도 유로화가 사용되고 있고, 유럽연합 회원국이지만 유로화를 도입하지 않은 국가들에서도 유로화가 자국화폐와 함께 혼용되어 사용되고 있다.

회원국들이 유로화를 도입하기 위해서는 경제통화동맹 수렴기준을 맞추어야 하기도 하지만 환율변동메카니즘II(ERMⅡ: Exchange Rate Mechanism)에 가입해 환율변동을 조정해야 한다. ERM II는 1979년 유럽통화시스템이 출범하면서 도입된 ERM이 경제통화동맹 3단계 출범으로 명칭이 변경되어 시작된 환율조정시스템이다. ERM II는 유럽연합 회원국간 환율정책 조정을 위해 1999년 1월 유로존 국가의 단일통화도입과 더불어 비유로존 국가를 대상으로 시행되었다. 비유로존 국가의 환율변동메커니즘 가입은 의무사항이 아니지만 신규로 유로존에 가입할 국가들은 충족조건을 이행할 뿐 아니라 최소한 2년 이상 환율변동메커니즘에 가입하여야 한다. 이러한 조건에 따라 유로존 가입을 준비하는 리투아니아, 라트비아, 덴마크 등 몇몇 비유로존 회원국이 환율변동메커니즘을 도입하였다. 실제로 덴마크는 유로존 가입을 준비하면서 뒤늦게 본 시스템을 수용하였다. 환율변동메커니즘에 가입한 비유로존 국가들은 유로화 대비 자국 환율변동 비율을 ±15% 이내에서만 허용해야 한다.

유로존의 운영

유럽연합 회원국이 유로를 도입한다는 것은 자국의 통화주권을 유럽의 초국가기관에 위임한다는 것을 의미한다. 따라서 유로를 도입한 국가들은 더 이상 자신의 자체적인 통화정책을 수행할 수 없고 그것을 유럽중앙은행에 이관하였다. 이에 따라 유로존 내의 통화정책은 유럽중앙은행(ECB) 및 유로시스템(Eurosystem)이라 불리는 유럽중앙은행제도(ESCB: European System of Central Banks)를 통해 이루어진다. 유로시스템의 목적은 가격안정(price stability)을 위한 통화 및 환율정책 운영이며 여기에는 비유로존 국가를 포함하여 유럽연합 27개 회원국의 중앙은행이 모두 참여한다. 구체적으로 유로시스템의 주 기능은 유로존의 통화정책 실행이다. 이외에 ECB는 유로시스템을 통하여 회원국의 외환보유고와 지불준비금 및 유로존 내 환율변동 등을 관리한다. 이와 같이 ECB는 유로시스템을 통하여 가격안정을 최우선 목적으로 설정하였다. 그러나 조약에는 ECB의 운영목적에 가격안정이라는 사항이 명기되지 않았으며 이는 유럽중앙은행이 독립적으로 설정한 통화정책 목표이다. ECB는 조약에 따라 유로존 내 통화정책에 있어 회원국정부와 여타 유럽연합 기구로부터 완전한 정치적 독립성을 보장

받기 때문에 이러한 독단적인 목표설정과 운영이 가능하였다고 할 수 있다.

유럽중앙은행의 임무

독일 프랑크푸르트에 위치한 유럽중앙은행은 유로화의 작동에 관련된 통화정책을 수행하는 유럽연합 기관이다. 유럽중앙은행의 기축자본(key capital)은 유럽연합 회원국 중앙은행(NCB: National Central Banks)의 분담금으로 구성되는데, 여기에는 유로존 이외의 유럽연합 회원국 중앙은행 역시 최소한의 비율로 참여하고 있다. 기축자본을 구성하는 분담금은 유럽연합의 전체 인구 및 GDP에서 회원국이 차지하는 비중에 따라 구성된다. 독일은 18.9373%로 가장 많은 분담금을 차지하고 있다.

〈표 34〉 유럽중앙은행의 기축자본 분담금

회원국	분담금(%)	회원국	분담금
벨기에	2.4256	포르투갈	1.7504
독일	18.9373	슬로베니아	0.3288
에스토니아	0.1790	슬로바키아	0.6934
그리스	1.9649	핀란드	1.2539
아일랜드	1.1107	불가리아	0.8686
스페인	8.3040	체코	1.4472
프랑스	14.2212	덴마크	1.4835
이탈리아	12.4966	라트비아	0.2837
사이프러스	0.1369	리투아니아	0.4256
룩셈부르크	0.1747	폴란드	1.3856
몰타	0.0632	루마니아	2.4645
네덜란드	3.9882	스웨덴	2.2582
오스트리아	1.9417	영국	14.5172

유럽적 수준에서 가격안정을 위한 정책을 수행하기 위해서는 유럽중앙은행의 독립성이 필수적이다. 따라서 유럽중앙은행은 유럽연합운영조약과 유럽중앙은행제도 헌장에 의해 독립성을 인정받고 있다. 유럽중앙은행이 부여받은 독립성은 가격안정성에 한정된 기능적 독립성, 다른 기관으로부터의 제도적 독립성, 인적 독립성, 재정적 독립성을 가진다.

유럽중앙은행의 목표는 유로존(Eurozone)물가안정에 있다. 이를 위해 유럽중앙은행은 다음과 같은 다양한 형태의 통화정책을 관리한다. 먼저 유럽중앙은행은 단일통화의 통화정책 확정, 통화정책의 작동을 결정하고 감시, 유로시스템 내에서 가이드라인이나 지침과 같은 정책을 채택, 유로화 지폐의 발행을 허가, 외환시장에 대한 개입, 지불시스템의 운영 등과 같은 임무를 맡고 있다.

유럽중앙은행의 운영

유럽중앙은행은 운영이사회(Governing Council), 일반이사회(General Council), 실무국(Executive Board)을 통해 운영된다. 먼저 유럽중앙은행의 일상적 업무와 운영이사회를 준비하고 운영이사회의 결정사항을 이행하며 참여국 중앙은행의 단일통화정책의 이행 여부를 감독하는 기능을 가진 실무국은 총재, 부총재, 4인의 이사로 구성된다. 이들 임원은 유럽의회와 유럽중앙은행 운영이사회의 자문을 거쳐 유럽이사회의 추천으로 유로화 도입국 정부의 수장들이 가중다수결로 임명된다. 실무국의 의장인 유럽중앙은행 총재는 운영이사회 및 일반이사회의 의장을 맡고 대외적으로 유럽중앙은행을 대표한다.

유럽중앙은행의 행정과 운영의 최고 결정기관인 운영이사회는 총재, 부총재 그리고 4인의 이사로 구성되는 실무위원회와 유로화 도입 17개 참여국 중앙은행장으로 구성된다. 실무국 임원들은 원칙적으로 재선이 불가능하며, 재선이 가능한 임기 5년의 회원국 중앙은행장들의 투표권은 1국 1표 원칙에 따른다. 유럽위원회가 파견하는 인사와 재무장관이사회의 의장은 운영이사회의 회의에 참여할 수 있으나, 그들은 정책 제안권만 가질 뿐 투표권은 부여되지 않았다. 운영이사회는 매달 첫째, 셋째 화요일에 회동하여 단순다수결에 의해 통화정책을 결정한다. 이자율에 관한 결정은 매달 첫 회의에서만 결정된다. 운영위원회는 통화정책에 필요한 결정 및 이행 가이드라인을 확정, 규정(regulation)을 채택, 회원국 중앙은행시스템의 작동 가이드라인 제공, 지폐와 주화 발행 허가 등과 같은 임무를 가지고 있다.

일반이사회는 표결권이 없는 실무국 임원 6인과 유럽연합 27개 회원국 중앙은행장으로 구성되는데, 주요 임무는 유럽중앙은행 운영에 대한 자문기능 수행이다. 3개월마다 회동하는 일반이사회는 주로 유로존 국가와 비유로존 국가 간의 조정을 업무로 하기 때문에 유럽연합의 모든 회원국들이 유로에 가입할 경우 폐지될 예정인 한시적 기구이다. 일반이사회의 주요 임무는 유로를 도입하지 않은 유럽연합 회원국의 경제통화동맹 수렴조건 진전에 관한 보고서 작성, 환율조정메카니즘(ERM II)에 관한 감시 등과 같은 업무를 수행한다.

3. 유로존 정책

유로존의 정책결정

유로화를 도입하지 않은 비유로존 국가를 포함하여 경제통화동맹은 ECB, 경제재무이사회, 유럽위원회 및 유로그룹 등이 관여한다. 유로존 정책에서는 ECB가 전권적 권한을 행사하면서 동시에 유럽연합의 공식기구가 아닌 유로그룹에서 주요한 정책적 결정이 행해진다. 이러한 구조는 기존의 공동체 방식 및 정부간 조정과는 상당히 다른 정책과정 형태이다. ECB는 유로시스템을 통한 환율변동메카니즘의 기능감독, 비유로존 회원국의 통화정책과 환율정책에 대한 결정 그리고 통화정책 전반에 관한 자문과 기술적 지원 등 유로존의 통화 및 환율정책의 실무를 결정하고 집행하는 기구이다.

반면에 유로존 관련 주요한 정치적 의제는 경제재무이사회에서 결정된다. 경제재무이사회는 유로존 국가간 거시경제정책 및 구조개혁 등 경제정책 전반의 조정 임무를 갖고, 회원국간 합의를 통하여 권고안 제기 등 주로 비강제적인 해결책을 강구한다. 통상 경제재무이사회는 월 1회 정기회합을 개최하여 회원국의 자본시장 및 예산적자 등에 관한 상황을 점검하여 회원국간 합의를 통하여 조치를 결정한다. 경제재무이사회는 27개 회원국의 경제 및 재무장관 회합으로 유로존 이슈의 경우 비유로존 회원국도 표결권을 행사하였다. 이러한 문제를 시정하기 위해 유럽연합은 리스본조약 체결로 유로존에 관한 결정사안은 유로존 회원국만 표결권을 행사 할 수 있도록 명기하였다. 한편 각료이사회 내 위원회(Council Committees) 중 하나인 경제금융위원회(EFC: Economic and Financial Committee)는 1999년에 단일통화도입과 함께 설립되었는데 재무정책, 국제금융 및 자본이동 등과 같은 유럽연합의 전반적인 경제통화정책에 관한 의견 제출 등 유로존 관련 자문기능을 수행한다.

이외에 유럽위원회는 유로존 정책운영에 있어 직접적인 권한은 갖지 않고 다만 회원국의 경제정책계획에 대한 평가와 모니터링으로 기능이 한정되어있다. 유럽위원회는 회원국의 유로존 관련 경제정책을 감독하여 그 결과를 경제재무이사회에 권고(recommendation)를 통해 제기하면 본 이사회에서 회원국간 합의를 통해 해당 회원국에게 공식적인 권고가 제기된다. 이러한 유럽위원회와 경제재무이사회의 조치는 공식적인 구속력이 없지만 대개의 경우 여타 회원국의 압력과 비난에 따라 해당 국가는 국내적 조치를 취하는 것이 일반적인 행태이다.

유로그룹

1997년 12월에 룩셈부르크 유럽이사회의 결정에 의해 만들어진 유로그룹(Eurogroup)은 유로존 회원국의 경제재무장관들의 비공식 상설 포럼으로 리스본조약 체결로 임무가 공식적으로 인정되었다. 유로그룹에는 경제재무이사회에 참여하는 회원국의 해당 장관들 뿐 아니라 유럽중앙은행장, 경제통화담당 유럽위원회 위원도 참여한다. 또한 효과적인 회담진행을 위해 유로그룹 내 실무그룹(Eurogroup Working Group) 의장이 참석하고 이사회사무국(Secretariat General of the Council) 역시 본 회합을 지원한다. 유로그룹은 유로존 참여국의 경제재무장관들의 비공식 모임이라는 점에서 통상 정례적인 경제재무이사회 회합 전에 개최된다.

유로그룹이 중요성을 갖는 것은 유로존 정책을 주도하는 독일과 프랑스 간 이해관계를 조정하는 막후의 비공시적 회합이라는데 있다. 현실적으로 유로존의 정책결정이 유럽이사회, 각료이사회 그리고 유럽중앙은행 등으로 분산되어 있고 유로존의 주요 정치적 결정을 행하는 각국의 경제재무장관들이 유로존 정책만 전담하는 것이 아니다. 그러므로 유로존 정책이 실효를 거두기 위해 회원국간 자유로운 정보교환과 개별 회원국의 국내사정을 토로할 수 있는 장으로서 유로그룹의 중요성이 부각된다. 이에 따라 프랑스는 유로그룹을 경제통화동맹의 중심적인 정책결정 기구로 위상을 부여하려고 시도하였고 이에 맞서 독일은 유럽중앙은행의 상대적인 권한 축소를 들어 반대하여 왔다.

유로그룹은 유로존의 정책가이드라인 설정, 회원국의 경제정책 전반에 대한 감독 그리고 유로존 국가간 경제정책 조정 등 경제재무이사회의 업무를 사전에 준비 및 조정하는 회합이다. 이러한 일상적 기능과 별개로 유로그룹은 2005년에 그동안 경직된 규정으로 많은 비판을 받았던 1997년에 체결한 안정과 성장협약(SGP)의 수정을 이끌어내었고 2008년 국제금융위기에 대응한 유로존 회원국 정상들간 회합 개최를 주도하였다. 이러한 점에서 유로그룹은 유로존 관련 최고정점의 정치적 의결 기능을 갖는 경제재무이사회의 업무를 지원하거나 대행하는 회원국간 그리고 정부간 실질적인 합의기구라고 할 수 있다.

〈표 35〉 유로존의 정책결정

정책결정 및 실행기구	역할
유럽중앙은행(ECB)	•유로존 정책: 유로시스템(Eurosystem)을 통한 가격안정정책 (유로존의 통화 및 외환관리) •비유로존 국가의 환율정책: 환율변동메카니즘(ERM Ⅱ) 기능 수행
각료이사회: 경제재무이사회 (ECOFIN)	•유로존 관련 주요 정치적 결정(유로존 회원국만 참여) •유로존 회원국에 대한 권고안 제기 •경제재무위원회(EFC): 유로존 관련 주요 경제정책에 대한 자문
유럽위원회	•유로존 회원국의 경제정책 감독 및 모니터링 •안정과 성장협약(SGP) 이행 감독 •유로존 관련 각료이사회에 권고안 제기
유로그룹	•경제재무이사회에서 경제통화동맹 관련 결정시 사전 협의 •참석자: 유럽중앙은행장 / 경제통화담당 유럽위원회 위원 / 유로그룹 내 실무그룹(Eurogroup working group) 의장/ 이사회 사무국

유로존 운영의 특징

노동시장 정책 및 금융시장 통제와 같은 경제정책은 전통적으로 회원국의 기능으로 유럽연합의 조정(co-ordination)이 이루어지는 권한영역이다. 그러나 경제통화동맹의 출범으로 이자율 결정과 같은 통화정책(monetary policy)과 환율결정과 외환시장정책 등을 포함한 환율정책(exchange rate policy)은 유럽중앙은행으로 권한이 이전되었다. 반면에 정부지출과 조세부분을 다루는 재정정책(fiscal policy)은 여전히 회원국의 고유권한 영역에 위치한다. 통화정책은 인플레이션과 이자율에 대한 통제로 경제정책의 가장 핵심적인 사안이다. 유럽연합은 1970년대부터 경제통합의 가시적 목적으로 공동의 통화정책을 계획하였으나 회원국 통화간 환율조정 수준에 머물러 왔다. 이후 1990년대 경제통화동맹 3단계 계획을 통해 1999년 단일통화를 도입하여 유럽연합 차원에서 공동의 통화정책이 출범하였다. 물론 모든 회원국이 단일통화를 도입하지 않았기 때문에 완전한 경제통화동맹이 완성된 것은 아니다.

한편 조세 및 복지정책과 밀접한 관련이 있는 재정정책은 회원국의 주권적 영역으로 여전히 국내정책에 한정된다. 이외에 고용정책과 같은 노동시장정책은 기본적으로 회원국의 정책영역이며 유럽연합 차원에서 조정이 이루어진다. 이와 같이 경제정책은 유럽연합, 유럽중앙은행 및 회원국으로 그 실행권한이 분산되어 있다. 문제는 다양한 경제정책이 상호 연계되어 있어 통화동맹을 효과적으로 운영하기 위해서는 재정 및 고용 등 여러 경제영역도 동시에 조정이 이루어져야 한다는 사실이다. 따라서 경제통화동맹이 기능하기 위해서는 통화정책 뿐 아니라 재정정책까지 유럽연합 차원에서 공동정책 혹은 조치가 필요하다. 2010년 유로존 회원국인 남유럽 국가의 재정위기가 결과적으로 유로존 모든 회원국의 통화정책에 영향을 미친 실례는 이러한 사실을 시사한다.

그러나 유럽연합에서는 다양한 거시경제 영역이 유럽연합, 유럽중앙은행 및 회원국정부로 정책영역에 따라 그 권한이 분산되어 있다는 문제점을 안고 있다. 또한 유로존의 통화정책은 유럽연합의 배타적 권한이지만 실제 주요한 정책결정은 회원국정부가 깊숙이 개입하는 경제재무이사회(ECOFIN) 및 유로그룹(Eurogroup)에서 이루어지고 있다. 이에 따라 통화정책에서 유럽위원회와 유럽의회의 권한은 모니터링 및 정책자문 정도로 한정되어 있다. 이와 같이 경제정책 영역의 분산된 권한구조와 경제통화동맹에서 복잡한 권한 배분에 따라 유로존 정책은 중심적인 행위자가 부재하다는 문제점을 안고 있다.

〈표 36〉 유럽연합의 거시경제정책 권한구조

정책	정책내용과 실행기구
통화정책	•정책내용: 환율, 이자율결정 •권한배분: 유럽연합의 배타적 권한 •정책참여: 유로그룹, 경제재무이사회, 유럽중앙은행, 유럽위원회
재정정책	•정책내용: 정부재정, 조세 •권한배분: 회원국의 배타적 권한
고용정책	•정책내용: 고용, 교육·직업훈련 •권한배분: 유럽연합의 지원(고용정책) 유럽연합의 지원, 조정 및 보완(교육·직업훈련)
경제정책	•정책내용: 회원국의 경제정책, 유럽연합 차원에서 회원국간 경제정책 조정 •권한배분: 유럽연합의 조정(회원국의 경제정책) 유럽연합과 회원국 간 공유권한(경제적 결속)

4 유럽연합의 제 정책

유럽연합: 연속성과 정체성

제11장

유럽연합의 공동통상정책

1. 공동통상정책의 발전 및 특징

유럽연합은 전 세계 인구의 1/7에 불과하지만 수출과 수입은 전 세계의 1/5 이상을 차지해 세계에서 가장 큰 통상 블록이다. 유럽연합이 이렇게 '경제적 거인'으로 성장한 것은 공동통상정책(Common Commercial Policy) 덕분이었다. 공동통상정책은 공동농업정책이나 경쟁정책과 함께 유럽연합이 배타적인 권한을 가지는 초국가적인 정책으로 유럽연합의 발전을 이끌어 왔다. 즉, 회원국들은 대외통상과 관련해서 자신들의 주권을 모두 유럽연합 유럽위원회에 일임해 유럽연합이 단일한 목소리로 대외통상에 임할 수 있도록 하였다.

공동통상정책은 공동농업정책과 함께 유럽연합에서 가장 오래된 정책으로 1957년 로마조약에 의해 설립된 유럽경제공동체(EEC)가 목표로 한 관세동맹(customs union)의 결과이다. 관세동맹은 사실 다른 경제협력체와는 다른 특징을 가진다. 로마조약 제 2조는 상품, 노동, 자본, 서비스의 완전한 자유이동을 유럽경제공동체의 목표로 설정했다. EFTA처럼 일반적으로 자유무역협정은 주로 상품의 자유이동만을 규정하지만 유럽경제공동체는 상품을 포함해 사람, 자본, 서비스의 자유이동까지를 포함함으로써 유럽을 하나의 공동시장으로 만든다는 야심찬 계획을 가지고 출발했다. 자유무역지대와 관세동맹이 다른 점은 전자가 회원국 내에서 자유무역을 하지만 제 3국과의 통상정책은 각 회원국이 자국의 정책에 따라 수행하도록 되어 있어 무역의 왜곡현상이 발생할 수 있는 위험이 있다. 예를 들어 저관세 정책을 펼치는 국가로 수입된 물품이 고관세 정책을 가지는 회원 국가로 무관세로 재수출될 경우 고관세 국가는 뜻하지 않은 피해를 입을 수 있는 구조이다. 이에 반해 관세동맹은 모든 수입되는 물품에 대해서 공동의 관세를 책정하기 때문에 회원국 내 어떤 국가로 상품이 수입되어도 문제가 발생하지 않는다. 게다가 관세동맹은 관세율 책정 및 유지를 위해 초국가적인 기구와 정책을 필요로 하기 때문에 자유무역지대보다 진전된 통합 형태라고 할 수 있다.

단계적 역내관세 철폐 및 공동역외관세(CET: Common External Tariff) 설정을 거쳐 1968년 7월 조기에 완성된 관세동맹은 회원국 내에서 완전한 자유무역과 제 3국으로부터 수입되는 물품에 대해서 공동의 관세를 적용하는 것을 의미한다. 하지만 일관되고 지속적인 관세동맹을 운영하기 위해서는 각 회원국이 개별적으로 실시해오던 통상정책을 유럽연합으로 단일화하지 않으면 안 되었다. 이에 따라 유럽연합 유럽위원회는 27개 회원국으로부터 대외통상에 관련된 모든 권한을 위임받아 국제통상무대에서 하나의 단위체로 활동하고 있다. 또한 국제 통상협정이나 FTA 체결 등에서도 유럽위원회는 27개 회원국을 대표해 협상에 임하고 있다.

공동통상정책은 세계무역의 발전, 국제무역에 관련된 제 규제의 철폐, 관세장벽의 완화 등을 목표로 관세율의 변동, 제 3국과 관세 및 무역협정 체결, 수입정책, 수출정책, 덤핑이나 보조금이 발견될 경우 취할 조치를 통일적으로 적용하는 정책 등을 통해서 이루어진다. 유럽공동체 초기 공동체의 대외무역은 주로 상품에 관련된 것이었으나 최근에는 교역이 서비스 분야로 확대됨에 따라 공동통상정책은 이 분야까지 포함하고 있다. 유럽연합의 공동통상정책은 세계무역기구(WTO) 체제 속에서 더욱 강화되고 있는 상품, 서비스 및 지적재산권 관련 문제에도 적극적으로 대응하고 있다.

관세동맹에서 공동역외관세는 네덜란드나 독일과 같은 전통적 저관세 국가의 관세와 프랑스나 이탈리아와 같은 고관세 국가의 중간 정도 수준에서 설정되었다. 이러한 관세 설정 방법은 회원국의 무역 형태에 중요한 영향을 주게 되었다. 우선 저관세국인 독일과 네덜란드는 수입선을 제 3국이 아니라 무관세이기 때문에 상대적으로 가격이 저렴한 회원국으로 바꾸는 무역전환효과(Trade Diversion Effect)를 경험하게 되었다. 반면 높은 생산비용을 감수하고 자국의 상품 소비에 의존했던 프랑스와 이탈리아의 경우 관세동맹으로 관세를 낮추었기 때문에 동일한 상품을 생산비용이 저렴한 회원국으로부터 수입하게 되는 무역창출효과(Trade Creation Effect)를 경험하게 되었다. 이러한 무역형태의 변화는 유럽경제공동체의 형성 이후 짧은 기간 동안 공동체 회원국들 간 무역이 크게 증가하는 결과를 가져왔다.

유럽연합의 통상정책은 저관세와 규제 철폐를 통해 세계 무역의 발전을 목표로 하고 있다. 따라서 유럽연합은 공동역외관세 수준을 지속적으로 낮추었다. 예를 들어 딜론라운드(1960-61)와 케네디라운드(1962-67)를 통해 관세를 이전의 절반수준으로 낮추었고, 도쿄라운드(1973-79)에서는 1978년 수준의 30% 가까이 관세를 낮추는데 합의했다. 게다가 우루과이라운드(1986-93)에서는 농산품을 제외한 모든 수입품에 부과하던 관세가 평균 5.7%로 낮아졌다. 결국 유럽연합은 세계무역의 자유화에 상당 부분 기여했다고 할 수 있다. 하지만 이러한 유럽연합의 저관세 정책은 상당한 비판의 소지를 가지고 있었다. 그 이유는 유럽연합이 상대적으로 저관세를 부과한 상품은 고무나 목재와 같이 유럽연합이 절대적으로 필요한 원자재에 집중되었고, 완재품에는 비교적 높은 관세가 부과되었다. 이는 역외 산업국가들의 진입을 막아 유럽의 산업을 보호하기 위한 것으로, 스스로의 자유무역정책에 위배되는 것이었다.

1968년 7월 관세동맹의 완성으로 유럽연합은 로마조약이 목표로 했던 4대 생산요소(상품, 사람, 자본, 서비스)의 자유로운 이동이 가능한 공동시장(common market)을 완성한 것처럼 보였다. 하지만 여전히 상품을 제외한 생산요소의 자유이동은 제한적이거나 불가능했고, 수량제한 등과 같은 제 무역장벽을 차례차례 철폐했으나 여러 가지 형태의 비관세장벽(기술장벽, 물리적 장벽, 조세장벽 등)이 존재해 완전히 자유로운 하나의 시장이라는 목표는 요원했다. 이에 1970년 부가가치세(VAT)를 도입해 조세장벽을 제거하고, 수입쿼터라 불리는 수량제한(quantitative restriction)을 철폐해 물리적 장벽을 제거하려 노력했다. 비관세장벽 중 가장 어려움을 준 것은 기술장벽이었다. 기술장벽 철폐에는 유럽사법재판소의 판결이 크게 기여했다. 1979년 유럽사법재판소는 프랑스 맥주가 알코올 함량 미달로 맥주로 인정할 수 없기 때문에 독일에 수입할 수 없다는 독일의 입장에 대해 한 회원국에서 맥주로 인정되면 다른 회원국에서도 맥주로 인정되어야 한다는 상호인증 원칙을 내세웠다. 이 판결 이후로 상호인증 원칙이 기술장벽이 철폐되는 데 법적 근거로 제시되면서 기술장벽을 통해 국내시장을 보호하려는 정책들이 차례차례 폐지되었다. 이러한 성과에도 불구하고 유럽연합 내에서 완전한 자유무역은 여전히 어려움을 겪고 있었다.

유럽연합은 1985년 6월에 열린 밀라노 유럽이사회에서 1992년 12월 31일까지 모든 장벽을 철폐해 유럽을 완전한 하나의 단일시장(single market)을 완성할 것을 결의했다. 이에 따라 아직 남아있는 약 200여 분야의 기술적, 물리적, 조세장벽의 철폐를 통해 단일시장을 완성한다는 계획을 세우고, 이를 1986년 단일유럽의정서(SEA: Single European Act)라는 새로운 조약문에 포함시켜 통과시켰다. 이후 1992년 말까지 각종 규제 철폐를 위한 조치가 도입되어 1993년 1월 1일을 기해 단일시장을 완성하였다. 따라서 이론적으로는 1993년부터 유럽연합 회원국 내에서 4대 생산요소가 완전히 자유롭게 이동되고 모든 비관세장벽이 사라져 완전한 하나의 단일시장이 이루어진 것처럼 보였다. 하지만 사람, 자본, 서비스의 자유이동은 여전히 제한적으로만 이루어졌고 각종 비관세 장벽 또한 부분적으로 존재했던 것이 사실이다.

단일시장의 완성 이후 마스트리히트조약 제 134조가 규정한 상품의 자유이동을 제약하는 예외적인 조치 금지 규정으로 수많은 교역 제한 조치들과 수량제한 조치들이 철폐되어 완전한 자유무역에 더욱 가까이 다가갈 수 있었다. 하지만 국제적 자유무역을 추구하는 유럽연합의 통상정책은 여전히 비판받을 요소를 가지고 있었다. 이는 수입쿼터제를 통한 보호무역적 정책 때문이다. 유럽연합은 GATT 규정이 인정한 긴급수입제한조치에 따라 공동으로 예외적 쿼터제를 실행할 수 있었다. 이는 공동통상정책의 실행으로 기존에 회원국들이 가졌던 쿼터제가 유럽연합으로 이전된 결과이다. 이에 따라 회원국들은 유럽연합을 통해 역외국가로부터의 수입에 대한 국가별 수량제한 조치를 취할 수 있다. 공동체조약 제 115조는 "유럽연합 회원국들은 통상정책수단의 집행이 왜곡된 무역에 의해서 방해받을 시 혹은 그와 같은 조치가 하나 또는 그 이상의 회원국들의 경제적 어려움을 야기할 때에는 국내장벽을 설치할 수 있다"고 규정하고 있다.

로마조약 제113조는 유럽위원회와 각료이사회에게 통상 분야에서 공동정책을 취할 수 있는 법적 권한을 부여하였다. 이에 유럽연합은 공동역외관세를 부과하고, 덤핑이나 보조금이 지급된 수입품에 대해서 공동체 차원의 대책을 마련하여 왔다. 하지만 1980년대 이후 유럽연합의 경쟁력 약화와 역외국 기업의 급성장 등으로 기존의 통상정책수단이 미흡해 역외기업의 불공정 무역행위로 인해 역내 기업들이 손해를 보고 있다는 인식이 회원국들 사이에 존재해 왔다. 이에 유럽연합은 1984년 9월 역외국의 불법적 무역행태로부터 역내기업을 보호하기 위해 미국의 통상법 제301조와 유사한 신통상정책조치(new commercial policy instrument)를 마련하였다. 이 조치는 1995년 1월부터 발효된 무역장벽 규정에 의해 대체되었다. 무역장벽 규정이 따라 유럽연합 유럽위원회는 역외국의 불공정 무역행위에 대한 직접적인 대응뿐만 아니라 국제 무역규범에 따라 가능한 모든 정책이나 제도를 동원해 유럽연합의 권리를 행사할 수 있는 막강한 권한을 가지게 되었다.

한편 무역장벽 규정에 따라 유럽연합 회원국의 모든 기업들은 역내시장뿐만 아니라 제 3국과의 무역거래에 있어서 정부 또는 기업의 불공정 무역행위로 피해를 입었다고 판단할 경우 유럽위원회에 이를 수정해 주도록 요청할 수 있다. 회원국 기업의 요청을 받은 유럽위원회는 피해를 준 국가나 기업에 대해서 보복관세의 부과, 기존에 합의한 무역양허의 중지 및 철회, 유럽연합 역내수입에 대한 관세인상, 수입수량제한, 수입과징금부과 등을 통하여 보복조치를 취할 수 있다. 최종적인 보복조치는 유럽위원회의 제안에 따라 각료이사회가 30일 이내에 가중다수결 표결에 의해 결정한다.

무역장벽 규정과 함께 유럽연합 차원에서 요구하는 기술표준은 공동통상정책의 권한 범위에는 들어있지 않으나 실질적으로 수입제한 효과를 가지고 있다. 표준제도는 사실 공동산업정책이나 공동환경정책의 일환이지만 점차 이러한 정책이 역외국가에 적용되면서 무역장벽의 성격을 띠게 되었다. 가장 대표적인 것으로는 1993년 1월부터 실시된 공산품 품질인증 마크 CE(Conformite European)을 들 수 있다. 또한 유럽연합의 환경인증 마크인 Eco-label 역시 유럽연합의 기술표준으로 수입제한 효과를 가지고 있다.

유럽연합의 무역장벽 효과를 가지는 또 다른 정책으로는 자율수출규제(Voluntary Export Restraints)가 있다. 이는 역외국들이 유럽연합과 그 회원국들로의 수출량을 자율적으로 제한하는 쌍무적 협정으로, 명칭은 자율규제지만 사실상은 역외국가에 다른 제재조치를 가하는 것을 피하는 수단이다. 이는 수출입 국가들간 협상을 통해 협정기간 동안 매년 수입쿼터를 정하고 이 범위 내에서 수출국이 자발적으로 수출량을 결정하는 형태로 운영된다. 자율수출규제는 주로 유럽위원회가 역외국가와 협상에 의해 이루어지는 대표적인 수입제한 정책이다. 프랑스, 이탈리아, 스페인, 영국 등은 자동차, 운동복, 가전제품과 같은 특정 산업분야에 수입증가를 억제하기 위해 자율수출규제를 적용시켰다. 자율수출규제의 주요 협의대상은 주로 일본의 자동차, 기계류, 가전제품과 같은 산업들이었고, 한국 역시 자율수출규제의 피해자라 할 수 있다.

유럽연합 공동통상정책의 주요 특징은 지역주의와 다자주의를 동시에 추구한다는 점이다. 유럽연합은 한편으로는 다자주의 무역 규칙을 지지하지만, 다른 한편으로는 WTO 회원국들을 대상으로 호혜적 무역협정 네트워크를 구축하고 있다. 이는 유럽연합 통상정책이 WTO가 규정하는 비차별 원칙(rule of non-discrimination)을 위반하고 있음을 의미한다. 유럽연합은 지역별로 차별화된 통상정책을 유지하고 있을 뿐만 아니라 다른 어느 나라 보다 특혜무역협정을 많이 가지고 있다. 특히, ACP 국가, 중동 및 지중해 연안의 국가들, 동유럽국가 등 많은 국가들과 차별적 무역협정을 맺고 있다. 또한 역외국과의 무역관계에 있어서도 선호도(trade preference)에 따라 차별적 등급을 적용한다.

<그림 7>에서 보는 바와 같이 유럽연합의 무역선호 피라미드의 가장 위쪽에 위치한 유럽연합 회원국들 사이에서는 상품, 사람, 자본, 서비스가 완전히 자유로이 이동하고 있다. 두 번째 선호 지역은 연합협정 체결국으로 대표적으로 EFTA 국가들(노르웨이, 스위스, 아이슬란드, 리히텐슈타인)이 있다. 유럽연합과 EFTA는 1994년 유럽경제지역(EEA)을 창설해 무관세 교역을 하고 있으며 공산품에 대해서는 수량제한 역시 적용받지 않는다. 한편 유럽경제지역 내에서는 상품뿐만 아

〈그림 7〉 유럽연합의 무역 선호 피라미드

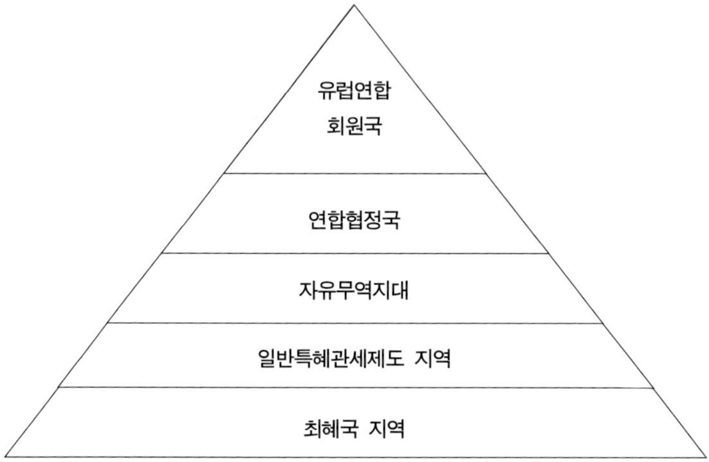

니라 사람, 자본, 서비스의 자유이동 역시 추구되고 있다. 세 번째 선호 지역은 한국과 같이 자유무역협정(FTA)을 체결한 국가들과 다양한 협정을 통해 연계된 국가들이다. 특히 협정을 통해 가장 호혜를 받는 지역은 로메협정(Lome Agreement), 지중해협정(Mediterranean Agreement) 등을 통해 맺어진 것들이 있다. 이러한 협정은 주로 정치, 경제, 역사, 문화적으로 긴밀한 관계를 가지는 국가들에게 제공되고 있다. 두 번째 특혜 지역은 ACP 국가들이다. 주로 유럽의 식민지 국가들이었던 ACP 국가들은 유럽연합으로부터 특혜관세를 적용받고 있다. 한편 지리적으로 가까운 지중해 연안 국가들 역시 특혜관세를 적용받아 상대적으로 유리한 위치에서 유럽 시장에 접근할 수 있다. ACP 국가들은 로메협정을 통해 모든 공산품을 유럽시장으로 수량제한 없이 무관세 혹은 최저수준의 관세로 수출할 수 있게 되었다. 농산품에 대해서도 ACP 국가들은 다양한 혜택을 부여받고 있다. 네 번째 선호지역은 일반특혜관세제도(GSP: Generalized System of Preferences)를 적용받는 지역이 있다. 마지막에는 WTO 규정에 따라 최혜국 대우를 받지만 유럽연합으로부터 무역특혜를 제공받지 않는 국가들이 있다.

2. 공동통상정책의 운영

유럽연합의 공동통상정책은 유럽위원회의 배타적권한(exclusive competence) 영역에 속한다. EC 조약을 승계한 리스본조약의 EU기능조약(Treaty on the Functioning of the European Union) 제3조는 관세동맹(Customs Union)은 공동통상정책이 유럽연합의 배타적 영역에 속한다고 규정하고 있다. 또한 동 조약 제 207조는 '관세율 변경, 상품과 서비스 무역에 관한 관세 및 무역협정의 체결, 지적재산권의 통상적 측면, 외국인직접투자, 자율화 조치의 통일, 수출정책, 덤핑 또는 정부보조금 지급에 대한 공동수단 마련 등 통일원칙에 기초한다. 공동통상정책은 연합의 대외적 행동의 원칙 및 목표의 범위 내에서 형성된다'고 규정하여 공동통상정책의 범위를 설정하고 있다. 유럽통합 초기 공동통상정책의 범위는 주로 상품 교역이나 특정 비관세장벽에 대한 대응이 주된 관심사항이었으나 점차 교역이 상품이나 비관세장벽만이 아니라 투자, 지적재산권, 환경, 경쟁, 정부조달, 노동조건, 문화다양성 보호 등 광범한 분야로 확대되면서 공동통상정책의 목표와 범위 역시 확장되었다. 게다가 환경, 위생, 지적재산권, 식품안전, 동물위생 등 새로운 통상이슈가 등장함에 따라 통상정책의 대상과 이해 당사자, 국가경제에 미치는 파급효과는 점점 커졌다.

공동통상정책의 범위가 넓어지고 통상과 관련된 이슈가 확대됨에 따라서 유럽위원회는 때때로 당시 조약에 규정된 공동통상정책의 범위를 이탈하여 행동해야 했다. 조약상 유럽위원회는 소관 범위가 아닌 분야에서는 독자적으로 행동할 수 없고 회원국과 협의하고 이사회의 위임을 받아야 했다. 그러나 소관 범위 이탈 여부가 불분명하거나 신속한 대처가 필요한 사항이 많아짐에 따라 유럽위원회가 독자적으로 판단하여 행동하는 경우가 자주 발생하였다. 이에 대해 회원국이 이의를 제기하는 경우도 빈번하게 발생하였다. 예를 들어 1973년 도쿄라운드(Tokyo Round)에서는 보조금, 정부조작, 무역기술 장벽과 관련한 사항이 유럽위원회 소관인지 아니면 회원국 소관인지에 대한 논란이 발생하였다. 결국 이슈에 따른 권한소재의 혼란 및 책임을 피하기 위하여 최종협정의 서명에는 유럽위원회와 회원국이 함께 참여하게 되었다. 하지만 통상 이슈로서 서비스, 지적재산권과 같은 새로운 분야의 계속적인 대두는 협상의 당사자와 조약 체결자가 누구여야 하는가에 대해 회원국과 유럽위원회 간의 충돌이 있었다. 유럽사법재판소는 이 문제에 대해서 133조 위원회가 관여하지 않는 새로운 무역현안에 대해서는 유럽연합과 회원국들이 공동으로 책임을 진다는 판결을 통해 이 문제를 해결했다. 1995년에는 서비스 협상에 관한 행동준칙(code of conduct)이 합의되어 유럽연합이 회원국을 대표해 협상에 참여하고 회원국은 참관인 자격으로 협상에 참여할 수 있게 되었다. 또한 2007년 체결된 리스본 조약에서는 공동통상정책의 범위가 확대되어 그동안 개별 회원국 소관사항이었던 외국인직접투자(FDI)가 유럽연합의 배타적 권한 적용범위에 포함되었다. 따라서 회원국들은 제3국과 양자 간 투자협정(Bilateral Investment Treaties)을 더 이상 맺을 수 없다. 이로써 회원국들은 유럽연합 법률에 따라 국제협정을 채택해야만 하고 기존의 협정들은 법적 효력을 상실하게 될 것이다. 이 외에도 리스본조약은 유럽연합의 공동통상정책을 상당 부분 바꾸어놓았다. 먼저 특별위원회인 133조 위원회를 무역정책위원회(Trade Policy Committee)로 변경하여 유럽의회에 정기적으로 보고하도록 하였다. 또한 유럽의회는 반덤핑, 세이프가드, 일반특혜관세 등에 관한 정책을 이사회와 함께 결정할 수 있는 권한을 보유하게 됨으로써 공동통상정책의 민주성 결핍 문제가 해결되었다.

〈표 37〉 공동통상정책 관련 조항 비교

니스조약	리스본조약
제131조: 공동통상정책의 목적(국제교역의 발전, 교역장벽과 관세인하), 제132조: 수출신용 등 회원국 해외수출 지원 제도의 조화 당위성, 제133조: 1. 공동통상정책은 단일한 원칙하에 놓인다. 특히 관세율과 관련하여 관세, 무역협정의 결정, 덤핑 또는 보조금과 같은 무역보호를 위한 무역정책은 무역자유화의 원칙을 따른다. 2. 유럽위원회는 공동통상정책의 실행과 관련한 제안서를 각료이사회에 제출한다. 3. 유럽위원회는 배타적권한을 갖는 분야에 대해서는 공동체를 대신하여 단일 협상자로서 행위 한다. 모든 협상과정 동안 유럽위원회는 협상의 조건을 수정할 수 있는 특별위원회(133조 위원회)의 도움을 받는다. 유럽위원회는 협상과정을 특별위원회에 정기적으로 보고한다. 4. 위임된 권한의 집행과 관련하여 교섭이나 내용이 만장일치로 채택되어야 하는 유럽연합 내부 규정에 관한 것이거나 유럽연합의 권한이 아직 행사되지 않고 있는 분야에 관한 경우, 각료이사회는 만장일치로 의결한다. 5. 기존 공동통상정책에 관한 규정(유럽위원회가 입안, 교섭시행, 자문위원회(133조 위원회)와의 협의 가중다수결로 결정 등은 서비스, 지적재산권, 통상 관련 협정에도 적용된다. 6. 협정이 공동체의 내부권한을 벗어난 분야를 포함하는 경우라면 회원국들의 법률과의 조화를 우선으로 한다. 특히 유럽연합 조약이 회원국 법규 간 조화 필요성을 배제한 분야에서의 회원국 법규간의 조화를 수반하는 사항을 포함한 협정을 체결할 수 없다. 7. 특정서비스 분야 주로 문화, 시청각 서비스 교역, 교육 서비스, 사회 및 보건 위생에 관한 협정은 유럽연합과 회원국의 공동소관에 해당한다. 이러한 교섭은 회원국의 동의를 필요로 한다. 이러한 협정은 유럽연합과 회원국이 공동으로 체결한다. 제134조: 공동통상정책으로 인한 특정 회원국 불이익 발생시 처리 원칙에 대한 규정	제206조: 공동통상정책의 목적(국제무역, 외국인 직접투자에 대한 규제사항의 점진적 폐지, 관세장벽 및 기타 장벽의 완화에 기여 등을 규정 제207조: 1. 관세율 변경, 상품과 서비스 무역에 관한 관세 및 무역협정의 체결, 지적재산의 통상적 측면, 외국인직접투자, 자율화 조치의 통일화, 수출정책, 덤핑 또는 정부 보조금 지급에 대하여 취하는 조치와 같은 무역보호조치 등에 관한 통일원칙 규정 2. 유럽의회 및 이사회는 보통입법 절차에 따라 규칙의 형태로 공동통상정책의 실시를 위한 구조를 정하는 조치를 채택함을 규정 3. 하나 이상의 제3국 또는 국제기구와 협정체결을 교섭하는 경우, 제218조가 본 조의 특별규정에 기속되어 적용됨. 위원회는 이사회가 위원회의 교섭업무를 지원하기 위하여 임명하는 특별위원회 및 유럽의회와 협의하고 이사회가 위원회에 시달하는 지침에 따라 이들 교섭을 수행한다. 위원회는 특별위원회 및 유럽의회에게 교섭상황에 대해 정기적 보고를 규정 4. 제3항에 언급된 협정의 교섭 및 체결에 대해 이사회는 가중다수결로 결정. 서비스무역 및 지적재산의 통상적 측면 및 외국인직접투자에 관한 협정의 교섭 및 체결에 대해 이사회는 당해 협정이 역내법규의 채택에 만장일치를 필요로 하는 규정을 포함할 때는 전원일치로 결정. 또한 이사회는 아래의 분야에서 협정의 교섭 및 체결에 대해서는 만장일치로 결정. (a)문화적 및 시청각서비스무역에서 당해 협정이 연합에서 문화적 언어의 다양성을 해할 가능성이 있을 때 (b)사회적 부문, 교육부문 및 보건 부문의 서비스 무역에서 당해 협정이 이 서비스의 각국의 조직을 현저하게 교란하고 그 제공에 대한 회원국의 책임을 해할 가능성이 있을 때 5. 운송 분야에서 국제협정의 교섭 및 체결에 대해서는 제3부의 제5편 및 제218조의 구속을 받음을 규정 6. 공동통상정책 분야에서 본 조에 의해 부여된 권한의 행사는 연합과 회원국 간 권한 구분에 영향을 미치지 않고, 제조약이 조화를 배제하는 한 모든 회원국의 법률 또는 규정의 조화는 행해질 수 없음을 규정

출처 : 채형복, 『리스본조약』, (국제환경규제 기업지원센터, 2010), pp. 190-192의 내용을 재구성.

공동통상정책의 입법과정은 다음과 같다. 먼저 제1단계에서는 유럽위원회가 발의안을 만든다. 이 과정에서 회원국의 각계 전문가와 경제사회위원회 그리고 유럽의회의 유관 상임위원회의 의견을 청취한다. 여기서 회원국 대표의 의견은 이후 각료이사회의 최종결정에 중요한 영향을 미치게 된다. 회원국의 사회경제부분을 담당하는 이익집단과 유럽차원의 이익집단들이 개입하는 것도 바로 이 시점에서이다. 이후 유럽위원회의 발의안은 각료이사회로 넘겨지고, 이어 각료이사회는 유럽의회의 의견을 구하게 된다. 의견을 청취한 후 유럽위원회는 자문결과에 따라 발의안을 개정하여 상주대표부로 넘긴다. 상주대표부 내에서 회원국들의 이견이 조정되고 상주대표부는 각료이사회에 보고서를 제출한다. 회원국의 대표가 개정한 발의안의 내용은 유럽위원회에 의해 수용가부가 결정된다. 발의안의 심의과정에 유럽위원회 위원이 참석할 수도 있다. 만약 상주대표부 내에서, 그리고 상주대표부와 유럽위원회 사이에 완전 합의가 이루어지면 더 이상의 논의 없이 발의안이 통과된다. 그러나 만약 이견이 존재한다면 각료이사회의 발의안 검토 및 논의 후, 회원국들의 이해관계와 균형문제를 고려하여 만장일치제로 사안을 해결한다. 자문절차에서 가장 중요한 연결고리는 유럽위원회와 상주대표부의 대화라고 할 수 있다. 상주대표부는 중개인으로 평가되기도 하지만, 개별 회원국의 이익을 대변하며 유럽적 차원에서 의사결정을 강력히 저지함으로써 통합을 가로막는 변수라고 할 수 있다.

3. 유럽연합의 FTA 정책

유럽연합의 공동통상정책의 목표와 수단은 세계무역기구(WTO)로 대표되는 국제 무역체제가 추구하는 여러 관세장벽의 완화를 통한 자유로운 무역이라는 원칙과 합치된다. 따라서 유럽연합은 WTO의 다자주의 원칙을 수용하면서도 FTA를 통해 쌍무적 자유무역 협정을 계속해서 추진하고 있다. FTA를 통해 관세 및 비관세 장벽이 제거되면 자원의 효율적인 배분을 가져와 체결국의 경제성장을 가속화시키는 장점을 가지고 있다. 유럽연합은 FTA가 가지는 이러한 장점을 통해 세계경제의 조화로운 발전을 추구하고 있다.

1950년대 이후부터 자유무역협정은 다자간 무역체제인 GATT 체제와 공존하면서 그 숫자가 조금씩 늘어났으나, 1995년 WTO 출범 이후에는 '자유무역협정의 시대'라고 할 만큼 협정 체결이 전 지구적으로 급속히 확산되었다. 유럽연합이 체결한 최초의 FTA는 1973년 스위스와의 FTA이다. 이후 지속적으로 FTA를 추진해 온 결과 현재 24건의 FTA를 체결하였으며, 13건의 FTA는 협상 중에 있다. 또한 16건의 FTA에 대해 검토 중에 있어 향후에도 적극적으로 FTA를 추진할 것으로 보인다. 이 중 한-EU FTA가 2010년 10월 정식 서명되어 2011년 7월 잠정 발효를 앞두고 있으며 ASEAN과는 ASEAN 전체가 아닌 개별국별 협상을 연속적으로 개시할 전망이다.

유럽연합은 1990년대 말까지 다자 간 협상인 WTO의 도하개발협상(DDA)에 전념하기 위하여 새로운 양자 간 무역협정을 추진하지 않겠다는 정책적 입장을 견지하여왔다. 그러나 유럽연합도 2000년대 이후로는 지중해연안국, 남아공, 멕시코, 칠레, 남미공동시장 등과 FTA 협상을 진행하는 등 양자 간 지역무역협상을 과거와 큰 변화 없이 계속 추진하는 경향을 보여 왔다. 이러한 배경하에 2006년 7월 WTO 도하협상이 결렬됨에 따라 전 세계적으로 양자 간 무역협정체결이 확산될 경향이 보이면서, 유럽연합도 양자협상을 통한 무역관계 개선을 위해 적극적으로 FTA 협상에 나서는 등 FTA에 관한 유럽연합의 정책적 입장이 크게 변화하게 된다. 유럽연합은 FTA를 추진함으로써 역내 통상교역에 영향을 미치는 다양한 형태의 관세 및 비관세장벽의 완화 혹은

철폐를 추구할 것이라는 목표를 지니고 있다

〈표 38〉 유럽연합의 FTA 체결 국가

기체결(25)	협상중(13)	검토중(16)
EFTA(European Free Trade Association: 유럽자유무역연합 - 스위스, 노르웨이, 아이슬란드, 리히텐슈타인), CAFIFORUM(카리브 경제공동체 15국: 앵귈라, 도미니카공화국, 프랑스카리브영역, 네덜란드 앤틸리스, 미국 버진 아일랜드 등으로 구성), 마케도니아, 페로제도, OCTs(Overseas Countgries and Territories- EU 특정 국가들과 정치·경제적으로 연계된 20개 소국), 남아프리카공화국, 레바논, 멕시코, 모로코, 몬테네그로, 보스니아 헤르체고비나, 세르비아, 시리아, 안도라, 알바니아, 알제리, 요르단, 이스라엘, 이집트, 칠레, 크로아티아, 터키, 튀니지, 팔레스타인 자치정부, 한국	ACP(African Caribbean and Pacific Associables: 아프리카 카리브해 태평양 지역 국가군) - 아프리카, 카리브, 태평양 지역의 개발도상국 46개 나라가 유럽공동체(EC)와 북아메리카의 여러 나라와 무역할 때 서로 협력하기 위하여 만든 조직, ASEAN, CACM, GCC, MERC OSUR, 리비아, 에콰도르, 우크라이나, 인도, 캐나다. 콜롬비아, 페루	그루지야, 러시아, 말레이시아, 몰도바, 베트남, 벨라루스, 싱가포르, 아제르바이잔, 이라크, 이란, 일본, 중국, 카자흐스탄, 코소보, 파키스탄

출처 : 마창환, 『한FTA 이해와 활용』(서울: 중앙일보 시사미디어, 2010), p. 68.

유럽연합의 FTA정책에 따라 한국과 유럽연합은 2007년 FTA 협상을 개시하고 2011년 7월 공식적으로 발효되었다. 한국과 유럽연합 간의 교역은 2008년 기준 약 984억 달러로 전체 상품교역액의 11.5%를 차지하고 있으며, 최근 10년 간 평균 13%의 높은 성장률을 기록하고 있다. 한국은 이를 통해 점점 중요해지고 있는 유럽연합에 대한 시장 진출을 강화한다는 목표를 가지고 있었다. 유럽연합의 경우 일반적으로 정치적, 지리적, 역사적으로 중요한 주변 지역과 우선적으로 FTA를 추진해 왔으나 아시아에서는 처음으로 한국을 선택해 FTA를 체결했다. 이는 유럽연합이 한국과의 FTA를 통해 한국시장 진출은 물론 중국, 일본 등 동아시아 국가로 진출하기 위한 교두보를 확보함과 동시에, 한-미 FTA로 인한 동아시아 시장 내 미국의 영향력을 견제하고자 하는 전략적 고려요인이 작용한 결과이다.

〈표 39〉 한-EU FTA 추진일지

일자	주요 내용
2003.8	EU를 중장기 FTA 추진국으로 결정
2006.5.15	한-EU 통상장관회담에서 FTA를 전제하지 않고, 양측 간 예비협의를 추진하기로 합의
2006.7~9	한-EU FTA 예비협의 개최
2006.11	EU가 FTA 주요 협상국으로 한국을 지목
2007.5.6	양국 FTA 협상 개시 공식선언
2007.5~ 2009.6	제1~8차 한-EU FTA 협상 개최 ‣ 1차: 상품, 서비스/투자, 기타규범, 분쟁해결/지속가능발전의 4개 분과로 구성 ‣ 2차: 상품, 서비스 정부조달 개방안 교환 및 협의 ‣ 3차: 본격적인 양허협상 개시 ‣ 4차: 분야별 통합협정문과 상품 양허안 논의 ‣ 5차: 4대 이슈 쟁점화(상품양허, 자동차기술표준, 원산지기준, 서비스시장개방) ‣ 6차: 4대 쟁점을 제외한 나머지 분야에서 진전 ‣ 7차: 연내타결을 합의. 쟁점 제외분야 모두 타결 추진 ‣ 8차: 원산지기준, 관세 환급 등 일부 쟁점사항을 제외하고 잠정 타결 ‣ 추가 통상장관회담: 잔여쟁점에 대한 최종 합의안 도출
2009.7.13	한-EU FTA 타결(스톡홀름)
2009.7.~9	한-EU FTA 법률검토회의
2009.10.15	한-EU FTA 가서명(브뤼셀)
2010.10.6	한-EU FTA 정식 서명(브뤼셀)
2011.7.1	잠정 발효 추진

출처 : 기획재정부 자유무역협정 국내대책위원회, 삼성경제연구소(2009)

또한 한국은 아시아 국가 중 상대적으로 표준화가 잘 되어있고, 높은 개방수준과 폭넓은 FTA 협상 경험을 보유하고 있으며, 국제수준의 통상규정을 비교적 잘 준수하는 국가라는 점도 아시아지역 첫 FTA 체결 대상으로 한국을 선정하게 된 주요 이유이다. 유럽연합이 한국과의 FTA는 한국이 체결한 다른 FTA보다도 한 단계 높은 수준의 협정이다. 이는 단순히 관세율 인하를 넘어 상대국의 비관세장벽(검역, 환경, 기술표준, 규제 등의 각종기준)을 낮추어 장기적으로 시장접근성을 높이기 위한 측면이 강하다. 한국은 한-EU FTA를 통해 아시아, 북미, 유럽대륙의 선진국과 신흥개도국을 모두 연결하는 중심지로 부상하며 다양한 시장과 투자기회를 확보하려는 목표를 가지고 있다.

제12장

유럽연합의 결속정책

1. 지역정책

1957년 서유럽 6개 국가는 로마조약(Treaty of Rome)을 체결하면서 서문에 '다양한 지역간 차이를 해소하고 불이익을 받는 지역을 지원한다.'는 내용을 명기하였다. 회원국들은 이러한 조약 목적을 구현하기 위해 1958년 유럽경제공동체(EEC) 출범과 함께 지역정책(regional policy)을 실행하였다. 이후 지역정책이 본격적으로 유럽연합의 공동정책으로 자리 잡은 것은 1973년 영국의 가입 이후이다. 당시 유럽위원회는 영국의 가입을 계기로 톰슨보고서(Thomson Report)를 제출하여 지역정책의 확대를 주장하였다. 본보고서는 지역간 편차는 균형 잡힌 경제성장을 저해하여 공동시장 및 통화통합의 장애가 될 것이라는 내용을 담았다. 이러한 유럽위원회의 적극적 개입으로 1975년에 유럽지역발전기금(ERDF : European Regional Development Fund)이 설립되었다.

회원국들은 1980년대 전까지 지역정책은 기본적으로 국내정책으로 유럽연합의 관련 정책은 국내 프로그램을 지원하는 보조적 정책으로 생각하였다. 따라서 회원국들은 유럽연합 차원에서 지역정책의 확대보다는 유럽사회기금(ESF : European Social Fund)과 유럽지역발전기금의 확보에 더욱 관심을 가졌다. 이에 따라 유럽연합의 지역정책 관련 기금은 상대적으로 낙후된 지역에 대한 엄격한 평가와 재정수요를 고려치 않고 회원국간 정치적 협상을 통해 일종의 쿼터제 형식을 통해 배분되었다. 이러한 쿼터제는 결과적으로 정치적 영향력이 큰 회원국에 유리하게 작용하여 영국, 프랑스 및 이탈리아 등 상대적으로 부유한 대국이 재정수혜 혜택을 누리는 부작용을 낳았다.

1986년에 유럽연합이 단일유럽의정서(SEA: Single European Act)를 체결하여 시장통합을 본격적으로 추진하면서, 시장통합이 야기하는 경제사회적 부작용을 완화하는 지역정책이 다시 주목을 받게 되었다. 당시 스페인을 위시한 남부유럽국가들은 시장통합으로 북유럽과 남부유럽간 경제사회적 격차 뿐 아니라, 지역간, 계층간 격차 역시 더욱 표면화 될 수 있다는 우려를 표명하였다. 이러한 일부 국가의 우려에 대해 당시 유럽위원회 위원장 들로르(Jacques Delors) 역시 깊은 관심을 기울이면서 지역정책의 전면적 개혁과 확대를 주장하였다. 이와 같이 몇몇 회원국과 유럽위원회의 요구에 의해 유럽연합은 기존에 존재하는 여러 공적 기금을 묶어 구조기금(structural fund)을 설립하고 지역정책 보다 포괄적 정책 내용을 담은 결속정책(cohesion policy)을 출범하였다.

1990년대 들어서도 유럽연합은 1993년에 결속기금(cohesion fund) 설립 그리고 1998년 낙후지역에 대한 집중적 지원 등의 내용을 담은 결속정책 개혁을 행하고, 2007년에는 중동유럽국가의 대거 가입을 계기로 결속정책 시스템의 단순화를 통한 3가지의 집중적 목표 설정 등의 제도적 조정을 꾀하였다. 이와 같이 유럽연합이 관세동맹을 출범하고, 단일시장계획을 본격화 할 때마다 시장통합의 부작용을 완화하기 위해 지역정책과 결속정책이 각각 출범하였고. 또한 회원국 확대시 마다 지역정책과 결속정책의 개혁이 이루어졌다.

〈표 40〉 지역정책과 결속정책의 개혁

시기	개혁 배경	개혁 내용
1973	1차 확대	· 1975년: 유럽지역발전기금(ERDF) 설립
1981	2차 확대	· 1985년: 그리스와 당시 가입예정국인 스페인과 포르투갈을 포함한 통합지중해 프로그램(Integrated Mediterranean programmes) 실행
1986	3차 확대/ 단일시장	· 1988년: 결속정책(cohesion policy) 실행 · 1993년: 결속정책의 개혁과 결속기금(cohesion fund) 설립
1995/ 1998	4차 확대	· 1998년: 결속정책 개혁으로 목표지역(objectives) 설정 등 정책실행 원칙 설정
2004/ 2007	5차 확대	· 2007년: 결속정책 개혁으로 리스본전략(Lisbon strategy)과 연계 및 3가지 정책실행 시스템 설정

출처 : Michelle Cini and Nieves Perez-Solorzano Borragan, European Union Politics 3rd., (Oxford: Oxford University Press, 2010), p. 297.

이러한 점에서 지역정책과 결속정책은 낙후지역의 경제발전을 위한 경제정책이며 동시에 경제통합이 야기하는 필연적 부작용인 지역간 경제사회적 불균형(economic and social disparities)을 완화하는 사회정책이라고 할 수 있다.

통합초기부터 진행되어온 지역정책과 1980년대 말 시장통합 계획에 더불어 확대된 결속정책은 경제사회적 불균등 완화라는 공동의 목적을 갖지만 정책실행 방식과 포괄적 정책목표에서는 차이를 갖는다. 지역정책은 1980년대 말까지 국내정책의 보완적 성격을 내포하여 유럽연합의 기금지원과 회원국 정부의 독립적 정책 실행이라는 분절화된 구조였다. 반면에 결속정책은 유럽연합과 회원국 정부 그리고 기금 수혜 대상지역의 지방정부 3자간 협력을 통한 정책실행 구조이다. 또한 결속정책 과정에서 필요하다면 지방정부가 중앙정부를 경유하지 않고 유럽연합과 네트워크를 형성하여 정책을 진행한다.

이러한 양상은 지방분권화 정도가 높은 스페인의 카탈로니아(Catalonia) 등에서 흔히 관찰되는 정책실행 방식이다. 더불어 결속정책은 각 국가와 지역의 자율권 속에서도 유럽연합 차원의 통합된 프로그램이 지속적으로 운영되고 있다. 통합 프로그램은 각 지역의 요구를 중앙 집중화하여 재정배분의 효율성을 꾀할 수 있고, 회원국과 지역간 정책조정을 가능케 한다는 장점이 있다. 이와 같이 기존에 국내정책으로 실행되던 지역발전 및 사회 인프라 개선 등에 유럽연합이 개입하면서 통합의 가장 어려운 단계인 회원국간 사회적 결속과 조정을 꾀할 수 있다는 점에서 결속정책은 유럽통합의 상징적 정책이 되었다.

나아가 1980년대 말부터 시작된 결속정책은 지역정책에 비하여 보다 포괄적이며 복합적 성격을 내포한다. 지역정책은 지역간 불균등 완화를 위하여 낙후된 특정지역을 선정하여 경제적 발전을 위한 재정지원에 초점이 맞추어져 있다. 반면에 결속정책은 지역적 편차 시정 뿐 아니라 유럽연합 회원국을 모든 정책대상으로 한다 또한 결속정책은 유로존의 재정위기시 특정 국가에 대한 지원 등 지역간 편차 완화를 넘어 계층과 사회적 연대를 위한 사회정책의 성격을 강하게 내포하고 있다.

한편 2004년 이후 경제사회적으로 낙후된 중동부 유럽국가의 대거 가입으로 유럽연합 내에서 국가간 경제사회적 편차는 이전보다 더욱 표면화되었다. 2008년 기준 유럽연합 회원국중 1인당 GNI가 가장 높은 회원국은 룩셈부르크로 69,390 달러에 이른다. 반면에 신규 가입국인 루마니아는 8,280 달러 그리고 불가리아는 5,490에 불과하다. 전통적인 부국인 독일 42,710달러 그리고 프랑스 42,000달러인 반면 중동유럽국가중 가장 경제성장이 빠른 체코 16,650달러 및 폴란드 11,730달러에 불과하다. 이러한 회원국간 현격한 격차를 해결하기 위해서는 유럽연합의 유일한 재분배정책(redistribution policy)인 결속정책이 일종의 사회정책으로서 산업, 교육, 과학기술, 노동, 환경 및 농업 등 다양한 경제사회정책과 연계되어 실행 될 수밖에 없다. 이 결과 결속정책은 시간이 경과하면서 경제정책과 사회정책이 결합된 복합적 성격으로 변화되었다. 특히 2000년대 이후에는 그동안 북유럽과 남유럽의 경제적 격차 해소라는 오래된 목표에 더하여 중동부 신규회원국과 기존 회원국간 경제사회적 불균형 완화라는 새로운 과제가 대두되면서 구조기금 증액 및 중동유럽으로의 기금 투입 확대 등이 이루어져 왔다.

결속정책은 매우 방대한 세부정책과 프로그램을 포함하며 유럽연합의 공동정책중 가장 많은 예산투입이 이루어지는 정책이다. 이러한 중요성에 비추어 정책과정은 정책입안에서부터 최종 실행까지 매우 복잡한 단계를 거치며, 정책 내용에 따라 정책결정 방식 역시 상이하다. 또한 이러한 과정에서 유럽위원회, 회원국 정부, 지방정부, 산업계 및 NGO 등 여러 사회적 행위자들 역시 깊숙이 개입한다. 일반적으로 결속정책의 구체적 내용과 실행시기 등을 담은 의제제안(proposal) 단계에서는 유럽위원회가 가장 큰 권한을 갖는다. 이 단계에서 유럽위원회는 결속정책 관련 사안은 반드시 지방정부 대표들로 구성된 자문기구(advisory body)인 지역위원회(CoR: Committee of Regions)의 자문을 반드시 거쳐야 한다. 이후 유럽위원회의 제안은 각료이사회에서 최종적으로 결정되는데 여기에서는 구조기금 투입지역과 금액 등 가장 민감한 사항이 다루어진다. 따라서 본 단계에서는 국가들간 첨예한 정치적 협상이 이루어지는 것이 통례이다.

이와 같이 정책이 제안되고 결정되는 과정에서는 유럽위원회와 각료이사회가 중심적인 역할을 수행한다. 물론 지역위원회 역시 자문 및 각종 보고서 제출 등을 통해 정책과정에 개입하지만 이러한 자문절차는 법적 구속력을 갖는 것은 아니다. 주목할 점은 유럽연합 내 많은 지방정부들이 정책결정 단계에 깊숙이 개입한다는 사실이다. 지방정부들의 참여방식은 크게 2가지 루트로 요약된다. 첫째 지역위원회를 통해 공식적으로 각 지역의 이해관계를 표명하는 방법이다. 둘째, 각료이사회의 정책결정 단계에서 중앙정부에 자문과 압력을 통해 지역적 이해를 개진하는 방법이다. 이와 같이 지방정부는 이른바 브뤼셀 전략(Brussels strategy)으로 유럽연합의 정책과정에 직접 참여하거나, 해당

중앙정부에 대한 이해관계 표명이라는 간접적 방식을 병행한다.

나아가 각료이사회에서 정책이 결정되면 다시 유럽위원회는 회원국 정부 및 지방정부와 협력을 통해 개별 프로그램의 세부적인 재정할당과 진행원칙 등을 담은 정책 가이드라인을 제시하고 이에 따라 회원국 정부의 정책실행이 이루어진다. 물론 프로그램 실행주체는 회원국 정부와 지방정부이므로 유럽위원회는 각 회원국의 행정구조와 정책실행 방식을 존중한 가운데 협력을 꾀한다. 보다 세분화된 지역을 대상으로 하는 프로젝트의 경우 유럽위원회와 해당 지방정부가 직접 협력을 취하고 필요하다면 지역내 산업계와 전문가 집단도 정책실행과정에 참여한다.

유럽연합의 결속정책을 통해 운영되는 많은 프로그램과 프로젝트는 수년간 지속적으로 운영되므로 안정적인 재원지원이 요구된다. 이에 따라 유럽연합은 각각의 사용목적을 달리하는 여러 공적 기금을 통하여 결속정책을 운영하고 있다. 이러한 결속정책에 사용되는 기금은 유럽사회기금(ESF), 유럽지역발전기금(ERDF) 그리고 결속기금(cohesion fund) 등이며 본 기금을 모두 합쳐 구조기금(structural fund)로 칭한다. 2006년까지는 결속정책 운영에 있어 유럽연합의 공동농업정책을 운영하는 기금인 농업지도보증기금(EAGGF: European Agricultural Guidance and Guarantee Fund)과 농업지도재정지원(FIFG: Financial Instrument for Fisheries Guidance) 등 여러 공적 기금도 활용되었다. 그러나 2007년 이후 결속정책은 재정수단의 단순화를 통한 투명한 운영과 유럽고용전략(European Employment Strategy)과의 연계를 위하여 농업과 어업부분의 공적 기금은 제외하고 유럽사회기금, 유럽지역발전기금 및 결속기금만으로 운영되고 있다.

유럽사회기금(ESF)은 1958년 유럽경제공동체의 출범과 함께 만들어진 유럽연합에서 가장 오랜 연원을 갖는 공적 기금이다. 본 기금은 일자리 창출, 노동자의 자유로운 이동, 장기실업 해소 및 직업교육 등에 주로 투입되며 유럽지역발전기금과 함께 모든 회원국들이 수혜를 받을 수 있다. 2007-13년 기간에 유럽사회기금은 기업과 근로자의 경쟁력 향상, 고용증진, 비차별 및 장애인 고용 확대 등을 통한 사회적 결속 등에 집중적으로 활용되고 있다. 유럽사회기금은 설립 이후 이탈리아, 그리스, 스페인 및 포르투갈 등 주로 남부유럽 국가에 투입되었고 2000년대 이후에는 중동유럽의 신규 회원국으로 기금 수혜국이 대폭 확대되고 있다.

한편 유럽연합은 1973년 1차 회원국 확대로 영국, 아일랜드 및 덴마크의 가입으로 지역간 경제사회적 편차가 이전보다 표면화 되면서 1975년에 영국의 주도로 유럽지역발전기금(ERDF)을 설립하였다. 유럽지역발전기금은 경제패러다임 변화에 적응하지 못해 쇠락한 산업지대와 같은 저개발지역의 재정지원을 위해 만들어졌으며 현재 기금 투여는 경제사회 인프라 구축 부분에서 집중적으로 이루어지고 있다. 본 기금 역시 유럽사회기금과 유사하게 남부유럽 국가에 집중적으로 지원되었으며 현재에는 중동유럽국가에도 기금이 투입되고 있다. 이러한 두 개의 공적 기금은 1980년대 말까지 지역정책을 운영하는 가장 중요한 재원이었다.

그러나 1980년대 말 단일시장 계획이 본격화되면서 유럽연합은 시장통합으로 직접적인 불이익을 받는 지역에 대한 지원을 위해 기존의 지역정책을 결속정책으로 확대하였다. 더불어 유럽연합은 1993년에 저개발국가의 환경정책 및 인프라 개선을 위한 결속기금을 설립하고 기존의 유럽사회기금과 유럽지역발전기금을 포함하여 구조기금으로 재편하였다. 결속기금은 유럽연합 회원국 평균 GNI의 90% 미만지역을 대상으로 경제, 사회적 환경을 개선하고 안정적인 지역경제 유지를 위해 투입되고 있다. 특히 결속기금은 유럽사회기금과 유럽지역발전기금과 차별화해 환경, 운송인프라 구축 및 재생에너지 부분에 집중적으로 투입되고 있다.2007-13년 중기 계획의 실행기간 동안 결속정책에 소요되는 구조기금 총액은 약 3,470억 유로에 달한다. 이중 2,770억 유로는 유럽사회기금(ESF)과 유럽지역발전기금(ERDF)을 포함한 구조기금 그리고 약 700억 유로는 결속기금으로 충당되고 있다. 이와 같이 유럽연합의 구조기금은 별도의 기금이 아니라 언급한 위의 기금들을 모두 포함한 것이다.

〈표 41〉 유럽연합의 구조기금

	운영 목적	설립년도
유럽사회기금 (ESF)	· 일자리 창출 및 장기실업 해소 · 노동자의 직업교육 및 자유로운 이동	1958
유럽지역발전기금 (ERDF)	· 저개발 및 낙후지역의 재정지원	1975
결속기금 (cohesion fund)	· 낙후지역의 환경정책 및 사회인프라 개선	1992

결속정책은 집중화(concentration) 원칙에 따라 유럽연합 GDP 평균의 75%에 미치지 못하는 제1 목표지역(objective 1)에 대한 집중적인 지원이다. 유럽연합은 1998년 결속정책 개혁을 통해 정책실행 지역을 5개 지역으로 세분화하고 중요도에 따라 예산배정을 달리하는 집중화 전략을 취하였는데 주 정책 대상은 제 1목표지역(objective 1), 제2 목표지역(objective 2) 그리고 제5 목표지역(objective 5)의 농업구조조정 부분으로 당시 제1 목표지역에 구조기금의 65% 이상이 배정되었다. 제1 목표지역은 유럽연합에서 경제사회적으로 가장 낙후된 지역으로 2007-13년 중기 결속정책 실행계획에는 유럽연합 내 99개 지역의 약 1억 7천만 명이 거주하는 지역을 대상으로 정책이 실행된다. 유럽연합은 이러한 낙후지역에 대하여 2007-13년 기간에 유럽지역발전기금, 유럽사회기금 및 결속기금 등 3개의 기금 총액의 81.5%를 투입하고 있다. 2004년 이전 중동유럽국가의 가입 이전 15개 회원국 당시에는 제1 목표지역의 주요 대상 지역은 그리스, 스페인, 포르투갈, 아일랜드,

구 동독지역, 이탈리아 남부 및 사르디니아(Sardinia), 프랑스의 코르시카(Corsica), 스코틀랜드 서부 및 핀란드 북부 등이었다. 그러나 2004년 5차 회원국 확대 이후 중동유럽 대부분의 국가가 제 1 목표지역에 해당되어 대상지역이 폭넓게 확대되었다.

〈표 42〉 결속정책 실행을 위한 목표지역(objectives)

목표지역	내용
제1 목표지역(objective 1)	유럽연합 GDP 평균 75% 미만지역의 발전
제2 목표지역(objective 2)	구조조정을 겪는 산업지대의 고용확대
제3 목표지역(objective 3)	장기실업을 겪는 지역에 대한 인적자원 개발
제4 목표지역(objective 4)	25세 미만 청년의 직업교육
제5 목표지역(objective 5)	a) 농업구조조정 b) 농촌지역 현대화

출처 : Ian Bache and Stephen George and Simon Bulmer, Politics in the European Union 3rd., (Oxford: Oxford University Press, 2011), p. 427.

한편 유럽연합의 예산배정과 회원국 가입정책과 같은 주요 공동정책은 안정적이며 지속적 운영을 위해 이른바 중기계획(middle-term plan)에 따라 7년 단위로 정책내용을 설정하여 실행한다. 결속정책 역시 2007-13년을 정책 시한으로 지역간 결속(convergence), 지역경쟁력과 고용확대(regional competitiveness and employment) 그리고 유럽 전지역에 걸친 협력(European territorial cooperation) 등 3가지 정책 목표에 따라 실행되고 있다. 이러한 정책 목표는 기존에 세분화된 5개 목표지역 설정 대신에 정책의 내용에 따라 실행방식과 구조기금의 활용용도를 달리한 것이다.

지역간 결속은 결속정책의 핵심으로 유럽전역에서 99개 낙후지역에 대한 투자촉진과 기본적인 인프라 개선을 위해 실행되며 구조기금 총액의 81.5%가 투입된다. 지역간 결속은 이른바 회원국간 연대(sodiarity)를 통해 유럽연합 평균 GDP의 75% 미만지역인 제1 목표지역에 대한 경제사회적 발전을 목표로 한다. 지역간 결속을 위한 세부 프로그램은 인프라 및 환경개선, 중소기업 지원, 수자원 개발, 고속인터넷망 구축, 교육훈련과 일자리 창출 등으로 구성되어 있다. 유럽연합은 2004년과 2007년 12개 회원국이 가입하였는데 이들 국가 대부분이 기존 회원국과 현저한 경제사회적 격차를 갖고 있기 때문에 대부분의 구조기금이 이들 지역에 투입되고 있다.

나아가 지역경쟁력과 고용확대는 유럽연합 전역의 172개 지역에 걸쳐 전체 구조기금의 16%가 투입되는데 제1 목표지역에 해당하지 않는 여러 낙후지역은 물론이고 경제사회적으로 경쟁력 있는 지역도 정책대상지역이다. 이는 이전에 결속정책의 대상지역인 제 2목표지역(objective 2)을 말한다. 제2 목표지역은 산업패러다임 변화에 적응하지 못하여 쇠퇴한 공업지대와 낙후된 농어업 지대가 주로 해당된다. 또한 제2 목표지역은 쇠퇴한 공업지대를 포함하기 때문에 영국, 이탈리아, 독일 및 프랑스의 지역들이 대거 포함되어 있다. 이러한 대상지역의 특성에 따라 지역경쟁력과 고용확대는 경쟁적 기업환경을 조성하여 산업경쟁력을 회복하고 일자리를 창출하는데 정책 초점이 맞추어져 있다. 구체적으로 본 영역은 친 기업환경 조성과 경쟁력 강화를 통한 일자리 창출, 청정에너지를 사용한 운송, 지역연구센터 및 대학 지원 및 소기업 지원 등의 프로그램으로 구성되어 있다.

이외에 유럽 전 지역에 걸친 협력은 유럽연합 전역을 정책 대상으로 국경을 넘어 회원국과 지역간 자발적 협력을 고무하는 정책으로 구조기금의 2.5%가 투입된다. 본 영역은 유럽연합 회원국간 국경을 넘어 협력을 꾀하는 방식으로 특히 각국의 중소기업들간 네트워크 구축이 중요한 프로그램 중 하나이다. 유럽지역간 협력은 유럽지역발전기금만으로 운영되며 사업비 중 약 75%정도를 유럽연합이 지원하는 방식이다. 또한 여기에는 유럽연합 인구의 37.5%가 거주하는 국경지역(cross-border areas) 역시 사업영역에 포함된다. 구체적인 프로그램은 자연환경 보전, 지역간 운송시스템 연계 그리고 각 지역의 대학, 연구

기관간 네트워크 지원 등으로 구성되어 있다.

〈표 43〉 2007-2013년 결속정책 운영계획

정책 목표	정책 내용	정책 대상	구조기금 투입
결속	· 지역간 연대와 격차해소 · 유럽연합 내 경제사회적 낙후 지역에 대한 성장과 고용확대	· 제1 목표지역 · 99개 지역 / 1억 7천만명	· 유럽지역발전기금 / 유럽사회기금 / 결속기금 · 구조기금의 81.5%
지역경쟁력과 고용확대	· 유럽전역에 걸쳐 경쟁력 확대 · 부유한 지역의 발전을 통한 유럽 전역의 연쇄효과	· 구 제2 목표 지역 · 172개 지역 / 3억 3천만명	· 유럽지역발전기금 / 유럽사회기금 · 구조기금의 16%
유럽지역간 협력	· 국경을 넘어 국가 및 지역간 협력	· 유럽전역 / 5억	· 유럽지역발전기금 · 구조기금의 2.5%

출처 : European Commission, Regional Policy Inforegio, Three Objectives, 2012.

그동안 유럽연합에서는 결속정책이 특정 국가와 지역에 집중된다는 비난이 꾸준히 제기되었다. 실제로 스페인은 유럽연합 가입이후 결속정책 관련 예산을 가장 많이 지원받은 국가이며 폴란드 역시 여타 중동유럽국가에 비해 현저히 많은 구조기금을 받고 있다. 이러한 연유는 이들 국가들의 상대적인 정치적 영향력과 상징성에 기인한다. 서유럽 국가중 가장 낙후된 이베리아 반도에 대한 지원과 중동유럽 국가중 가장 인구가 많은 폴란드는 각료이사회에서 가중다수결 표결수가 유럽연합의 주요 4개국인 독일, 프랑스, 영국 및 이탈리아와 큰 차이가 없고, 각기 남유럽과 중동유럽을 대표하는 지역 강국이라는 점에서 정치적 영향력이 극대화 된 측면이 있다. 폴란드의 경우 중동유럽 신규가입국을 대표한다는 정치적 영향력을 활용하여 중동유럽 중소국가들에 비해 상대적으로 높은 비율의 기금 수혜를 받고 있다.

물론 결속정책 운영을 위한 구조기금 투입은 객관적인 경제사회지표에 근거한다. 그러나 전통적으로 구조기금 배분은 회원국간 정치적 협상에 의해 이루어지는 것이 현실이며, 효과적인 협상능력을 갖고 정치적 영향력을 갖는 국가들이 기금 수혜에서 유리한 위치를 점하고 있다. 결국 이러한 정치적 협상이 지배하는 기금수혜 구조가 개선되지 않으면서 결속정책을 둘러싼 회원국간 갈등은 끊임없이 이어지고 있다.

또 다른 문제는 결속정책을 실제로 집행하는 지방정부간 행정, 정치적 역량의 편차가 야기한 정책집행의 일관성 부족이다. 결속정책은 특성상 지방정부가 중심적인 정책집행자이다. 그러나 유럽연합이 수많은 지방정부의 정책집행을 감독하는 데는 한계가 있다. 이에 따라 각 지방정부마다 천차만별의 행정능력에 기인하여 구조기금이 낭비되거나 부정사용 된다는 비난이 끊이지 않았다. 유럽위원회 역시 이러한 사실을 인식하고 다양한 모니터링 활동과 함께 행정시스템이 낙후되어 구조기금을 효과적으로 운영할 능력이 부족한 국가에 대한 행정개혁을 끊임없이 요구하여 왔다.

최근에도 유럽위원회는 2011년에 발간한 결속정책 과실(Errors in Cohesion Policy)에 관한 보고서를 통해 대부분의 국가에서 효과적으로 정책을 수행하지만 일부국가는 행정능력이 제고되어야 한다는 내용을 피력하였다. 다만 기금운영에 있어 과실(errors)은 부정(frauds)과는 상이한 것으로 해당 국가와 지방정부의 행정능력 결여에서 비롯된 사안이라는 점을 지적한바 있다. 또한 유럽연합 뿐 아니라 중앙 및 지방정부가 집행하는 유럽연합의 예산을 감독하는 유럽회계감사원(European Court of Auditors)은 2007 회계연도에 결속정책 예산의 11%인 420억 유로가 제도미비로 집행되지 않았다는 사실을 지적하여 유럽위원회와 갈등을 빚은바 있다. 이와 같이 회원국간 행정능력의 격차는 결속정책의 효과적 집행을 저해하는 장애요인이다.

2. 공동농업정책

공동농업정책은 유럽연합에서 지역정책과 함께 가장 오랜 연원을 갖는 공동정책으로 1960년대 이후 유럽통합의 상징이 되어 왔다. 본 정책은 현재에도 유럽연합 예산의 약 1/3 이상이 소요되는 가장 중요한 공동정책으로 막대한 예산지출에 따른 여러 복잡한 문제를 안고 있는 정책이라 할 수 있다. 또한 공동농업정책은 2000년대 들어 중동부의 낙후된 농업국가들의 대거 회원국 가입으로 예산수혜를 둘러싼 국가들간 정치적 갈등과 유럽연합 내 강력한 정치적 결속력을 갖는 농민단체의 저항 등과 맞물려 가장 풀기 힘든 난제로 지목되어 왔다. 그동안 공동농업정책은 역내 농산물 과잉생산에 대한 비용지불 이러한 과잉농산물의 수출을 위한 보조금 지급 등 비효율적인 예산구조에 꾸준히 비난이 제기되어 왔다. 과잉농산물은 결국 경작지 확대에 따른 환경문제와 비효율적인 토지 이용 등 여러 문제점을 추가로 야기하여 본 정책은 2000년대 이후 환경, 산업 및 기후변화 등 여러 사회경제적과 연계되어 실행되고 있다.

기본적으로 공동농업정책은 스코틀랜드의 대규모 기업농에서부터 폴란드의 소농에 이르기까지 유럽연합 내 모든 농업부분에 적용되는 광범위한 정책이다. 이에 따라 유럽연합 전체 인구의 약 5.3%를 점하는 약 8백만 명의 농업부분 종사자들의 직접적인 이해가 걸린 정책이다. 이외에도 공동농업정책은 이러한 농가 규모에 따른 다양한 프로그램과 함께 유럽연합에서 생산하는 거의 모든 농작물과 낙농제품에 적용되므로 소비자보호 및 통상정책과도 연계된 복잡한 시스템을 갖고 있다. 특별히 유럽연합에서 농업부분의 대외수출은 약 8%를 점하는 적지 않는 규모이므로 공동농업정책은 통상정책과 매우 밀접한 관계에 있다. 실제로 미국을 비롯한 농산물 수출국들은 유럽연합의 공동농업정책이 국제 농산물 시장구조를 왜곡시키는 대표적 사례로 지목하여 이의 시정을 꾸준히 요구하여 왔다.

공동농업정책의 기원은 1958년 7월에 개최된 스트레사 회담(Stresa Conference)에서부터 시작되었다. 당시 유럽경제공동체를 출범한 6개국은 1960년대 초부터 회원국간 공동농업정책을 도입키로 합의하고 시장통합(market unity), 공동체의 선호(Community preference) 및 재정연대(financial solidarity) 등 정책운영을 위한 3가지의 기본목표를 설정하였다. 이어서 회원국은 역내 농산물 시장통합을 위하여 공동시장기구(CMO: Common Market Organization)를 출범하였다. 당시 농업정책은 농민들에 대한 보조금 지급을 통한 가격보장 그리고 소비자에게는 안정적인 농산물 공급과 가격유지라는 두 가지 목적이 내제하였다. 이러한 정책기조는 1970년대 초에 유럽위원회 위원장이 된 네덜란드 농업부 장관 출신 만숄츠(Sicco Mansholt)에 의해 구체화되어 1962년부터 본격적으로 정책이 실행되었다.

1960년대 초기 공동농업정책은 역내에서 회원국간 통합된 농산물 시장 구축 그리고 역외에서는 유럽농민 보호를 위한 높은 장벽설치가 주요한 정책조치였다. 이에 따라 1960년대 공동농업정책은 가격보장(guaranteed price), 공공개입시스템(public intervention system) 그리고 농업부분 보호를 위한 역외 농산물 수입에 대한 다양한 세금(variable levies) 부과 등 3가지 구체적 정책을 통해 실행되었다.

첫째, 가격보장은 공동농업정책의 핵심적인 사항이다. 농업부분은 원천적으로 기후변화 등 자연적 조건에 영향 받기 때문에 불완전한 구조를 가질 수밖에 없다. 따라서 당시 공동농업정책 입안과정에서는 농업부분에 대한 공적인 개입을 통하여 흉작이나 시장가격 하락에 따른 농민의 수입을 보존해야한다는 사고가 지배적이었다. 결국 이러한 사고에 따라 현재까지도 지속되고 있는 농가 수입보장을 위한 가격보장 시스템이 만들어졌다. 물론 1960년대 초에 만들어진 농산물에 가격보장 및 개입가격 시스템의 유래는 2차 대전 이후 피폐화된 농업의 복구와 냉전 상황에서 안정적인 식량공급이 필요하였기 때문이다. 또한 여기에는 프랑스와 이탈리아와 같이 많은 인구를 차지하는 농민들의 불만을 누그러뜨려 정치적 안정을 꾀하려는 목적 역시 내제하였다.

둘째, 공공개입시스템은 개입가격(intervention price)을 통해 농산물 가격을 인위적으로 조정하는 시스템이다. 만약 과잉생산으로 공급이 증가하면 시장에서는 가격이 하락하고 농가수입은 줄게 된다. 유럽연합은 이러한 수요공급 원칙에 따른 농가의 불이익을 상쇄하기 위해 시장가격이 일정한 수준 즉 개입가격에 이르면 과잉농산물을 구매하여 시장가격을 안정화 시킨다. 이러한 시스템은 결과적으로 농민보호를 위해 고가격시스템을 유지하는 것이다.

셋째, 역내에서 농가수입을 보존 할 수 있을 정도의 고가격정책이 유지된다면 자연스럽게 역외로부터 값싼 농산물 수입이 증가할 수 있다. 따라서 유럽연합은 이러한 부작용을 막기 위해 수입농산물 가격을 역내시장 가격에 맞추거나 혹은 역내시장 가격보다 높게 책정되도록 농산물 품목마다 다양한 세금을 부과하였다. 한편 유럽연합의 농산물은 상대적으로 높은 임금과 협소한 토지 등에 따라 세계시장 가격보다 높게 책정될 수밖에 없다. 그러므로 유럽연합은 농산물 수출시 취약한 역내 농산물 가격 경쟁력을 보완하기 위해 일종의 손실보존(reimbursements) 조치로서 수출보조금을 지급하였다. 유럽의 농가들이 역내 과잉농산물 문제를 해결하기 위해 수출에 눈을 돌리면서 수출보조금 지급 역시 증가하여 재정압박이 더욱 가중되었다. 또한 이러한 손실보존 시스템은 결과적으로 국제 농산물 가격을 왜곡시키는 요인으로 그동안 WTO와 여러 농산물 수출국으로부터 시정압력이 꾸준히 제기되어 왔다.

이와 같이 초기 공동농업정책은 농가의 수입보존을 위한 시장원리를 배격한 정책을 취하면서 막대한 비용지불과 역외 국가로부터 시장

왜곡이라는 비난을 받아왔다. 이러한 왜곡된 정책기조의 형성은 1차적으로 농가수입 보존을 통한 농산물의 안정적 수급이라는 목적 때문이다. 그러나 1960년대 당시 정책형성 과정에서 통합을 주도하는 프랑스와 독일의 정치적 합의가 큰 영향을 미쳤기 때문이다. 즉 시장통합으로 가장 큰 수혜를 얻는 독일과 이에 대한 견제로서 농업부분의 비중이 큰 프랑스가 자국에게 유리한 농업정책 구조를 강력히 요구하였기 때문이다. 이 결과 1962년 이후 독일은 농업부분에서 예산의 순기여국 그리고 프랑스는 농업부분에서 가장 많은 재정 수혜를 받는 구조가 고착화 되어 왔다.

유럽경제공동체 회원국들은 회원국간 재정연대(financial solidarity) 원칙에 따라 1962년 공동농업정책의 출범과 함께 농업지도보증기금(EAGGF: European Agricultural Guidance and Guarantee Fund)을 설립하였다. 농업지도보증기금은 공동농업정책의 안정적 운영을 위하여 조성한 것으로 크게 지도(guidance)와 보증(guarantee) 두 가지 부분으로 구성되어 있다. 지도부분은 농업부분의 구조조정을 위한 비용으로 그동안 보증부분에 밀려 크게 활성화되지 못하였다. 반면에 보증부분은 개입가격 보장 및 수출보조금 지급과 같이 정책 운용을 위해 직접적으로 투입되는 비용으로 기금 지출의 대부분을 차지하여 왔다. 2010년의 경우 농업부분 예산은 약 600억 유로로 전체 유럽연합 예산의 42.1%를 점하였는데 이중 농가에 대한 직접지원과 같이 보증 부분이 약 470억 유로, 그리고 농촌개발 및 환경 부분과 같이 지도부분(어업포함) 예산은 약 130억 유로에 불과하였다. 따라서 보증부분만 별도로 분리한다면 2010년 유럽연합 총예산 약 1,410억 유로중 470억 유로로 전체 예산 대비 31%를 점한다. 이러한 수치를 볼 때 여전히 공동농업정책의 가격보장시스템 운영을 위해 유럽연합 예산의 약 1/3이 소요되고 있다는 사실을 알 수 있다.

물론 유럽연합은 이러한 문제를 인식하고 1980년대 초부터 꾸준히 농업부분 예산의 축소를 추진하여 왔다. 1973년의 경우 막대한 보증부분의 지출에 따라 농업지도보증기금을 포함한 농업부분 예산은 전체 예산의 80.6%를 점하였다. 이후 유럽연합은 1970년대 신규 가입국인 영국의 강력한 반발과 재정고갈 위기에 처하면서 1980년대 초부터 공동농업정책 예산축소를 꾀하였다. 이에 따라 1986년에는 전체 예산의 65.1%, 2000년에는 53.8% 그리고 2008년에는 41%로 꾸준히 농업부분의 예산을 축소하여 왔다. 그러나 2004년 이후 낙후된 농업구조를 갖는 루마니아와 불가리아를 포함한 중동유럽 및 남유럽 12개국이 새로이 유럽연합에 가입하면서 농업부분 예산감축은 2000년대 중반이후 진척되지 않고 있는 실정이다.

〈표 44〉 공동농업정책 예산 추이

년도	1973년	1986년	2000년	2008년	2010년	2011년
총 유럽연합 예산 대비 비중	80.6%	65.1%,	53.8%	41%	42.1%	41.3%

출처: Leonard Dick (2010), Guide to the European Union 10th., Ingram Pub Services, p. 105 and Michelle Cini and Nieves Perez-Solorzano Borragan (2010), European Union Politics 3rd., Oxford University Press, p. 342 가공.

공동농업정책은 지역정책과 함께 유럽연합 예산의 가장 큰 부분을 차지하고 다양한 농업부분의 조정을 위한 고도의 기술관료적 전문성이 요구된다. 이에 따라 1960년 당시 유럽경제공동체는 농업부분의 기술적 문제 등 실무적 이슈를 다루기 위해 이사회 내에 농업특별위원회(SCA: Special Committee on Agriculture)를 설립하였다. 농업특별위원회는 농업부분에서 회원국간 기금 수혜 등 정치적 판단을 요하는 문제보다 농업구조 개선, 농산물 시장의 운영 등 실무적 이슈를 주로 다룬다. 공동농업정책에서는 농업특별위원회는 회원 각국의 농업담당 관료들이 참석하는데 농업정책의 결정과정에서 실무적 권한이 막강하다.

한편 공동농업정책은 유럽의 농업부분 종사자와 식품업계에 직접적인 영향을 미치므로 해당 산업계의 이익집단이 정책결정과정에 활발히 참여하고 있다. 대표적인 단체는 유럽 최대 규모의 농민단체인 유럽연합농업단체위원회(COPA: Committee of Agricultural Organizations in the European Union)이다. 유럽연합농업단체위원회는 1958년 유럽공동체 출범과 함께 결성된 오랜 연원을 가진 이익집단으로 2013년 기준 유럽연합 27개 회원국의 약 60여 단체와 유럽경제지역(EEA: European Economic Area) 지역국가인 노르웨이와 아이슬란드, 그리고 유럽연합과 관세동맹을 체결한 터키 이외에 유럽연합 가입을 앞두고 있는 아이슬란드 등 여러 유럽국가의 각종 농업단체가 파트너 자격으로 참여하고 있다. 유럽연합농업단체위원회는 농업정책 운영과정에서 정보제공 및 유럽농민들의 이해관계 대표 등 유럽연합과 긴밀한 네트워크를 형성하고 있다.

공동농업정책은 유럽위원회의 의제제안과 이사회의 최종결정 그리고 이러한 과정에서 유럽의회의 자문(consultation)을 통해 정책이 결정된다. 이사회의 경우 주로 농어업이사회(AGFISH : Agriculture and Fisheries)가 정책결정 과정에 참여하며, 실무적 결정은 상주대표부에서 다루어진다. 한편 유럽의회는 농업부분의 정책과정에서 자문의 제기로 소극적 권한만을 행사 할 수 있다. 그러나 전통적으로 유럽연합 예산의 최종적인 승인권한은 유럽의회가 보유하므로 유럽의회는 예산통제를 통해 간접적으로 농업정책에 관여하여 왔다. 이렇게 유럽위원회, 유럽의회 및 이사회가 결정한 입법은 유럽연합 내에서는 지역위원회 그리고 외부에서는 유럽연합농업단체위원회(COPA)로 보내져 의견을 청취한다.

공동농업정책은 출범 당시 계획한 농산물의 안정적인 수급과 농가수입 보전이라는 목표를 신속하게 달성하였다. 그러나 농가에 대한 가격보존 시스템은 농산물의 자급자족 수준을 넘어 과잉 생산 문제를 야기하여 이른바 '산과같이 쌓인 버터와 호수를 이룬 와인(butter mountains and wine lakes)라는 자조적인 말을 낳았다. 이에 따라 유럽연합은 과잉생산된 농산물 구매와 보관을 위해 막대한 예산을 지출하게 되었다. 급기야 유럽연합은 수출을 통해 역내 과잉농산물 문제를 해결하면서 세계시장 가격보다 높은 유럽연합 농산물의 수출을 위한 보조금 지급으로 재정압박은 갈수록 심화되었다. 1970년대 말에 이르러 재정고갈 위기에 처한 유럽연합은 1981년 일부 작물에 대한 가격보장 상한선 설정 및 1984년 우유생산 쿼터제 도입 등 일련의 개혁조치를 취하였으나, 이는 근본적인 문제해결이 아닌 미봉책에 불과하였고, 예산문제는 해결되지 않았다.

공동농업정책에 대한 최초의 전면적인 개혁은 정책출범 30여년이 지난 1990년대 초에 이루어졌다. 1980년대 초까지 농업은 다자간 무역협상에서 예외적인 영역이었다. 그러나 1980년대 초부터 국제농산물무역의 불안전성이 커지면서 미국, 호주 및 태국 등 이른바 농산물 수출국가인 케언즈 그룹(Carrns Group)을 중심으로 농업부분에 대한 자유화 압력이 증가하였다. 이 결과 1986년 WTO의 전신인 GATT는 우루과이 라운드(Uruguay Round) 협상을 시작하면서 최초로 농업부분을 협상대상에 포함시켰다. 이러한 국제무역 환경의 변화에 따라 유럽연합은 농업부분의 개혁을 더 이상 미룰 수 없게 되었다.

해결책은 직접지원(direct support)과 곡물과 쇠고기 등 주요 농산물의 보장가격(guaranteed price) 인하이다. 이 과정에서 보조금 인하에 따른 농가소득 감소를 보전하기 위해 개별적인 직접 지불(individual direct payments) 시스템 도입이 제기되었다. 유럽연합은 1992년 멕셜린 계획(MacSharry Plan)을 통해 주요 농산물의 시장가격 보장을 위해 취한 농산물의 보장가격(guaranteed price)을 인하하였다. 즉 당시 유럽연합은 곡물의 경우 30% 그리고 소고기는 15% 인하 등의 조치를 취하였다. 이러한 보장가격 인하는 직접지원 비용의 감소를 가져와 결과적으로 농가소득의 감소를 야기하기 때문에 유럽연합은 피해를 입은 개별 농가에 대한 개별적인 직접지불시스템(individual direct payments)을 도입하였다.

멕셜린 개혁은 공동농업정책의 문제점을 개혁하기 위한 서막으로 이후 유럽연합은 1999년에 아젠다 2000(Agenda 2000), 2003년 중간검토(MTR: Midterm Review) 그리고 2008년 건전성 점검(Health Check of the CAP) 등 일련의 개혁조치를 연이어 취하였다. 1999년 3월 베를린 유럽이사회에서는 농업정책 개혁프로그램인 아젠다 2000에 합의하였다. 아젠다 2000은 중동유럽국가의 가입에 따른 농업정책 개혁으로 곡물과 유제품과 같은 주요 농산물과 소고기 개입가격 인하 등의 내용을 담았다. 아젠다 2000 개혁은 이외에도 농업과 환경정책을 연계하여 농촌지역의 환경보존 등 농업정책의 다기능성(multifunctionality)을 제시한 개혁안이었다. 본 개혁안에 따라 농업정책은 시장규정(market regulation) 및 농촌개발정책(rural development policy)등 이른바 공동농업정책의 2개 지주구조(two pillars of the CAP)가 성립되었다.

한편 2003년 중간검토에서는 농산물의 질적 품질 향상, 동물복지(animal welfare) 확대, 농촌지역의 환경, 문화유산 보존 및 농업과 사회복지와의 관계 등 등 다양한 농업부분의 이슈들이 다루어졌다. 당시 영국, 독일 및 북유럽 국가들의 전폭적인 지원과 이에 맞서 프랑스의 저항 등 주요 국가간 대립 속에서 이루어진 중간검토는 결과적으로 농업부분의 지속적인 개혁조치의 필요성을 재확인하였다는데 의미가 크다. 이외에 2003년 6월 최종 타결된 중간검토에서는 환경, 동물복지 등 관련 농업부분의 안전규정 이행 정도에 따라 직접지원을 행한다는 단일농가지급(SFP: Single farm Payment) 시스템이 도입되었다. 최종적으로 유럽연합은 2008년 예산지출의 효율성 점검을 위한 건전성 점검을 통해 농산물의 품질과 유럽연합의 이행조치에 대한 준수여부에 따른 차별적 지원 원칙을 재확인 하였다. 또한 중간검토에서는 기후변화, 수자원 관리 및 생물다양성 등 여러 농업관련 이슈에 대한 조치가 마련되었다. 또한 건전성 점검을 통해 아젠다 2000으로 성립된 농업부분의 2개 지주중 제 1지주에 있는 시장규정에 배정된 예산의 일부를 제 2지주인 농촌지역개발정책으로 전환되었다.

〈표 45〉 공동농업정책의 개혁

일시	개혁 프로그램	내용
1992년	멕셜리 개혁(McSharry Reform)	·보장가격 인하 ·농가에 대한 개별적인 직접지불시스템 도입
1999년	아젠다 2000(Agenda 2000)	·시장개입가격 인하 ·농업정책의 다기능성 및 지주구조 원칙 설립
2003년	중간검토(MTR: Midterm Review)	·곡물 등 주요 농산물 시장개입가격 인하 ·단일농가지급시스템(SFP) 도입
2008년	건전성 점검 (Health Check of the CAP)	·기후변화, 생물다양성 등 새로운 농업 이슈 포함 ·농업부분 제 2지주 예산 확대

현재의 공동농업정책은 1960년대 초 정책이 시작되었을 때와는 정책목적과 시스템 등에서 현저한 차이를 갖는다. 초기 공동농업정책은 냉전시기 유럽국가들의 안정적인 농산물 확보를 위해 만들어졌다면 현재는 농업부분의 국제적인 경쟁력 강화와 농촌지역의 환경과 문화유산의 보호라는 보다 복합적인 목적으로 변화하였다. 이에 따라 농업정책은 이전과 달리 프랑스와 독일간 정치적 합의와 양보라는 합의방식은 더 이상 유효하지 않고 보다 복잡하고 정교한 시스템으로 변화하였다. 그럼에도 공동농업정책에서 가장 많은 예산이 투입되는 핵심적인 부분은 농가에 대한 직접지원으로 중동유럽 국가의 대거 가입으로 이 부분의 예산은 오히려 확대되었다. 물론 공동농업정책의 한 축을 차지하는 농촌개발정책에 투입되는 예산역시 완만하게 증가하고 있지

만, 여전히 시장개입과 직접지원에 비하여 지출비율은 20% 내외에 머물러 있다.

〈표 46〉 공동농업정책 각 영역별 예산증감 추이

구 분		2004년	2005년	2006년	2007년 (추정치)	2008년 (추정치)
제 1지주 (pillar 1)	시장개입	18%	16%	15%	9%	8%
	직접지원	63%	64%	64%	71%	70%
제 2지주(pillar Ⅱ): 농촌개발정책 (환경, 농촌지역 생활수준 향상 등)		18%	19%	20%	19%	22%
기타		1%	1%	1%	1%	1%
총 예산(단위: 백만유로)		47,467.4	52,698.2	53,538.5	52,016.5	52,457.8

출처: Michelle Cini and Nieves Perez-Solorzano Borragan (2010), European Union Politics 3rd., Oxford University Press, p. 351.

이러한 직접지원 지출 규모는 결국 보조금 지급을 통해 농업부분을 지탱하는 유럽연합의 현실을 말해준다. 또한 낙후된 중동유럽국가의 농업구조를 상기할 때 농업예산의 대폭적 축소는 요원하다고 할 수 있다. 물론 유럽연합은 이러한 사실을 인식하고 유기농 농산물 생산 확대 등 농산물의 질을 향상하여 취약한 가격경쟁력을 보완하고, 동물복지 확대 및 농산물에 대한 원산지 증명 강화 등을 통해 시장을 보호하고 있다. 또한 공동농업정책은 지역발전정책과 연계되어 단순한 농업생산성 향상을 넘어 일종의 농촌지역의 삶의 질 향상을 꾀한 사회정책의 성격으로 변화하고 있다.

3. 리스본 전략과 고용정책

1990년대 말 유럽연합 회원국사이에서는 지속적인 경제성장을 통해 높은 생활수준을 지속하기 위해서는 기존 유럽연합의 경제상황을 재검토 하여 새로운 발전전략이 필요하다는 공감대가 형성되었다. 물론 유럽연합은 1992년 시장통합 계획을 통해 1990-96년 기간 동안 유럽연합 전역에 900만개의 새로운 일자리를 창출하였고, 쉥겐조약(Schengen Agreement)에 따른 역내국경 철폐 및 시장통합 효과로 년 평균 1.5% 정도 수준에서 과외의 경제성장 효과를 야기하였다. 그럼에도 유럽연합은 미국은 물론이고 급속하게 성장하고 있는 동아시아 국가에 비해 경제성장이 저조하고 만성적인 청년실업 등 구조적 문제가 산적하였다.

이에 따라 보다 시장친화정책 경제정책과 비즈니스 환경을 강조한 영국총리 블레어(Tony Blare) 및 스페인 총리 아스나르(José Maria Aznar) 등 당시 유럽의 몇몇 정치지도자들은 유럽연합 차원에서 경제사회발전을 위한 획기적 조치를 주장하였다. 이러한 고조된 분위기에 따라 2000년 3월에 개최된 포르투갈 특별이사회에서는 유럽연합 차원에서 경제사회발전 계획을 담은 리스본 전략(Lisbon Strategy)을 채택하였다.

리스본 전략은 유로화 도입 효과를 극대화하고 향후 회원국 확대에 따른 성장과 고용을 지속키 위한 지식기반경제로의 진입을 의도한 발전전략이다. 당시 유럽연합 정상들은 향후 거시 경제적 안정과 고용확대를 위해 연평균 실질성장률이 3%를 유지해야하는데 이는 새로이 지식기반경제로의 확장을 통해서만이 이루어질 수 있다고 내다보았다. 이러한 지식기반경제로의 진입을 위해 유럽연합은 범유럽 차원에서 정보통신산업의 확대, 노동시장에서 소외된 여성과 청년의 일자리 창출, 회원국간 보다 밀접한 사회적 결속 등을 담은 여러 계획을 발표하였다. 리스본 전략이 발표되고 이듬해 2001년 6월 고텐부르그(Gothenburg) 유럽이사회에서는 다음과 같은 리스본 전략의 3가지 전략적 목표를 설정하였다.

- 정보화 사회와 연구개발을 통해 지식기반경제로 진입하기 위한 구조개혁과 혁신을 고무하고 완전한 역내시장을 완성
- 유럽사회모델(European social model)을 현대화하고 인적투자와 사회적 배제에 대처
- 적절한 거시경제정책을 통해 경제지표의 건전성과 경제성장 도모

유럽연합 회원국 정상들은 이러한 리스본 전략의 효과적 실행을 위해 개방적 조정방식(OMC: Open Method Coordination)을 도입하였다. 개방적 조정방식은 유로화 도입 등 이전의 여러 주요 정책의 실행과정에서 부분적으로 시도되었는데 리스본 전략을 통해 본격적으로 유럽연합의 정책과정의 한 축을 형성하게 되었다. 현실적으로 리스본 전략에서 제기한 경제사회발전은 보건, 조세, 연구개발 및 산업정책 등 회원국과 유럽연합의 공유권한 영역이거나 회원국의 배타적 정책영역으로 유럽연합의 직접적 개입이 제약된다. 이러한 구조적 문제를 해결하기 위해 유럽연합은 리스본 전략의 효과적 실행을 위해 회원국간 자발적 협력과 벤치마킹 등을 내용으로 한 개방적 조정방식을 도입한 것이다. 또한 리스본 전략이 실효를 거두기 위해서는 유럽연합의 목표설정과 이에 대한 사후 평가 그리고 회원국간 협력 나아가 산업계의 적극적 협력 등 다양한 행위자들의 참여자들의 협력을 요한다. 이러한 점에서 당사자간 자발적 협력을 배경으로 이루어지는 개방정 조정방식이 최선의 정책과정이라 할 수 있다.

리스본 전략의 실행과정에서 중동유럽 국가를 포함한 12개 국가의 가입에 따른 급격한 정치경제적 변화 여기에 독일과 프랑스를 중심으로 한 주요 국가의 적극적인 정책추진 의지 결여 등에 따라 당초 목표한 계획이 지지부진하다는 비판이 꾸준히 제기되어 왔다. 이에 따라 유럽위원회는 고용과 성장에 1차적 목표를 둔 정책 우선순위의 재조정과 유럽연합과 회원국 차원에서 동반자 관계 확대 등 여러 개혁안을

제시하였다. 당시 유럽위원회는 유럽연합과 미국은 경쟁력에서 분명한 차이를 갖는다는 점을 인정하고 하루빨리 이러한 격차를 시정해야 한다고 주장하였다. 동시에 유럽위원회는 이러한 시정을 위해 리스본 전략을 추진하는 실질적인 주체인 정부, 사용자, 노조 및 NGO간 긴밀한 협력이 이루어져야 한다고 강조하였다.

이러한 유럽위원회의 주장에 따라 이사회는 2005년 3월 리스본 전략의 목표를 수정하여 2010년 까지 다음과 같은 핵심 목표(headline targets) 2가지를 달성키로 하였다. 첫째, 고용율을 70% 이상까지 끌어올린다. GDP의 3%를 연구개발에 배정한다. 동시에 유럽이사회는 지식과 혁신, 기업 및 노동환경, 에너지와 기후변화 등 새로운 전략적 목표를 제시하였다. 이러한 리스본 전략의 새로운 목표는 유럽연합이 당초 계획한 여러 목표 중 최소한 고용확대와 지속적 성장을 위해 필요한 인프라 구축만이라도 반드시 달성해야 한다는 의견을 내비친 것이다. 물론 리스본 전략이 실행되고 몇 년간은 유럽의 경제상황은 전반적으로 이전보다 호전되었다. 유로존의 출범에 따른 독일 경제의 안정적인 성장, 스페인과 아일랜드의 경제 호황, 폴란드를 비롯한 신규 중동유럽 가입국의 급격한 경제성장 등이 이어졌다.

그러나 2007년 이후 상황은 반전되어 유로존의 재정위기는 독일을 제외한 모든 유럽연합 회원국에게 심각한 경제상황을 초래하였다. 결국 유럽연합은 2010년까지 달성키로 한 고용율과 연구개발비 확대 목표는 좌절되었다. 2005년 이사회가 승인한 리스본 전략의 첫 번째 통합정책 가이드라인(Integrated Policy Guidelines 2005-2007) 및 이후 2008-10년을 기한으로 한 두 번째 가이드라인 등 일련의 목표와 전략 수정 계획들이 금융위기로 좌절되었다. 문제는 금융위기라는 외부의 변수 보다는 리스본 전략에서 제시한 시장자유화를 위한 개혁과 높은 수준의 혁신, 성장과 고용 목표가 현실적으로 달성하기 쉽지 않다는 사실이다. 이는 곧 리스본 전략이 당시 유로존 출범에 발맞추어 지나치게 이상적인 목적을 설정하였다는 자성을 낳았다. 이에 따라 2010년 3월 유럽이사회는 리스본 전략 채택 10주년을 맞아 리스본 전략의 현실적 목표로서 유럽 2020(Europe 2020)계획을 발표하였다. 유럽 2020은 리스본 전략의 연장선에서 핵심적인 경제사회 발전 목표를 보다 상세하고 현실적인 상황에 맞게 다음과 같이 재조정 한 것이다.

- 26-64세 성인남녀 인구 중 고용율을 75%까지 확대
- 정부와 민간부분의 투자를 합쳐 GDP의 3% 수준까지 연구개발비 확대
- 1990년대 보다 온실가스 배출을 20% 감축하고 신재생 에너지 사용비율 및 에너지 효율성을 각각 20%까지 확대
- 교육수준 향상 및 빈곤비율 하락을 포함한 사회적 결속

이와 같이 유럽연합은 2000년 들어 리스본 전략을 통해 고용확대와 지속적 성장을 추진하여 왔다. 이러한 과정에서 공동체 방식과 정부간 협력과 같은 전통적인 의사결정 방식과 차별화된 개방적 조정방식을 도입하여 신속한 정책추진과 다양한 사회적 세력의 참여를 이끌어 내었다. 특히 리스본 전략은 여러 회원국 정부의 관료와 유럽위원회 간 수많은 협력과 토의과정을 거쳐 특정 회원국의 국내정책을 여러 회원국과 공유하고 기업과 NGO 등과 동반자 관계를 확대하였다는 점에서 통합 주체의 외연적 확장을 가져온 계기가 되었다. 이러한 정책과정은 기존에 단일시장, 통상 및 유로존 정책과 차별화된 정책과정이다. 결정적으로 리스본 전략의 실행방식은 교육, 환경 및 노동시장 등 회원국과 유럽연합이 권한을 공유하는 다양한 부분으로 확대되고 있다는 점에서 새로운 통합방식으로 커다란 의미가 있다.

로마조약에는 역내시장 기능을 활성화하기 위해 노동의 이동을 촉진하고 남녀 동일 임금 지급, 노동환경 개선 등 여러 사회적 이슈를 해

결하기 위해 유럽사회기금(ESF: European Social Fund) 설립이 명기되었다. 1970년대 당시 유럽공동체에서 사회정책은 노동조건 개선, 완전고용 달성, 남녀차별 금지 및 동일 임금 지급 등 고용 및 노동시장에 관련된 이슈였다. 그러나 1980년대 말까지 이른바 룩셈부르크 타협(Luxembourg compromise) 체제가 지속되면서 고용정책은 철저하게 회원국의 국내정책으로 남아 있었다. 이후 1986년 단일유럽의정서 체결로 사업장 안전 등 노동시장 관련 일부 조치의 결정에 가중다수결 표결이 도입되고 유럽위원회가 유럽 내 최대 노조인 유럽노조연맹(ETUC: European Trade Union Confederation)과 동반자 관계를 맺고 적극적으로 사회정책에 개입하면서 고용정책은 전환을 맞았다.

결정적으로 유럽연합은 1997년에 체결된 암스테르담조약에 유럽연합의 목적은 높은 수준의 고용(a high level of employment)이라는 사실을 명기하여 회원국간 관련 정책의 조정 및 유럽연합 차원의 정책과 조치를 취할 수 있는 근거를 마련하였다. 1997년 11월 룩셈부르크에서 개최된 유럽이사회에서는 암스테르담조약의 체결에 발맞추어 유럽고용전략(European Employment Strategy)을 출범하였다. 이듬해 1998년 6월 카디프(Cardiff) 유럽이사회에서는 유럽고용전략의 효과적 추진을 위하여 각 회원국은 고용정책 실행계획을 보고하고 유럽위원회의 평가와 이사회에서 회원국간 정책조정과 유럽연합 차원의 가이드라인 설정 등을 내용으로 한 고용정책 추진 전략이 채택되었다. 이러한 방식은 이후 리스본 전략의 모태가 되었고 결과적으로 고용정책이 리스본 전략의 핵심적인 목표로 자리 잡게 된 계기가 되었다.

유럽고용전략 실행을 전후한 시기인 1997년부터 2004년까지 당시 유럽연합 15개 회원국에서 천 만 개의 새로운 일자리가 만들어졌다. 그러나 2004년 중동부 유럽국가의 대거 회원국 가입으로 2004-2007년 기간 유럽연합 전체의 고용율은 1.5%가 하락하였다. 특히 중동부 신규가입국의 실업률이 기존 회원국보다 높다는 점에서 유럽고용전략의 실효성이 의문시 되었고 또한 2008년 금융위기 이후 갈수록 유럽연합의 고용율은 악화되고 있는 실정이다. 고용정책은 지속적 성장의 결과라는 점에서 고용정책은 결국 기업과 산업정책과 동전의 양면과 같은 위치에 있다. 문제는 유럽연합 회원국간 산업경쟁력이 현격한 격차를 갖는다는 점이며 이점에서 일부 국가의 거시경제지표 및 기업환경이 양호하여도 유럽연합 전반적으로는 고용율이 증가하지 않고 있다는 사실이다.

세계경제포럼(World Economic Forum)의 2009-2010 국제경쟁력지표(Global Competitiveness Index)를 보면 스웨덴(4위), 덴마크(5위), 핀란드(6위) 독일(7위), 네덜란드(10위) 등 북유럽 회원국들이 높은 경쟁력을 갖는 것을 볼 수 있다. 반면에 헝가리 (58위), 루마니아(64위), 불가리아(76위) 등 회원국간 산업경쟁력의 격차가 현격하다. 이러한 상황에서 유럽연합 차원의 고용 및 산업정책 전략이 제약될 수밖에 없는 실정이다. 회원국간 산업경쟁력의 격차는 여러 원인에 따른 것이지만 유럽연합 총 고용인구의 99%가 중소기업에 근무한다는 사실에서 결국 중소기업의 경쟁력이 곧 산업경쟁력이라는 결론이 나올 수밖에 없다.

유럽연합에서 중소기업에 대한 정의는 2003년 유럽연합 권고안(EU Recommendation 2003/361)에 명기되어 있으며 본 권고안은 2005년 1월부터 적용되고 있다. 유럽연합에서는 중소기업을 소규모, 중견기업(SMEs: Small and Medium Enterprises)이라고 칭하며 피고용자 수와 매출액을 기준으로 분류한다. 고용인원 10명 미만에 연매출 200백만 유로 이하의 기업은 일종의 영세기업(micro enterprises)으로 분류한다. 또한 피고용자수가 50인 미만(10-49인)에 연매출 천만유로 이하는 소기업(small enterprises) 그리고 피고용자수 250인 미만(50-249인)에 연매출 5천만유로 이하의 기업은 중견기업(Medium-sized Enterprises)이다. 유럽연합에서 중소기업은 유럽경제의 중추라고 평가 받는다. 유럽내 고용인력의 99%가 중소기업에 근무한다는 사실을 고려하면 결국 중소기업의 성장이 유럽경제의 성장이며 실업률을 낮추고 경제적 혁신의 핵심과제이다.

따라서 중소기업간 경쟁 촉진과 특별히 공공조달과 같은 공공부문의 적극적인 통합과 개방은 유럽연합이 추구하는 중소기업정책의 핵심이라 할 수 있다. 이에 따라 유럽연합은 2000년대 들어 특별히 중소기업에서 사업장 안전에 관한 다양한 입법조치를 취하였고 공공조달 부분에서 여러 지침을 통해 중소기업의 공공부분 원활한 공공부분 진입을 꾀하고 있다. 특히 27개 유럽연합 회원국의 공공조달 시장규모는 8천억 유로규모로 유럽연합 총 GDP의 약 16%를 점한다(2006년 기준). 이러한 규모는 유럽연합 27개 회원국 중 경제규모가 가장 큰 독일의 총 GDP 규모에 해당한다. 그럼에도 공공조달은 단일시장 효과가 미치지 못하여 가장 폐쇄적인 시장으로 지목되어 왔다. 이에 따라 유럽연합은 2004년 각국의 공공조달 시장 개방과 중소기업의 시장 진입을 내용으로 한 일반공공조달(directive 2004/18) 및 수자원, 운송 및 통신분야 조달지침(directive 2004/17)을 제정하였다. 뒤이어 2011년에 유틸리티 부분에 관한 공공조달 규정(regulation, 1251/2011)을 제정하여 유럽연합 차원에서 공공조달시장 통합을 꾀하고 있다. 이와 같이 공공조달 시장과 같이 공공부분에서 국가간 장벽이 완화되고 국경을 넘어 중소기업이 공공조달시장에 쉽게 진입할 수 있다면 유럽연합 전반에 걸쳐 고용 및 산업경쟁력은 획기적으로 개선될 수 있다.

이와 같이 유럽연합에서 고용정책은 단일시장 및 유로존 뿐 아니라 공공조달과 같은 전통적인 국민국가 영역의 경제부분과 연계되어 있다. 또한 고용정책은 중소기업정책과 밀접한 관계에 있다. 이러한 점에서 유럽연합의 고용정책과 리스본 전략의 성공은 정책간 연계, 회원국과 유럽연합 그리고 회원국간 협력이라는 효과적인 거버넌스 구축에 성패가 달려 있다고 할 수 있다.

제13장

유럽연합의 기타 공동정책

1. 환경정책

세계의 다른 국가들과 마찬가지로 유럽연합도 창설초기인 1950년대에는 환경에 대한 공동정책에 대한 개념이 존재하지 않거나 전후 복구를 위한 경제성장이나 개발논리에 밀려 그 중요성이 인정받지 못하였다. 그러나 1972년 스톡홀름에서 UN 인간환경회의(UN Conference on the Human Environment)가 개최되어 세계 110여 개국 대표들이 환경악화와 오염문제 심각성을 인식하고 이에 대한 공동 대응을 전 세계 차원에서 주창하면서 이에 발맞추어 유럽연합도 1973년 11월 처음으로 공동체 차원에서 환경행동 계획(Environmental Action Programme)을 채택하고 실제적으로 대응하기 시작하였다. 또한 1987년 단일유럽의정서의 발효는 이제까지 추진하던 환경정책에 법적 기반을 제공하였다는 점에서 환경정책의 변화의 결정적인 계기로 인정받고 있다. 현재 유럽연합의 환경정책은 세계적 수준에서 비교해보아도 매우 앞서있는 것으로 평가받고 있으며 유럽연합의 정책 중에서 그 중요도도 매우 높은 정책이다.

그러나 유럽연합의 환경정책에 이런 밝은 면만 존재하는 것은 아니다. 2004년 유럽연합의 회원국이 10개국 더 늘어나고 최근의 유럽 경제위기와 맞물리면서 환경정책의 지속적인 추진에 대한 재원마련에 회원국 각국이 어려움을 겪고 있기도 하다. 그러한 가운데에서도 2009년 12월 발효된 리스본 조약에서 유럽연합 차원의 환경법의 토대가 마련이 되고 그에 대한 이행이 실제로 행해지는 시점이다. 그러면 간략하게 유럽연합의 환경정책이 어떻게 발전되어 왔고 역사적으로 어떠한 과정을 거쳐 지금 현재의 환경 선진지역의 위상을 가지게 되었는지 살펴보자

① 유럽연합 환경정책의 이상적인 태동기 : 1973 -1982

처음 유럽연합의 환경정책은 매우 야심찬 계획들로 시작하였다. 현재 전 세계적으로 각광받고 있는 '지속가능한 성장'의 개념이 많은 부분 공유되고 있었으며 이는 앞에서 언급한 UN 인간환경회의에서 논의되었던 인류의 성장의 한계에 대한 대안으로써의 환경정책의 위치가 확립된 시기이다. 이 당시의 유럽연합의 환경정책의 가장 큰 과제는 경제발전과 번영 그리고 환경보존을 어떻게 공존시킬 것인가 라는 문제였다. 이 결과로 1973년 11월 채택된 제1차 환경행동계획(Environmental Action Programme: EAP)의 주요 목표는 오염의 예방, 감소 및 제거, 생태적 균형의 유지, 생태계 보호, 천연자원의 무계획적 개발 방지, 모든 개발에 대한 환경적 측면 고려 등이 있다. 그러나 이러한 1차 환경행동계획 까지는 공동체 차원의 환경정책 수립에 의미를 둘 수 있으나 법적으로 구속력이 있는 조치는 아니었다.

이 시기에 처음으로 대기와 수질에 대한 가치가 논의되었고 식수에 대한 음용기준이 매우 높은 수준으로 지정되고 대기오염에 대한 규제도 도입되었다. 이 시기의 특징으로는 아직 제도화에 이르지 않은 단계의 환경정책으로서 대중의 의식개혁과 그에 따른 환경에 대한 관심

환기에 주력한 시기라 할 수 있다.

② 단일시장으로의 전진 : 1982 -1987

이 시기에 진행된 3차 환경행동계획 (1982- 1986)과 이어지는 4차 환경행동계획 (1987- 1992)는 환경정책 접근법에 있어서의 근본적인 변화를 보여준다. 이 당시에 진행된 유럽연합의 단일시장화에 대응하기 위해서였다. 특히 3차 환경행동계획은 단일시장화로 발생할 수 있는 환경정책과 단일시장화에 따른 국내정책과 유럽연합 차원의 정책 사이의 충돌의 해소에 중점을 두었다. 유럽연합의 경제적 경쟁력제고라는 단일시장의 궁극적인 목표가 환경정책으로 인하여 훼손되지 않도록 하는 작업이었다. 그러면서도 단일시장으로 상승한 고용률과 경제성장의 이익을 환경부문으로 자연스럽게 유도하는데 주력하였다.

이 시기에 또 한 가지 중요한 변화로는 3차 환경행동계획부터 식수나 대기의 질을 높이는 환경정책에서 오염물 배출 근원에 대한 규제로 전환하였다는 점이다. 이러한 변화는 주로 독일의 강력한 주장으로 진행되었는데 전통적으로 강한 독일의 녹색당의 압력이라고 할 수 있다.

③ 단일 환경정책으로 나아가는 시기 1987-1992 (4차 환경행동계획)

유럽연합의 환경정책은 로마조약을 새롭게 수정한 1986년 단일유럽의정서 (Single European Act)의 채택과 더불어 근본적이고 중요한 전환점을 맞게 되었다. 이 협정은 1992년까지 유럽연합 공동체 시장에 상품, 사람, 노동 및 서비스 이동의 자유를 의미하는 것으로 이제까지는 전혀 다른 접근법이 필요하게 되었다. 1986년의 단일유럽협정은 제7편 환경 부문에서 환경정책에 대한 입법권과 정책권을 전폭적으로 유럽공동체 (European Community)에 부여함으로서 이때부터 환경정책은 유럽공동체가 공식적으로 관할하게 되었다. 이로 인하여 이전까지 국내법과의 충돌로 접근할 수 없었던 환경 분야에 법을 제정할 수 있는 공식적인 권한이 유럽공동체에 수여되었으며 각국의 환경 상황에 대한 정보에 접근할 수 있는 권한 또한 부여되었다. 4차 환경행동계획의 주요한 내용으로는 환경 파괴에 대한 예방, 오염 발생자 부담 원칙 등이 포함되었고 일반 국민들의 환경정책과 정보에 대한 접근권을 보장하는 방안이 강구되었다. 80년대 말에 전 지구적으로 기후변화에 대한 위기의식이 높아지고 UN 차원의 환경대책이 논의되기 시작하면서 유럽연합에서도 다양한 비정부단체 (NGO)들이 등장하기 시작한 시기이기도 하다. 이 시기에 채택된 유엔기후협약은 3년에 걸친 회원국들의 토의를 거쳐 어렵게 협의가 된 협약으로 처음으로 이산화탄소 등의 온실가스 배출을 전면 억제함으로써 지구온난화로 인한 사회·경제적 손실에 대처하자는 취지로 체결된 국제협약이자 국제 사회가 기후 변화에 공동으로 대처하기 위해 설정한 기본적인 틀이었고 유럽의 환경정책도 이러한 영향을 받지 않을 수 없었다.

④ 유럽연합 환경정책의 후퇴기 1992 -1995

4차 환경행동계획의 많은 새로운 환경정책과 접근법은 회원국들의 반발을 불러왔다. 1992년부터 1995년 까지는 이러한 반발로 인하여 유럽연합의 환경정책이 후퇴한 시기이다. 야심차게 도입을 추진한 에너지/Co2 세는 환경정책을 추진을 위한 주요한 재원으로 제공될 예정이었으나 2년간의 협의를 거쳐 결국 도입이 무산되고 1994년에 유럽공동체 세금의 일부로 축소되었다. 1993년 마스트리히트 조약의 발효와 함께 지속 가능한 성장을 강조한 5차 환경행동계획(1993-2000) 이 시작되었지만 기존의 규제적인 접근방식에서 모든 구성원 (정부, 산업체, 소비자)이 공동책임을 지는 방식을 도입하였다. 그러나 이러한 전원이 책임을 지는 새로운 접근방식이 회원국들의 저항에 직면하였다. 구체적인 이 시기의 환경정책의 후퇴사례를 들어보면 첫째, 유럽공동체가 회원국의 '패러다임적 변화'에 대한 동의를 과도하게 낙관적으로 예측한 것, 급격한 변화에 대하여 일부 회원국에서 강력히 반발하였고 이는 5차 환경행동계획의 실패와 결과적으로 유럽연합 차원의 환경정책의 한계를 노출하였다. 둘째, 이 당시의 경제 불황으로 인하여 경제발전이 환경논의를 앞서나가는 주변상황이었다는 점이다. 이러한 가운데 급격하게 추진된 에너지/Co2 세 등은 회원국들에게 받아들여지지 않았다. 마지막으로 독일통일이 이뤄진 것이다. 환경정책에서 선도국가 이면서 유럽연합에 강한 발언권을 지녔던 독일이 통일되면서 통일재건이 우선되고 환경정책의 우선순위가 후퇴하였다.

⑤ 환경 규제의 마지막 시도 1997 – 2003

1990년대 말로 들어서면서 유럽연합의 환경정책에 대한 주변 환경이 변화하기 시작하였다. 지속가능한 발전에 대한 재조명이 이뤄지면서 1997년 체결된 암스테르담 조약에서 환경적으로 건전하고 지속적인 개발에 대한 유럽연합의 원칙이 천명되고 환경보존은 유럽연합의 가장 중요한 목표중의 하나로 다시 한 번 자리 잡게 되었다. 또한 이제까지의 Top-Down 방식의 환경정책에서 일반 대중의 참가를 장려하여 환경에 대한 책임감 고조와 정책의 투명성 확보에 힘썼다.

여러 가지의 환경제도의 도입을 시도하였고 미래 세대를 위한 환경정책이라는 개념을 확대하여 환경을 보호하고 개선하는 모든 절차적인 과정과 그 수행에 있어서 정부뿐만 아니라 일반 유럽연합 국민과 비정부단체인 환경단체들의 참가를 유도하고 그 역할을 강화하였다. 이 시기는 또한 유럽연합 집행위원회, 유럽의회, 환경 이사회 간의 'Green Triangle' 이라고 불리는 협의가 처음으로 원활하게 진행된 시기이기도 하다.

⑥ 6차 환경행동계획 : 니스조약 이후의 환경정책 2003 -2010

유럽의회와 이사회는 2002년 6차 환경행동계획 (2002- 2010)을 승인하고 시행하였다. 이 계획은 처음으로 시행기간을 10년으로 확대하고 이후 10년간의 기후변화, 건강과 환경, 자연과 생물다양성 그리고 자연자원과 폐기물 등의 분야에서 환경개선에 주력하기로 하였다. 6차 환경행동계획은 5차 환경행동계획의 실패를 거울삼아 매우 신중한 접근을 하고 있으며 민감한 정치적 문제에 대하여서는 깊은 논의를 피하는 모습을 보이고 있다. 이러한 신중한 접근 속에 환경정책의 주요한 목표 달성을 위하여 기존의 환경법규의 효율적인 집행, 산업 정책의 수립에 환경적인 요소의 감안 및 반영, 환경친화적인 생산과 환경친화적 소비자 의식유도, 미디어를 통한 환경정보의 제공 확대 및 손쉬운 접근 가능, 환경을 의식한 개발 및 토지의 이용 등이 주요 목표로 강조되고 있다. 이러한 유럽연합의 환경정책들은 전 세계적인 기준으로 보아도 매우 앞서가고 있는 것이며 실제로 유럽 시장에 진출하는 다른 나라 기업들에게 환경적 장벽으로 작용하고도 있다. 그러나 이러한 높은 수준의 환경정책은 지금 전 세계적인 하나의 기준으로 받아들여져 다른 국가들이 유럽연합의 환경정책을 자국의 국내법에 도입하고 있기도 하다.

이상으로 간략하게나마 유럽연합의 환경정책의 역사적 변천을 알아보았다. 그러면 유럽연합의 환경정책에서 주요 목표로 내세우는 요소들은 무엇인가? 유럽연합의 환경정책 핸드북에 따르면 유럽연합의 주요 정책목표는 자연, 대기, 폐기물, 수자원 (Nature, Air, Waste, Water)이다.

자연에서 가장 중요시되고 있는 것 중 하나는 생물종 다양성 보존 및 야생동식물 보호이다. 유럽연합의 환경정책 중에서 생물종 보존을 위한 핵심 프로그램으로는 '나투라(Natura) 2000'을 들 수 있다. 유럽 곳곳에 산재한 주요한 야생동식물 서식처를 특별구역으로 지정해 보호하는 한편 다양한 홍보 프로그램을 통해 '나투라 2000' 지정 구역을 환경교육과 자연체험의 장으로 활용하고 있다. "인간이 없는 자연"이 아니라 "인간이 함께 하는 자연"을 추구하는 것이다. 이 프로그램에 해당되는 지역은 현재 유럽연합 지역의 17%를 차지하며 이는 독일의 국토넓이와 비슷할 정도의 매우 넓은 범위이다. 유럽연합은 '나투라 2000'의 수행과 생물종 다양성 보존 및 야생동식물 보호를 위해 적극적으로 환경시민연합 (Environmental Citizen's Organization: ECO)의 참가를 유도하고 있다. 이러한 자연환경 보호와 야생동식물 보호에 최근 들어 가장 심각한 위협으로 등장하고 있는 것이 바로 대기와 산업폐기물 문제이다.

대기의 문제는 온실가스 배출문제와 직접적으로 연결되며 유럽연합의 환경정책과 함께 UN 차원의 전 지구적 규모의 환경정책과 연동되어 관리되고 있다. 온실가스 감축 문제는 특히 여러 나라의 경제적 이해관계가 직결되어 있기 때문에 유럽연합의 차원에서도 합의가 도출되기 매우 어려운 문제였으나 이에 대해서는 UN 차원의 UN기후협상이 유럽연합 회원국의 이견을 조정하고 합의를 이루는데 결정적인 역할을 하였다. 유럽연합 국가들은 상대적으로 국내에서 환경보호단체가 강한 영향력을 행사하고 있고, 에너지 소비구조에서 청정에너지의 비중이 높은 편이며, 환경보호 분야에서 앞선 기술과 풍부한 자금력을 보유하고 있는 관계로 국제사회에서 온실가스 배출을 대폭 줄여야 한다고 강력하게 주장하여 왔고 이는 미국 등과 다른 모습이었다. 이러한 가운데에 미국이나 개발도상국과의 차별화를 위해서도 유럽연합 회원국 사이에 환경정책의 통일이 필요함을 회원국 모두가 공통적으로 인식하여 온실가스 문제에 합의를 이루고 선진적인 환경정책을 추진하게 하였다.

이어서 심각한 것이 폐기물의 문제이다. 유럽연합의 회원국들도 농업이 집약화 되고 산업화되면서 농약, 화학비료의 사용, 퇴비 등에 의한 오염이 증가하고 있고 이에 추가하여 전통적으로 유럽연합의 강점이었던 광업 분야에서 전체 폐기물의 약 50%를 배출되고 있다. 나머지 산업폐기물이 약 30%, 도시 생활폐기물이 약 20% 정도이며 도시 생활폐기물 중의 70% 정도가 매립, 약 25%는 소각되고 있고 나머지는 퇴비로 사용되고 있으며 최근 들어서 토양오염의 문제로 인하여 소각의 비중이 증가하는 추세이다. 폐기물 분야만 놓고 본다면 유럽연합이 폐기물의 관리에 대해 관심을 갖기 시작한 것은 산업계에서 사용하는 화학물질의 종류가 1만종에서 약 12만종으로 급격히 증가한 1950년대 말부터로 거슬러 올라갈 수 있다. 그러나 매년 200~1,000 종의 화학물질이 개발되고 있어 실질적인 또는 잠재적인 영향에 대한 연구는 비용과 시간 제약으로 새롭게 등장하는 물질의 개발속도를 따라가지 못하고 있다. 화학물질은 노출농도에 의한 영향이 물질마다 다를 뿐만 아니라 이동 및 축적되는 측면까지 감안할 경우 인간 및 환경에 대한 장기적 영향에 대한 연구는 매우 어렵다. 이를 관리하기 위하여 유럽연합이 만든 대표적인 모델이 신 화학물질 관리정책(the Registration, Evaluation, Authorization, and Restriction of Chemical : REACH)이다. 이 REACH는 중국에서도 이를 모델로 중국판 REACH를 제정하게 하고 일본의 법개정을 불러왔으며 현재 한국정부도 REACH를 표본으로 한 국내법의 제정과 유럽연합 진출기업의 REACH 대응을 돕는 REACH 도움센터(http://www.reach.me.go.kr/)를 운용 중에 있다.

REACH에 대해 좀 더 자세히 살펴보면 법령 (15편 141개 조항 17개의 부속서로 구성)과 실질적 이행을 위한 22개의 지침서 (REACH Implementation Project)로 이루어져 있다. 그 목적은 유럽연합 안에서 인간과 환경보존에 대한 보다 높은 기준을 마련함과 동시에 유럽연합 회원국들의 산업의 경쟁력 강화이다. 그 발안의 배경은 첫째, 기존화학물질 (phase-in substance)과 새로운 신규물질(non- phase-in substance)에 대한 관리의 필요성이 강조되었고, 둘째, 화학물질의 유해한 결과가 사용 즉시 나타나는 것이 아니라 오랫동안 잠재한 이후에 나타나는 경우가 흔치 않게 일어남에 따라 화학물질에 대한 소비자의 신뢰성이 저하되었고, 셋째, 현재의 과학수준으로 우리가 알고 있는 것과 미래에 알게 될 정보 사이에 차이가 있을 것이라는 생각이 널리 용인되기 시작한데 있다. REACH는 밑의 표와 같은 입법과정을 거쳐 입법화 되었다.

REACH의 절차로는 사전등록, 등록, 평가, 허가, 제한 등의 절차가 있으며 그중에서도 한국의 기업으로서 가장 핵심요소인 등록(Registration) 절차는 연간 1톤 이상 약 3만종의 생산(수입포함)되는 화학물질을 대상으로 하며 등록기관은 유럽연합 화학물질청(European Chemical Agency)이다. 물질의 유해성이 이미 적절히 관리되고 있는 물질(Annex Ⅱ), 다른 등록 물질의 평가에 의해 유해성 관리가 가능한 물질(Annex Ⅲ), 유럽연합에서 수출하여 재수입 되는 물질은 등록의 대상에서 제외된다. 제품에 포함된 물질도 인체건강 및 환경에 유해하고 생산자 및 수입자 별로 연간 1톤이 넘는 경우에는 등록하여야 하며 특정한 경우에는 화학물질청에 통보하여야 한다. 다만 연구개발을 위한 제품생산 및 공정에 사용되는 물질은 최대 15년 (처음 5년 연장 5년~10년까지) 등록 의무를 면제한다. 해당 물질의 제조자 속성, 사용 방법 등에 관한 기술자료(technical dossier) 및 (10톤 이상인 경우) 안전성보고서(Chemical Safety Report)가 등록의 대상으로서 생산량(수입량)에 따라 1톤, 10톤, 100톤, 1,000톤 이상으로 제출 자료를 차등화 하며 1톤 이상 10톤 미만의 경우에는 등록 자료의 양이 가장 적고 안전성 보고서의 제출 의무도 면제하였다.

평가(Evaluation) 절차는 문서평가 및 물질평가로 구분하고 있다. 문서평가(dossier evaluation)는 동물 실험의 최소화를 목적으로 모든 동물

실험제안(animal testing proposals)에 대해 회원국의 관계기관(Competent Authority: CA)이 실시하는 것(강제평가)으로서 등록절차 요건의 준수여부를 확인하기 위해서도 실시할 수 있도록 하였다. 물질평가(substance evaluation)는 회원국의 CA가 인체건강 및 환경적 악영향이 있다고 인정되는 물질에 대해 실시(임의평가)하도록 하되 등록 자료의 질 및 등록절차요건의 준수여부를 확인하기 위해 실시 할 수 있으며 유럽환경화학물질청이 정하는 우선순위를 감안하여 회원국 관계기관이 수립하는 연동계획에 따라 실시하도록 하였다.

허가(Authorization)는 유럽위원회가 특정 용도별로 실시한다. 발암, 돌연변이, 생식독성물질CMR), 잔류축적독성물질(PBT: persistent, bioaccumulative and toxic), 고잔류축적물질(vPvBs: very persistent and very bioaccumulative) 및 이에 상당하는 유해화학물질을 대상으로 하며 이에 상응하는 유해물질 내분비계 장애물질 등은 매 물질별로 대상여부를 판단하여 결정한다. 유럽위원회가 당해 물질사용으로 인한 위험성 통제의 타당성, 당해물질 사용의 사회경제적 중요성, 대체물질의 유무 등을 고려하여 승인여부를 결정하며 회원국 대표자로 구성되는 위원회에 의한 협의 절차를 거치게 된다.

마지막으로 수자원관리에 대한 유럽연합의 환경정책을 알아보면 우선 지난 30여 년간의 지속적인 유럽연합 차원의 수자원 관리에도 불구하고 수자원에 대한 관리와 개선이 상대적으로 다른 부문에 비하여 미비하다는 문제의식에서 출발한다. 기본적으로 2000년에 제정된 수자원 관련 법안인 WFD (Water Framework Directive)의 목표를 2015년까지 달성하는데 그 목적을 두고 있는데 WFD의 목적을 요약하면 모든 유럽연합의 수자원을 '좋은 상태 (Good Status)'로 유지하는데 있다. 여기서 수자원이란 모든 지하수와 지표상의 수자원 (강, 호수, 바다, 이동하는 수자원)등을 포함한다. 이 중에서도 특이한 점은 바로 하천의 유역관리(River Basin Districts)일 것이다. 이는 국경을 넘어서 다국적으로

흐르는 하천을 유럽연합 회원국이 공동으로 관리하는 것을 의미하는 것으로 해당하는 회원국은 정해진 일정에 따라 6년마다 관리 상태를 유럽연합에 보고하여야만 한다. 이는 여러 회원국을 통과하는 하천이 존재하는 유럽연합 특유의 하천환경을 반영한 환경정책이다.

이상으로 유럽연합의 환경정책에 대하여 알아보았다. 역사적으로 여러 가지 시행착오와 난관을 거치면서도 유럽연합은 현재 전 세계적 기준에서 매우 환경정책에 있어서 선진국에 해당되며 앞으로 환경에 대한 과학과 그 기술수준이 더욱 향상되고 환경정책의 중요성이 계속해서 증대되면서 보다 명확하면서도 강력한 수준의 유럽연합의 환경정책이 실현될 것으로 예상된다.

2. 인권정책

유럽연합의 인권정책은 유럽연합의 창립조약인 1957년 로마조약의 서문에 유엔헌장의 조문들이 주요 원칙으로 기술되어 있는 것을 보아도 인권에 대해 초기부터 중점을 두었음을 알 수 있으며 특히 로마조약 이후 유럽연합은 세계 인권선언, 국제 인권규약 및 유럽 인권협약(European Convention on Human Rights and Fundamental Freedoms) 등 세계적 또는 지역적 인권문서들에 기술된 인권의 주요 내용과 기본적 자유를 보호하고 신장시키는데 그 어떤 국가나 지역보다 많은 노력을 기울이고 있다. 또한 1953년에 발효된 유럽 인권협약에 의해서 1959년 유럽 인권법원(The European Court of Human Rights)을 설치하였고 인권문제를 담당하는 유럽인권위원회 (The European Commission of Human Rights)가 있다. 유럽 인권협약에는 10개의 부속 의정서가 순차적으로 포함되어졌으며 시민적, 정치적인 권리들이 포괄되어있다. 구체적으로 열거해보면 우선 생명권, 고문금지, 노예 및 강제노역 금지, 신체적 자유와 안전, 체포될 시 체포이유를 알 수 있고 재판진행상황을 알 수 있는 권리 및 불구속 재판 원칙, 공정한 재판을 받을 권리, 죄형 법정주의, 개인의 사생활 보호, 사상, 양심과 종교의 자유, 표현의 자유, 결혼의 권리 및 가족을 가질 권리, 이상의 권리가 침해를 받을 경우 효과적인 구제를 받을 권리, 피부색, 성, 언어, 정치적 이념 또는 종교, 민족에 의한 차별금지, 정부가 외국인의 정치적 활동을 억제할 수 있는 권한, 권리 남용의 금지 및 권리의 과잉 제한 금지 등이 있다.

유럽인권위원회는 유럽 인권협약 가입국가 수에 비례하여 위원을 구성하고 협약위반의 신청과 개인의 제소를 다루며 청원이 접수되면 당사자들의 문제를 해결하기위해 개입할 수 있는 권한을 가진다. 유럽 인권법원도 인권위원회와 마찬가지로 가입국가 수에 비례한 판사로 구성되고 법원의 협약의 적용 및 해석에 관련한 사안 국내법과의 문제 등을 다룬다. 설립 당시에는 유럽 인권위원회와 당사국만이 법원에 인권 사건을 제소할 수 있었으나 1982년 개정된 규칙에 따라 현재는 청원을 제기한 개인이나 집단도 법원에 출두할 수 있다. 유럽 인권협약에 포함된 권리들은 계속적인 의정서 (Protocol)들에 의하여 수정되고 추가되었는데 이에 의하여 확대된 권리들을 살펴보면 다음과 같다.

재산권의 보호, 교육을 받을 권리, 비밀투표에 의한 공정한 선거로 대표자를 선출할 권리, 국내 이동의 자유, 사형폐지, 형사 판결에 대한 항소권, 형사 재판 후 무죄로 입증될 경우 국가에 보상을 청구할 권리, 공공기관의 차별금지 등이다. 그러나 이러한 추가 의정서들의 회원국들의 비준과정이 결코 평탄했던 것만은 아니며 유럽연합 차원의 공동 인권정책은 수립에 많은 어려움을 겪었다. 특히 인권정책은 국내법과 유럽연합 차원의 관계가 표면에 드러나는 계기가 되었다. 그러나 이러한 반발과 시행착오를 거치면서도 큰 틀에서의 인권정책의 추진에는 유럽연합 회원국 전체의 의견이 합의되고 이를 통하여 1993년에 발효된 마스트리히트조약(EU조약)에 인권정책의 의도가 반영되었고, 마스트리히트조약은 유럽연합 주민들에게 유럽시민권의 개념을 소개하고 유럽 의회에 추가권한을 부여하였다. 또한 공동외교안보정책(Common Foreign and Security Policy)의 주요 목적으로 인권과 기본적 권리들이 규정되어, 인권과 기본적 권리 및 민주주의 가치들은 유럽연합의 기본원칙으로 확실하게 자리 잡았다. 유럽연합은 국제사회가 최우선적으로 추구해야할 보편적 가치로 인권존중과 민주주의 원칙의 확대를 강조하고 있으며 인권과 민주주의 가치 존중은 유럽연합의 대내적인 책무이고 대외적으로는 제3국가와 유럽연합과의 관계 개선에서 인권을 존중하는 '인권조항'의 삽입을 요구한다. 특히 1992년 이후 유럽공동체와 제3국간 모든 협정에 인권이 양 당사자 간의 '본질적 요소'임을 강조하는 규정을 두고 있다.

또한 1993년 코펜하겐에서 개최된 유럽연합정상회담에서 유럽연합 회원국이 되고자 하는 국가들은 민주주의, 법치, 인권, 소수민족(minorities)에 대한 존중과 보호를 보장하는 제도들의 안정성을 확보해야 회원자격을 부여하기로 결정하였다. 유럽연합은 1995년부터 제3세계 국가들과 교역이나 협력 협정을 맺을 경우에 전반적으로 인권에 관한조항을 의무적으로 포함시켰고 따라서 특정한 경우를 제외하고는 모든 일반적 성격의 양국 협정들에 인권정책과 관련된 조항들이 포함되게 되었다. 이어지는 1998년 세계 인권선언 50주년을 맞아 유럽 집행위원회는 유럽시민들에게 속한 모든 권리를 포괄하는 유럽연합 차원의 기본권의 공식적인 채택에 대한 검토와 유럽 인권협약과 유럽 사회헌장, 인권에 대한 수단들의 효과적인 결합을 위하여 위원회를 구성하였고 이에 이어서 6개항의 실천 방안을 제시하였는데 이는

① 세계 인권 상황에 대한 공동 평가 역량 향상, 유럽연합 인권연감 발간

② 기타 관련기관과 협력을 통한 교육 및 훈련활동 등 인권분야 협력 발전
③ 유럽연합 조직, 대학, NGO 대표들이 참석하는 인권포럼의 개최 필요성 고려
④ 인권 및 민주분야의 국제 기준에 부응할 수 있는 역량 강화
⑤ 제3세계의 민주주의와 법치 그리고 인권존중 및 기본적 자유 발전, 강화
⑥ 이상의 목표를 실현하기 위하여 관련 유럽연합 조직 강화

이상의 6개 항목이다.

이에 이어서 1999년 5월 발효된 암스테르담 조약에서 유럽연합의 인권정책에 대한 후속조치들이 행해지는데 회원국들의 공통된 권리로서 자유, 민주주의, 인권, 법의 지배 및 기본권존중 등의 인권정책 내용을 유럽연합의 법으로 법제화하였다. 이는 유럽연합의 인권정책의 제도화에 있어서 매우 유의미한 조치로써 이를 계기로 유럽연합은 회원국이 인권에 어긋나는 행위를 할 경우에 유럽연합 의회가 해당국을 제재할 수 있는 법적권한을 보유하게 되었으며 또한 유럽연합 가입 신청국의 유럽 인권헌장에 대한 준수 서약이 의무화되었다. 또한 유럽연합은 2000년 12월 니스 유럽연합정상회담에서 유럽연합 기본권 헌장을 선포하게 되는데 이는 유럽연합 차원의 시민들의 기본권 보호에 관한 유럽이사회의 논의들에 기초하여 제정되었고 유럽시민권이 논의되면서 유럽 시민들의 기본권에 관한 목록의 정리가 필요하다는 요구에 의한 것이었다.

유럽연합 기본권 헌장 (The Charter of Fundamental Rights in the EU)은 전문과 7개의 장으로 구성되어 있으며 전문에서는 인간존엄성이 자유, 평등, 연대라는 기본가치와 깊이 연관된 유럽연합의 중심적 가치임이 언급되고 있고 유럽연합의 문화적 다양성, 공동체로서의 4개 기본

자유를 논하고 있다. 또한 유럽 인권협약, 유럽헌법, 유럽 사회헌장, 노동자 권리, 회원국의 국제법상의 의무, 유럽 관련조약, 유럽법원과 유럽 인권법원의 판례에 대한 강조로 이루어져있다.

제1장은 존엄성에 관한 것으로 인간 존엄성의 불가침성과 생명권 그리고 사형금지를 규정하고 있다. 신체를 훼손당하지 않을 권리와 고문과 노예제, 강제노동을 금지하는 것을 명시하고 있다. 제2장은 자유에 관한 것으로 사생활, 가족생활, 주거, 의사소통 등의 자유의 보장, 개인정보 보호에 관한 규정 등이 포함되어 있고 사상과 양심, 종교의 자유, 의사표현의 자유, 집회와 결사의 자유, 노동의 권리 등이 언급되어 있다.

제3장은 평등에 관한 장으로서 법률 앞에서의 모든 사람의 평등을 명시하고 차별행위의 금지목록을 담고 있으며 이에는 성차별의 금지와 장애인의 권리 등이 포함된다. 제4장은 연대에 관한 것으로 노동자들의 단체협상권, 단체행동권, 부당한 해고로부터 보호받을 권리, 사회보장에 대한 권리가 표명되어 있다. 이어지는 제5장은 시민의 권리의 장으로 선거권과 피선거권을 포함한 유럽시민의 권리에 대한 서술이다. 문서에 대하여 접근할 수 있는 권리, 청원권, 외교적 보호권이 이에 해당된다. 제6장은 사법절차에 대한 권리를 제기하고 있고 마지막 제7장에서는 일반조항이다.

이상에서 볼 수 있듯이 기본권 헌장은 유럽연합 시민으로서의 정치적, 사회적 권리들을 포함한 다양한 기본권에 대한 포괄적인 기준을 제시하고 있다. 인권정책 뿐만 아니라 유럽연합의 시민으로서의 제반 권리, 노동권 등은 기존의 조약들의 원칙을 반영한 것이라 할 수 있을 것이다. 그러나 기본권 헌장은 현재 역내에 있는 유럽 시민의 권리를 보호하는 성격을 강하게 지니고 있는 반면 앞으로 유럽으로 이주해 오거나 이미 이주해 있는 영주권자들에 대한 유럽연합의 차원에서의 보호에 대한 언급은 미흡하다는 비판도 있다. 그리고 기본권 헌장이 제정된 후에 국내법과의 충돌이 일부 회원국에서 발생하기도 하였다.

그러나 전반적인 측면에서 보면 유럽연합의 인권정책은 문화적 다양성, 포괄성 증진, 삶의 질 향상, 지속적인 발전 추구와 환경 보호(지속성), 영구적 평화 구축을 통하여 세계적인 차원에서 평화, 안전, 조화로운 발전을 모색하고 있다는 점은 명확하다. 유럽연합이 주창하는 보편적 인권의 가치는 인간이 상호간에 배척하지 않고 인정받기 위한 조치들로써 여성, 소수민족, 서로 다른 문화, 어린이 및 서로 다른 존재들을 인정하고, 그들의 희망과 위험을 같이 공유하는 것이다. 또한 다른 사람과 집단의 주장과 이익을 듣고 받아들임으로써 자기의 주장과 이익도 보호하는 공생의 원칙을 수립해 나가는데 그 목적이 있다. 따라서 인권 존중과 보호는 개인과 공동체를 연결하고 이들 간의 균형과 조화를 이룩하는 생명선으로서의 역할을 유럽연합의 인권정책은 수행한다. 이는 인권존중이 평화와 번영을 추구하는 가장 중요한 매체임을 인식하고 이러한 가치를 확산시키려 노력하는 작업으로 유럽연합은 암스테르담 조약부터 동물도 감정이 있는 생물로 간주하여 동물들의 권리와 복지를 존중하고 보호해야 한다고 선언하였고 회원국들은 동물의 복지에 필요한 조치를 강구하고 있다. 유럽연합은 보편적인 인권의 실천 규범으로 포괄성, 문화적 다양성 존중, 전 세계적 공동체 의식 확산 등 인류는 물론 모든 생물체와 공생하는 지구 구현에 앞장서고 있다. 특히 보편적 인권을 실현하기 위해서 5억 인구가 거주하는 회원국들에게 인권을 강제할 수 있는 권력을 보유한 유럽 인권재판소 및 유럽사법재판소로 하여금 시민들의 인권을 감시하는 기능을 부여하고 있다. 유럽연합은 전통적인 국가와 주권을 넘어 모든 회원국들이 인권을 엄격하게 준수하도록 하는 강제권을 보유하며 전례 없는 초국가적 정치기구를 두고 있다. 장래에 유럽연합의 정치적 통합이 완성되는 시점이 오더라도 유럽연합 차원의 인권 존중과 보호는 더욱 강화될 것으로 예상되고 유럽연합에 있어서 유럽시민의 권리와 의무는 인권의 보편성을 강조하고 그 대상을 특정 개인, 집단, 영토에 두지 않고 우리가 살고 있는 인간, 지구 및 공생하는 생물체까지를 포괄하려는 원대한 이상을 가지고 있다. 이러한 유럽연합의 이상과 노력은 21세기에 '세계정치의 신선한 모델'로 그 가치를 인정받고 있다. 앞으로 유럽연합의 인권정책은 외부 상황이 변화하여도 유럽연합의 기본적 가치로서 가장 중요하게 추진되는 정책의 하나로 자리 잡을 것이라는 사실은 변함이 없을 것이다.

3. 인도적 지원과 대외원조

유럽연합은 집행위원회와 회원국을 포함하여 현재 전 세계에서 가장 큰 인도적 지원을 행하고 있다. 2011년 기준으로 회원국의 지원을 제외한 집행위원회만의 지원도 전 세계 91개국 117만 명의 사람들에게 달한다. 유럽연합은 일찍이 1992년부터 유럽공동체 인권보호청(European Community Humanitarian Office : ECHO)를 설치하고 평균 연간 10억 유로 이상의 비용을 인도적 지원에 사용하고 있다. 또한 그 지원에 있어서 가장 효과적이라는 평을 받고 있다. 이는 지속적인 지원 프로그램의 개발과 투명한 사후의 평가 과정, 지원 전문가 육성, 끊임없는 지원구조의 개혁을 통하여 이루어진 효율성에 기인한바 크다. 인도적 지원과 개발 원조를 합하여 현재 전 세계 160개국이 유럽으로부터 양자 간 또는 다자 간 형태의 지원을 받고 있다. 유럽연합과 회원국들이 제공하는 국제지원의 규모는 매년 약 300억 유로로, 전 세계 지원 총액의 55%에 해당한다. 유럽연합 차원의 단독 지원 규모도(소속 회원국들의 양자적 대외원조 규모를 제외한 규모) 전 세계 지원 총액의 10%를 차지한다.

유럽연합은 이러한 성공적 인도적 지원의 요인을 그 연대성으로 설명하고 있다. 2011년 행해진 유로바로미터 여론조사에서 유럽연합의 시민들은 88%가 유럽연합의 인도적 지원을 지지하고 있으며 (이는 2010년의 79%에서 더욱 상승한 것이다) 84%의 유럽연합 시민이 최근의 유럽 경제위기 상황에도 불구하고 이러한 인도적 지원을 지속해야 한다고 하였다. 또 71%의 유럽연합 시민들이 회원국 단독의 인도적 지원보다 유럽연합 차원의 공동의 지원이 더 효과적이라는 의견을 피력하기도 하였다. 현재 유럽연합이 지원하는 단체는 200여개에 달하고 있다.

유럽위원회 인권보호청의 지원은 제3국에서 발생하는 자연재해나 무력충돌의 희생자들에 대해 인도주의적인 원조를 제공하는 것이며, 이러한 원조는 종교나 인종에 대해 차별 없이 이루어지고 실질적으로 피해를 입은 주민들에게 아무런 중개를 거치지 않고 직접 제공된다. 1992년 이후에 이러한 원조를 받은 주요 수혜국으로는 구 유고연방, 루안다, 부룬디, 수단, 중앙아메리카, 앙골라, 아이티, 아르메니아, 아제르바이잔, 그루지야, 아프가니스탄, 쿠바 등을 들수 있고 인도적 지원의 경우 유럽연합 설립조약에 명시적 규정 근거는 없으나 1996년 6월 채택된 각료이사회규정 [(EC) No. 1257/96]에서 유럽연합의 인도적 지원정책에 관한 정의 및 유럽연합의 책임을 규율하고 있다.

그러면 구체적으로 유럽연합의 인도적 지원은 어떠한 분야에 행해지고 있는지를 살펴보면 2011년 인권보호청의 연례보고서에 따르면 특히 2011년 이후에 전 지구적 차원에서 거대 규모의 자연재해가 자주 발생하였고 이에 대한 지원에 집중하였다. 벨기에 루뱅대학 재난역학연구소 (Centre for Research on the Epidemiology of Disasters : CRED)와 UN국제재해경감전략기구 (UN Office for disaster reduction: UNISDR)의 조사에 따르면 2011년 한해에만 302회의 자연재해가 전 세계에서 발생하였고 30000여명의 사망자, 그리고 2억 6백만 명 가량의 인류가 영향을 받았다. 이러한 현실을 반영하여 유럽연합은 두 가지 인도적 지원의 방침을 천명하였는데 이는 바로 첫째, 신속한 대응과 둘째, 재해 대비지원이다. 대표적인 2011년 지원 사업으로는 일본의 지진, 쓰나미, 원전사고의 3중 복합재해, 아프리카 지역과 중남미 국가들에 대한 가뭄 지원, 방글라데시, 파키스탄, 인도, 스리랑카, 페루 지역의 홍수 지원, 동남아와 중미지역의 허리케인, 태풍 피해 지원 등이 있다. 이에 더하여 자연재해가 아닌 '인간이 만든 재해' 즉 리비아 내전, 이라크 정세불안 안정 등에 대한 지원도 포함된다. 이러한 경우는 재원적인 지원 뿐 아니라 유럽연합 차원의 NATO군 동원도 인도적 지원으로 간주된다. 이러한 '인간이 만든 재해'로서 장기간 유럽연합 차원에서 지원하고 있는 지역도 있다. 이는 수단-남수단 분쟁지역, 팔레스타인 거주지역, 콩고 민주공화국 등이다.

유럽공동체 인권보호청 (European Community Humanitarian Office : ECHO)에는 현재 브뤼셀의 본부에 300여명 이상의 직원과 전 세계 38개국 44개 지부의 400여명 이상의 직원이 근무하고 있고 엄격하게 관리되는 체제하에서 운용이 되고 있다.

이상의 인도적 지원 이외에도 유럽연합은 또 다른 성격의 국가 지원인 대외원조를 오래 전부터 행해 왔다. 유럽의 대외원조는 그 근원을 찾아 거슬러 올라간다면 지난 세기 유럽의 식민지 경영에서부터 뿌리를 찾을 수 있다. 프랑스, 독일, 이태리, 스페인, 포르투갈, 영국 등과 같은 국가들은 식민지 경영으로 막대한 부를 창출하고 식민지에 학교, 병원과 같은 기반시설을 건설하였다. 위와 같은 경험으로 유럽은 다른 신생 원조공여국과 달리, 원조가 필요한 지원국에 대한 원조 프로그램 진행과 운영에 관한 정보를 역사적으로 많이 축적하고 있는 이점이 존재한다.

유럽연합은 1957년 로마조약을 통하여 유럽의 식민지가 집중된 대륙에 집중 원조를 실시할 것을 천명힌다. 이에 따라 유럽공동체는 초기에 아프리카, 환태평양과 캐리비안 국가들을 중점적으로 지원하였으나 1960년대와 1970년대에 걸쳐 유럽대륙이 지배하고 있던 식민지 국가들이 연쇄적으로 독립함으로써 유럽의 원조 정책은 큰 혼란에 빠지게 된다. 그 후 1993년 유럽공동체가 공식적으로 발족하면서 유럽연합은 개발협력정책을 수행하는 데 필요한 법적 기반을 마련하게 되고 1993년 발효된 유럽연합조약에 따르면 "개발협력정책의 목표는 개도국의 지속적인 경제적·사회적 개발을 촉진하고 세계 경제에 개도국을 점진적이고 조화롭게 통합하는 것이며 개도국의 빈곤문제를 해결하는 것이다"라고 명시되어 있다. 이에 따라 유럽연합의 대외 원조 및 인도적 지원은 현재처럼 세계 최대의 지원국으로 성장할 수 있는 법적인 토대를 마련하게 된다.

1990년대 유럽연합의 원조의 경향은 동부유럽과 유럽대륙 주변국으로 집중되었다. 유럽연합은 민주화로 새로운 길을 모색하는 동유럽 신생 회원국들의 경제, 사회 개발을 지원하기 위하여 막대한 원조를 제공한다. 1990년대 중반 이후 유럽연합의 원조는 발칸, 팔레스타인, 북한, 파키스탄 등의 분쟁지역으로 다양화되었다. 이는 과거 유럽연합의 개별 회원국들이 전 식민지 국가들에 대한 기득권 유지를 목표로 하여 지원했던 대외원조 특성에서 벗어나 유럽연합이 전 세계 분쟁의 조정자로서의 역할을 자임하고 나서면서 국제사회에 있어서의 발언권 강화를 목표로 하였음을 보여준다. 역사적으로 유럽연합의 대외원조는 1990년대까지 회원국들의 정치적인 이해관계와 이익의 상충관계로 많은 혼란을 겪어왔으며 비효율적이고 방만한 운영이라는 비판으로부터 자유롭지 않았다. 이러한 측면을 개선하기 위하여 2000년 유럽연합은 대외원조 정책의 대대적인 개혁에 착수한다. 유럽 전역의 원조 전문가와 지역 전문가들이 모여 대외원조 개혁에 관한 워크숍을 1여 년에 걸쳐 진행하여 개혁안을 만들었다. 2000년 개정된 유럽연합의 대외원조 개혁안을 살펴보면 다음과 같다.

① 효율적인 대외원조 정책의 시행을 위하여 유럽위원회에 집중되어 있던 대외원조 관리의 권한을 63개 대표부(Delegation)로 분산, 원조 수혜 지역의 원조 실행 과정을 현지 대표부가 관리

② 유럽연합은 비연계 원조(untied aid)에 집중하여 원조 효율성을 높임

③ 2001년 1월 1일 유럽원조협력사무국(Europe Aid)을 창설, 프로젝트의 발굴, 확인, 시행과 평가 등 대외원조 사업의 관리업무를 총괄적으로 수행

④ 원조의 질적 향상을 위한 시도의 일환으로 수혜 국가별 전략보고서(Country Strategy Paper)를 도입

유럽연합의 대외원조는 총 4개의 총국으로 나뉘어져 있는 대외총국과 55개의 상주 유럽연합 대표부(Delegation)의 도움을 얻어 수혜국에 대한 전략보고서와 원조실행 보고서를 작성하여 유럽이사회에 제출하는 절차를 거친다. 유럽이사회의 승인을 거친 후 해당 국가에 본격적인 대외원조를 실시한다. 원조자금 및 물품지원 전달과정과 수행과정에 대한 평가는 그 국가에 상주하고 있는 유럽원조협력사무국의 평가보고서를 통하여 관리된다. 이 평가보고서는 연말마다 투명성 확보를 위한 정기적인 감사가 실행되며 감사보고서와 실행보고서는 공정성을 기하기 위하여 선정된 제3자인 민간사무소를 통하여 다시 한 번 분석된 후에야 원조 협력청에 제출된다. 분쟁이나 자연재해로 인한 긴급구조에 대한 인도적 지원은 유럽인권사무국이 주관하여 최단시간 내에 해당지역에 전달한다. 특별한 경우에는 인도적 지원이 필요한 해당지역에 대해서 긴급보고서를 작성하여 회원국들에게 더 많은 지원을 요청할 수도 있다.

또 다른 대외원조 부문의 조직으로서 유럽위원회에 소속된 개발총국을 들 수 있다. 개발총국은 모든 개도국과 유럽 공동체의 해외국가

및 유럽연합 해외영토(OCTs: Overseas Countries and Territories)에 대한 개발협력정책의 입안, 입법에 대한 권한을 가지고 있다. 기존의 대외원조 조직이 유럽연합 이외의 국가에 대한 지원에 집중한다면 개발총국은 유럽연합 안에서 미개발된 지역에도 지원을 하고 있다. 개발총국은 유럽연합 공동체내의 개발협력 정책을 수행하는데 있어서 개도국의 이익과 빈곤계층의 이익을 옹호하는 것을 정책집행의 우선순위로 책정하며, 개발정책의 수립에 주도권을 가지고, 유럽연합 회원국 사이의 정책 조정을 원활하게 하기 위한 역할을 수행한다. 이러한 역할을 통해 유럽연합내의 개발협력정책을 효율적으로 진행하고 유럽연합이 추구하는 정책과 회원국이 추구하는 개발정책이 상호 보완되고 결합되며 조정이 용이하게 하도록 한다. 개발총국의 예산은 세 가지 분야로 나뉘는데 그 첫 번째는 개발원조로서 이는 유럽원조협력사무국에서 시행하는 지중해, 발칸, 아시아, 아프리카 등의 지역별 지원에 대한 원조이며 여기에는 코토노 원조가 포함된다. 재원은 유럽발전기금으로 매 5년 단위로 새로운 유럽발전기금이 발효되도록 되어 있다. 유럽발전기금은 공동체 개발 원조의 40% 이상을 차지하고 있다. 두 번째는 유럽연합 가입후보국 지원 이며 세 번째는 공동외교안보정책 및 긴급대응자금을 위한 협력기금이 이에 해당된다.

대외원조 분야에 있어서 또 한 가지 빼놓을 수 없는 중요한 분야가 바로 공적개발원조(ODA) 부문이다. 전통적인 의미에서의 유럽연합의 개발원조(ODA)는 경제협력개발기구(OECD)기준 전 세계 개발원조의 55%를 차지하고 있는 최대 원조국가로서 UN의 새천년개발목표(MDGs)에서 제시하고 있는 각 국가별 목표치인 GNI 대비 0.7%에 근접하고 있다. 이를 보아도 현재 국제 개발원조 정책에 있어서 유럽연합은 적극적인 역할 수행을 통해 영향력을 넓혀나가고 있고 이를 유럽연합의 인식도 고양과 이미지 향상에 적극적으로 활용하고 있음을 알 수 있다. 유럽연합의 대외원조의 재원조달은 회원국의 강제적 기여에 따라 유럽의회의 승인 후에 유럽위원회가 실행하는 공동체 예산과 유럽발전기금(European Development Fund)로 이루어지며 유럽발전기금은 회원국의 자발적 분담금 납부에 따라 형성되고 원칙적으로 유럽의회의 감독을 받지 않는다. 유럽연합은 2015년까지 몬테레이 UN 개발재원국제회의(International Conference on Financing for Development)에서 확인된 바 있는 선진국들의 향후 도달 목표인 GNP 대비 0.7%로 ODA를 증가시키는 것을 목표로 하고 있다. 그러나 아직까지도 원조를 받고 있는 유럽연합의 신생회원국인 체코, 슬로바키아, 폴란드, 에스토니아, 헝가리, 라트비아, 리투아니아, 말타, 슬로베니아, 키프로스 등이 원조를 하는 나라가 되기 위해서는 많은 시간이 걸릴 것으로 예상된다. 일례로 유럽연합의 신생회원국인 에스토니아의 ODA비율은 0.01%에 수준에 그치고 있고 이에 따라 유럽연합 차원의 평균 규모 액수를 유지하기 위하여 서유럽 선진국들은 대외원조 비율을 더욱 높이고 있는 실정이다. 그러나 이러한 부담이 최근의 유럽 경제위기에 있어서 일부 회원국들에게만 부담을 지는 것으로 보이기도 하여 비판적인 의견도 나오고 있다.

또 다른 유럽연합의 대외원조에 있어서 재원조달 기구는 바로 유럽투자은행 (European Investment Bank)이다. 유럽투자은행(EIB)은 비영리 목적의 금융기관으로서 로마조약에 따라 1958년에 설립되었다. 룩셈부르크에 소재하는 유럽투자은행은 대규모 투자가 소요되는 사회간접시설의 건설, 산업경쟁력 향상을 위한 설비 및 연구개발 투자, 낙후지역 개발, 중소기업 설비투자, 환경개선 사업 등 중장기 과제에 대한 투자지원을 통해 유럽연합내의 지역 간 균형개발, 중소기업 육성, 유럽의 경제와 사회의 통합에 주된 역할을 수행하고 있다. 최근에 이르러서는 유럽연합과 제휴를 체결한 중동부 유럽 국가는 물론 중남미, 아시아 지역에까지 그 지원의 폭을 확대하고 있다.

이상으로 이 장에서 유럽연합의 기타 공동정책으로 환경정책과 인권정책 그리고 유럽연합의 인도적 각각의 지원 분야와 대외 원조 그리고 그 재원조달 방법 등에 대하여 알아보았다. 유럽연합은 설립시점부터 인권과 인도적 지원에 있어서 매우 적극적이었고 환경정책에 있어서도 수많은 변화와 시행착오를 거쳐 전 세계적인 수준에서 선진국가의 대열에 올라있다. 최근 들어 유럽지역의 경제위기로 인하여 유럽연합의 기타정책분야에 대한 예산과 지속성에 대한 우려와 비관적인 의견도 나오고 있지만 유럽공동체 인권보호청 (European Community Humanitarian Office : ECHO)의 2011년 보고서에서 알 수 있듯 유럽연합의 시민들은 이러한 기타 공동정책에 대한 확고한 지지를 보여주고 있으며 이러한 분야의 정책들이 21세기 들어서 인간의 삶의 질과 지속가능한 발전이라는 주제에 매우 밀접한 문제들이라는 측면에서도 계속해서 유럽연합 차원의 지원이 계속되리라는 예상이 가능하다.

4. 공동외교안보정책

19세기까지만 해도 유럽 국가들은 세계적인 강대국의 반열에 있었다. 이들의 세계적인 영향력은 주로 제국과 무역을 통해 유지되었다. 그러나 두 차례에 걸친 세계 대전으로 강대국으로서 유럽 국가들이 누리던 영향력이 위축되면서 서유럽 국가들은 미국의 뒤만을 쫓았고, 동유럽 국가들은 소련의 지배를 받았으며, 나머지 유럽 국가들은 중립을 고수하려고 노력했다. 유럽 국가들의 경제공동체(EEC) 역시 초기만 해도 내부 문제에 주로 주력함으로써 세계적인 행위자로서의 역할은 거의 꿈도 꾸지 않았다.

비록 1970년대에 들어와 공동체 회원국들 간에 외교정책의 여러 광범위한 문제들에서 상호 협력하려는 움직임이 점점 가시화되긴 했지만, 그러한 모습이 본격화된 것은 냉전이 종식된 이후부터였다. 동유럽이 소련의 지배에서 벗어나고 동서 분단도 마감되면서 유럽의 시장경계가 확대되었고, EU의 경계 역시 구소련 영토 깊숙한 러시아 국경 근처까지 확대되기 시작했던 것이다. 냉전 종식이 가져온 그러한 변화는 안보문제에서 성격의 변화를 가져와 EU로 하여금 군사력 위주의 경성권력과는 다른 독특한 연성권력을 추구하게 만들었고, 동시에 세계적 행위자로서의 역할 복귀를 모색하게 만들었다.

그러나 1990년부터 91년까지의 걸프 전쟁과 1990년대의 발칸 위기에 대한 EU의 대응은 허약하고 양분된 자신의 본 모습을 적나라하게 드러냈다. 공동의 군사 내지는 방위정책의 부재로 인해 세계적 행위자로서 EU의 역할 확대에 대한 기대감 역시 수그러들면서 유럽 정상들은 미국과 EU와의 조화로운 협력의 필요성만을 거듭 강조했다. 그럼에도 불구하고 EU는 한계의 절감 속에서도 외교와 방위문제에서 단일한 목소리를 내려는 노력을 게을리 하지 않았으며, 그러한 노력이 공동외교방위정책과 이후의 유럽안보정책으로 결실을 맺게 되었다. 그리고 이를 바탕으로 오늘날 EU는 국제 문제에서 그 목소리를 높여감과 아울러 자신의 역할에서도 서서히 변화를 시도해 가고 있다.

공동체 조약의 틀 외곽이었지만, 1970년대부터 외교문제에서 회원국들 간에 협력이 필요하다는 인식이 점차 설득력을 넓혀가고 있었다. 그런 협력의 발전에 중요한 시발점이 된 것이 유럽정치협력(EPC: European Political Cooperation)이었다. EPC는 회원국 외무장관들의 정례 회담, 동 회담 및 후속 회담의 준비를 위한 정치위원회 회동, 그리고 외무장관들 간 의견 교환과 정치위원회 회동 준비를 위한 연락관 회동 등 세밀한 집행 장치를 발전시켰다. 나아가 당해 각료이사회 의장국은 각 접촉 수준에서 EPC 회담을 주관했다.

그러나 조약의 근거를 가진 다른 정책 영역들과 달리 EPC는 조약의 근거가 부족한 불안전한 구조를 갖고 있었다. 그로 인해 1985년 조약 개정을 위한 정부간 회담에서 EPC 강화를 위해 공동체의 대외경제정책과 자체 외교정책을 서로 일치시켜야 한다는 그 필요성에 회원국들이 동의했다. 그렇지만 EPC는 별도의 섹션을 갖춘 채 단일유럽의정서에는 포함되었지만, EEC 조약에는 편입되지 못했다. 그 주된 이유는, 회원국들이 외교정책 문제를 공동체 결정 과정의 대상으로 삼는데 거부감을 가졌기 때문이었다. 그 결과 외교정책 문제는 성격상 공동체 자체의 관심 및 논의 대상이 되기보다는 오히려 회원국들의 자발성에 의존하는 그리고 그들의 결정에 좌우되는 정부간주의 성격을 계속해서 유지하게 되었다. 요컨대 외교정책문제에서 공동체 차원의 입법도 불가능했고, 그 결정도 만장일치로 이루어졌으며, 어느 한 국가의 독자적인 행동조차 공동체 차원에서 막을 수 없었다. 비록 단일유럽의정서가 EU외교정책 및 그 발전을 위한 중대한 시금석이었지만, 1990년대 초반까지 EU의 국제적 지위는 경제적 거인에 어울리지 않게 정치적으로는 난쟁이에 불과했다고 말할 수 있다.

그렇지만 1990년대 초반 이래로 세계정세에서의 격변이 EU의 대외적 역할 및 그 권한과 관련해 회원국들의 인식에 변화를 가져왔다. 첫째, 냉전 종식과 구소련 및 공산권의 붕괴는 국제권력관계에 변화를 가져왔는데, 특히 국제정치적 맥락이 동서차원에서 지역차원의 문제 및 갈등의 해결로 변화했던 것이다. 그와 더불어 권력자원으로서 핵을 포함한 군사력의 비중이 상대적으로 약화되고 경제력 및 지리적 위치의 중요성이 더욱 부각되었다. 미소 양 초강대국의 틈바구니 속에서 미국과의 동맹관계를 중시할 수밖에 없었던 유럽대륙 국가들의 입장도 변화된 국제환경에 따라 점차 국제적 갈등관리 및 해결을 위한 EU의 독자적인 역할과 때로는 미국의 권고를 받아들여 그것의 적극적 수용을 모색하지 않을 수 없었다. 둘째, 독일의 재통일은 EU외교안보정책의 등장을 위한 중요한 압력이 되었다. 즉 재통일된 독일이 더 이상 유럽통합과 EU를 필요로 하지 않거나 혹은 자신의 경제력을 바탕으로 유럽 속의 독일이 아닌 독일을 위한 유럽이 되지 않도록 독일을 더욱 EU의 구조적 틀 속에 단단히 결속시켜 놓아야 한다는 것이었다. 셋째, 1990년대 초의 걸프전쟁과 그에 이른 일련의 사건들은 안보방위정책을 외교정책과 별도로 다뤄야 하며, 이를 위해서는 EPC만으로는 그 효과에 한계가 있다는 인식을 회원국들이 갖게 되었다. 이에 따라 걸프전쟁에 대한 공동체 차원의 외교적 대응과 경제적 제재를 위해서 회원국들 간 조율과 단합이 필요했다. 그렇지만 군사적 대응과 그에 대한 국가별 기여의 문제를 둘러싸고 회원국들 간 이견이 속출했고, 조율 또한 쉽지 않았다. 넷째, 유고슬라비아 내전과 발칸 지역에서 벌어진 종족학살 사태에 적극적으로 대처하기에는 EU의 능력이 부족하고 준비 상태 또한 미흡하다는 자각이 있었다. 비록 EU회원국들이 평화유지와 인도주의 활동을 위한 정책 입안과 이를 위한 각종 포럼을 개최하기는 했지만, 상황에 대처하기 위한 EU의 대응방식에는 일관성도 조율도 부족했다. 그 결과 발칸분쟁의 해결을 위한 리더십은 주로 미국에 의해 발휘되었다.

이러한 국제정세의 변화 속에서 마스트리히트에서 회동한 회원국 정상들은 정부간 회담의 기회를 이용해 EPC를 공동외교안보정책(CFSP: Common Foreign and Security Policy)으로 전환시키려고 노력했다. 비록 마스트리히트 정부간 회담을 앞둔 6월 유고슬라비아 내전 발발과 그에 대한 공동체 차원의 대응을 놓고 공동체 방위정책의 수립에 반대하는 아일랜드와 덴마크 같은 일부 중립국이나 평화지향국가들이 있었지만, EU의 대외적 행위 능력을 강화시킬 필요가 있다는 점에는 널리 합의가 되어 있었다. 그 결과 회원국 간에 외교정책원칙과 공동입장을 발전시키기 위한 마스트리히트 조약에 따라 다음과 같은 CFSP의 목표와 도구가 확정되었다. 즉 EU의 안보 강화, 유엔헌장원칙에 일치해 평화와 국제안보 추진, 국제협력과 민주주의와 법치의 추진, 인권존중 등을 그 목표로 했다. 이러한 목표에 따라 회원국들은 EU의 이익에 반하는 행동을 하지 않으며, 공동의 이익을 위해 서로 간에 정보와 자문을 교환하고, 국제적인 논의의 장에서 회원국들이 서로 간에 행동을 조율하게 될 것으로 기대되었다. 나아가 CFSP는 그 실행을 위한 세 가지 도구도 설정했는데, 회원국의 공동이해가 걸려있는 문제에서 합의를 전제로 한 공동전략(common strategies), 분쟁 지역이나 국가와 관련해 회원국 공동의 접근방식에 합의하는 공동입장(common positions), 갈등관리 및 평화유지를 위한 회원국 공동의 구체적 활동에 관한 합동작전(joint actions)이 그것이었다. 이에 따라 CFSP는 EU의 제2지주로 출범하게 되었는데, 마스트리히트 조약에 규정되어 있듯이 만장일치를 결정방식으로 한 정부간주의를 그 성격으로 했다.

한편 마스트리히트 조약의 강화를 위한 1997년 암스테르담 조약에서는 위기관리와 평화유지 및 인도주의 활동을 강화하기 위한 페터스베르크 임무(Petersberg tasks)가 조약 속에 포함됨으로써 안보정책에 진전이 있었다. 또한 외교안보정책의 강화를 위한 지원 구조로서 각료이사회 내에 CFSP 담당 고위대표(High Representative)가 신설되었다. 그리고 후속된 2000년 니스 조약에서는 CFSP 발전을 위해 강화된 협력절차(enhanced cooperation)가 도입됨으로써 군사 및 방위와 무관한 문제에서 공동입장을 정하고 합동작전을 수행할 수 있는 길이 열렸다.

그러나 이러한 발전에도 불구하고, CFSP는 통합된 정치 전략과 정책의 우선순위, 그리고 정책을 주도할 리더십의 부재라는 한계를 여전히 안고 있었고, 그와 관련해 회원국 간에도 이견이 계속해서 분출했다. 특히 구식민지국가들과의 관계에 특별한 이해를 가진 영국과 프랑스는 물론이고, 중립국 지위를 선호하는 오스트리아, 핀란드, 아일랜드, 스웨덴과 같은 국가들은 외교문제에서 공동의 이해보다는 자국의 국가적 관심사를 더 우선하기도 했다. 더욱이 영국과 네덜란드 및 일부 동유럽 국가와 같은 대서양주의 국가들은 미국과의 긴밀한 관계를 국가의 외교 전략으로 중시했고, 반면에 독일과 프랑스 같은 유럽주의 국가들은 EU의 외교 정책적 독자성을 더 선호했다. 나아가 독일, 프랑스, 영국과 같은 EU의 대국은 CFSP를 자국의 외교정책을 관철시키기 위한 통로로 이용하는 듯 보이기도 했다.

제도적인 면에서도 EU외교정책은 한계를 갖고 있었다. 무엇보다 EU를 대외적으로 대표하는 책임이 각기 다른 기구에 분산되어 있었다. 즉 유럽집행위원회에도 대외관계를 담당하는 집행위원이 있었고, 각료이사회에도 외교문제에서 EU의 대변인 역할을 하는 CFSP 고위대표가 암스테르담 조약을 통해 신설되어 있었다. 그 결과 EU외교정책에서 기구별로 각기 다른 목소리를 냄으로써 혼선이 초래되었다.

이러한 기구별 책임 중복을 피하고 EU외교정책의 일관성을 유지하기 위해 2005년 리스본 조약은 CFSP 고위대표직과 집행위원회 대외관계 집행위원직을 하나로 통합하여 단일의 외교안보정책 고위대표직(a single post of High representative of the Union for Foreign Affairs and Security Policy)을 신설했다. 동 대표는 집행위원회 부의장을 겸임하고, 외무각료이사회를 주재하며, 5000명 규모로 신설된 유럽대외관계청(European External Action Service)의 수장을 겸직하게 되어 있었다. 이렇듯 리스본 조약을 통해 공동외교안보정책분야에서 통합과 그 지위에 격상이 있었다. 그와 더불어 EU외교정책 역시 초기 윤곽의 단계에서 벗어나 구체적인 형태를 점차 갖추어갔다.

그렇지만 그러한 발전에도 불구하고 외교정책에서 EU의 제도적 한계가 완전히 해소된 것은 아니었다. 지금까지 EU를 대외적으로 대표해 온 유럽집행위원장과 리스본 조약을 통해 새로이 EU를 대표하게 된 상임의장(European Council President) 사이에 역할 분담 문제가 아직 미결로 남아있었기 때문이다. 이와 관련해 폴란드는 자국 수상의 지시를 받을 것이며, 상임의장의 지시를 받을 수 없다고 했다. 그에 반해 프랑스 등 일부 국가는 상임의장이 미국, 중국의 최고 지도자와 대등한 지위에서 대외관계를 수행해야 한다고 주장했다. 이렇듯 회원국 간에도 상임의장의 역할과 관련해 의견의 합일을 보지 못하고 있었다. 또한 2010년 4월 활동에 들어갈 예정이었던 유럽대외관계청의 역할과 관련해서 EU 기구 간에 갈등이 빚어지기도 했다. 예컨대 가능한 한 대외관계의 기존 권한을 유지하고자 한 집행위원회와 유럽대외관계청에 대한 감독 권한을 보유하고자 한 유럽의회의 대립으로 그 활동이 지연되었던 것이다.

이러한 제도적 미결 문제를 넘어 EU가 가진 더욱 본질적인 문제는 외교정책의 발전 및 그 행사와 관련해 회원국들이 부여하는 EU의 중요성일 것이었다. 예를 들어 경제력 규모에서 미국은 2011년 기준 전 세계 GDP 규모 64조 달러 가운데 23.4%인 15조 달러 - 유럽연합 27개국 전체로는 17조 6000억 달러로서 약 34% - 를 차지한 점에서 그 힘을 무시할 수 없으며, 국제통화체제를 사실상 주도하는 기축통화국으로서의 지위를 여전히 누리고 있고, 군사적 강국으로서의 지위에도 변함이 없었다. 이런 미국의 권력자원은 세계경제의 위기시마다, 그리고 중동이나 아프리카, 동유럽 등 각 지역의 분쟁에서 그 해결을 주도하는 힘이 되어 왔었다. 특히 후자와 관련해 경제력에 걸맞은 정치적 힘은 군사적 능력을 바탕으로 한다는 것이 일반적이었다. 이런 인식에서 볼 때, 시장의 크기와 유로화에 힘입어 경제적으로 EU의 존재감이 부각되고는 있지만, EU 공동의 군사적 능력이 없는 한 EU의 국제적 영향력은 한정될 것이며, EU를 발판으로 자국의 국제정치적 영향력을 도모하는 회원국의 입장에서 EU에 부여하는 중요성도 제한적일 것으로 여겨졌다. 이를 인식한 듯 EU와 회원국 모두에서 안보방위분야에서의 협력을 위한 노력들이 전개되었다.

안보방위정책분야에서 EU회원국 간 협력은 상당한 난제에 속했다. 그 이유는 첫째, 안보방위정책이 회원국 고유의 국가주권과 긴밀히 연결된 분야였다는 점과, 둘째로는 회원국의 서로 다른 안보방위능력에 있었다. 세 번째 이유로는 군사력의 사용에서 서로 상이한 회원국의 의지였다. 그리고 현존하는 안보방위기구에 대한 회원국의 헌신과 태도에서 나타나는 차이도 들 수 있다. 특히 후자와 관련해 나토 및 대서양 양안 간 관계는 나토의 비가입국이자 EU회원국들(오스트리아, 핀란드, 아일랜드, 스웨덴 등)에게 있어, 그리고 두 기구에 동시 가입하고 있는 회원국들에게 있어 나토를 대표로 한 미국과의 밀착 정도와 관련해 격론을 가져왔다. 그 중에서도 영국은 미국과의 유대 강화를 가장 중시하는 회원국으로서 2001년 9·11 테러사태와 2003년 이라크 공격 이후 아프가니스탄에 대한 미국의 군사작전에 가장 적극적으로 지지와 지원을 보낸 국가였다. 반면에 프랑스는 미국의 그런 군사작전에 가장 미온적인 반응과 유럽의 독자성을 가장 강력히 주도한 국가였다.

그렇지만 회원국 간 상반된 태도에도 불구하고, 1990년대 초부터 안보방위정책을 향한 노력이 EU에 의해 전개되었다. 그리고 그 노력은 당시 걸프 전쟁과 유고슬라비아 분쟁에 대한 EU의 대응, 즉 탈냉전 시기 국제적 안정과 군사적 개입을 통한 기여에 있어 EU가 보인 분열되고 미온적인 대응을 원인으로 했다. 1990년대 말까지 계속된 발칸지역의 분쟁과 특히 코소보 위기는 유럽을 향한 미국의 역할 분담에 대한 압력과 더불어 미국의 정치적 의지 및 군사적 자산에 대한 유럽의 의존과 허약한 힘을 공개적으로 드러냈다. 그로 인해 유럽 국가들은 자신들의 군사적 능력 및 지위에 불만을 갖게 되었고, 그럴수록 안보 활동을 위한 유럽의 자체 능력이 더욱 강화되어야 한다는 필요성에 대해서도 다음과 같이 공감대가 형성되었다. 즉 EU가 군사작전능력을 보유하고 있지 않는 한, 유럽 대륙의 분쟁 해결에서 정책을 주도하는 미국의 지위는 계속될 것이다. 그러나 갈등과 관련해 EU는 미국과 다른 입장을 갖게 될 상황도 있게 될 것이다. 또한 갈등관리를 위해서는 신속하고 효율적인 의사결정과정이 필요하다. 그러나 EU는 안보방위분야에서 그런 것들을 갖고 있지 못하다는 것이었다.

이러한 인식에서 EU는 1994년부터 유럽안보방위정체성(ESDI:

European Security and Defence Identity)의 발전을 향해 나아갔다. 결국 이는 1996년 나토 회원국 장관급 회동에서 합의되었는데, 나토가 개입을 원치 않을 경우에 나토의 유럽 회원국들이 독자적으로 군사 활동을 개시할 수 있게 한다는 내용을 골자로 했다. 즉, 이는 유럽이 나토 구조 내에서 군사력을 재건하여 더욱 강화된 그리고 필요하다면 더욱 독자적으로 그 힘을 사용하기 위한 것이었다.

뒤이어 1998년 12월 말 생 말로(St. Malo)에서 열린 영국과 프랑스 양국 간 정상회담에 의해 방위정책의 또 다른 진전을 위한 중대한 돌파구가 마련되었다. 영국의 토니 블레어 수상과 프랑스의 자크 시락 대통령 간의 공동성명에 따르면, EU는 '국제무대에서 온전한 역할을 수행할 수 있는 지위에 있어야 하며, 믿을 만한 군사력을 통해 자체적인 행동 능력을 가져야 하고, 군사력 사용을 결정하기 위한 수단과 이를 위한 준비태세가 되어 있어야 한다'고 했다. 특히 양국의 정상회담이 눈길을 끈 이유는, 양국이 안보방위정책의 방향에서 그동안 정반대의 입장에 있었다는데 있다. 즉, 영국이 미국과의 긴밀한 관계를 중시하는 대서양주의를 대표한다면, 프랑스는 유럽주의, 곧 유럽의 독자능력을 중시하는 입장에 있었다. 따라서 양국 정상회담은 나토 구조 안에서 EU의 안보 능력 강화를 촉구함으로써 양국 입장의 수렴을 알리는 사건이었다.

이러한 수렴은 몇 가지 요인에 그 원인이 있었는데, 보스니아 영토에서 거둔 성공적인 군사적 협력, 코소보 지역의 세르비아 군과 세르비아 지역의 군사정부시설에 대해 나토 명의로 행한 미국의 독자적인 공중폭격 강화와 그에 대한 영국의 불만, 1992년 창설된 유럽군(Eurocorps)을 통한 독불 군사협력의 강화와 고립에 대한 영국의 위기의식, 나아가 유럽 정부 전체 방위비가 미국의 2/3에 불과하고, 배치할 수 있는 군대도 고작 10%에 불과하다는 점 등이 중첩되어 있었다. 말로 회담의 중요성은, 영국이 방위정책에 있어 그동안 고수해 온 입장에서 선회했고, EU의 방위정책 발전에 있어 주도적 역할을 펼칠 의향을 적극적으로 드러낸데 있다. 따라서 마스트리히트 조약의 안보방위 내용에 실질적인 효력이 나타날 수 있게 되었다.

생 말로 회담 이후 안보방위정책에 급진전이 있었다. 이 과정에서 몇 차례의 유럽이사회 회담이 특히 중요했다. 1999년 6월 쾰른에서 열린 유럽 정상들 간 회담에서 최초로 '유럽안보방위정책(ESDP: European Security and Defence Policy)'에 관한 공동성명이 채택되었다. 즉, 공동외교안보정책의 목표와 진전된 공동방위정책의 구조적 틀을 추진함에 있어 EU조약과 페터스베르크 임무에서 정한 갈등예방과 위기관리임무를 전 범위에 걸쳐 결정할 수 있는 능력을 각료이사회가 갖도록 한다. 이 과제를 위해 EU는 군사력을 통한 독자적인 작전 수행능력, 군사력 사용의 결정 수단, 그리고 이를 위한 준비를 갖춰 나토에 편중되지 않고 국제적 위기에 대응할 수 있어야 한다는 것이었다. 이렇듯 ESDP는 앞서의 ESDI와 달리 나토 휘하에서 벗어나 유럽의 독자적인 방위체제를 구축하려는 EU회원국들의 의지를 내포했다.

뒤이은 1999년 12월 헬싱키 정상회담은 ESDP의 구체적인 실행 방안으로 2003년까지 60일 내 작전 투입이 가능하고 최소 1년의 작전 기간을 염두에 둔 5만에서 6만 명 규모의 유럽연합 신속대응군(ERRF: European Rapid Reaction Force)을 창설하기로 합의했다. 그리고 CFSP의 지원과 ESDP의 수행을 위한 자문 기구로서 정치안보위원회(Political and Security Committee), 군사위원회(Military Committee), 군사참모부(Military Staff)를 유럽이사회 내에 설립하기로 했다. 이와 더불어 비군사 영역에서 위기관리능력 강화, 집행위원회를 중심으로 하는 분쟁예방임무의 설정, 페터스베르크 임무와 관련된 서유럽 동맹 기능의 유럽연합 편입 등이 결정되었다. 이러한 헬싱키 유럽이사회의 결정으로 EU가 최소한 두 가지 형태의 작전을 염두에 두고 있다는 것을 예상할 수 있었다. 첫째, 나토의 자산과 군사력을 사용하지 않는 작전과, 둘째, 나토의 자산과 군사력을 사용하는 EU 주도의 작전이었다. 이와 같이 ESDP는 마스트리히트 조약에 CFSP가 제2지주로 설정된 이래 유럽방위정체성을 넘어서 작동하게 되었다.

2000년 6월 포르투갈 페이라(Feira)에서 열린 정상회담에서는 5천 명 규모의 민간 경찰인력을 30일 내에 위기발생지역에 파견하는데 회원국들이 합의했으며, 또한 위기발생지역의 신속한 안정화를 돕기 위해 민간에 대한 비상지원을 겨냥한 신속대응체제로 민간위기관리위원회를 창설하기로 합의했다. 그리고 2003년 12월 브뤼셀 정상회담에서는 유럽 최초의 전략적 목표에 관한 공동성명으로서 유럽안보전략(European Security Strategy)이 회원국 정상에 의해 채택되었다. 이는 CFSP 고위대표의 지휘를 받아 입안되었는데, 글로벌 행위자로서의 EU의 지위 격상을 강조하면서 9·11테러 이후 국제 테러가 유럽 안보의 새로운 위협요인으로 대두되면서 전 세계 안보가 유럽안보라는 모토 아래 포괄적 안보개념으로서 유럽의 안보책임영역을 전 세계로 확대하기로 하고, 국제테러 이외에 대량살상무기확산, 국지분쟁, 특정국가의 붕괴로 인한 위기발생, 국제조직범죄를 유럽안보의 위협요인으로 규정했다. 그리고 EU의 군사 및 비군사적인 모든 가용수단을 동원해 분쟁원인을 최대한 신속히 제거하고, EU 주변지역의 안보 확보에 중점을 두며, 유엔 및 지역 기구와의 다자간 협력관계를 강화하여 세계질서를 유지하고 확보해 나가는 것을 주요 목표로 했다.

한편 2004년 6월 브뤼셀 유럽이사회의 결의에 따라 7월에 ESDP를 위한 군사력 증강과 작전계획 및 연구개발의 추진을 목적으로 한 유럽방위청(European Defence Agency)이 창설되었다. 그리고 동년 11월에는 신속대응군 창설안이 그 규모에 있어 너무 방대하다는 점에서 이를 대체하기 위해 EU회원국 소속 국방장관들이 15일 안에 분쟁지역에 배치되어 30일 내지 120일 동안 임무를 수행하게 될 1,500명 규모의 15개 전투부대를 창설하기로 합의했다. 나아가 리스본 조약의 제1부에 해당하는 유럽연합 조약에는 EU회원국 간 상호방위조항이 포함되어, 회원국 영토에 대한 무력공격이 있을 경우, 다른 회원국들은 그들의 권한 범위 내에서 모든 수단을 이용하여 원조하고 지원할 의무가 있음을 명시해 놓았다. 이를 통해 안보방위정책의 실행력 및 구속력을 강화하고자 했다. 또한 리스본 조약은 ESDP를 공동안보방위정책(CSDP: Common Security and Defence Policy)으로 개편했고, CSDP 내부에 상설협력체(permanent structured cooperation)를 설치하여 여기에 회원국들이 참여할 수 있게 해 놓았다. 이 상설협력체 설치 구상에 따라 유엔헌장의 원칙에 입각해 군대를 조직할 의사와 능력을 가진 회원국들이 먼저 선도그룹(pioneer group)을 만들 수 있고, 이 선도그룹은 자체적으로 참여 회원국 장관들로 구성된 이사회를 둠으로써 선도그룹이 정한 참여조건을 충족시킬 의지나 능력이 없는 국가의 참여를 정지시킬 수 있도록 했다. 이를 통해 리스본 조약은 안보방위분야에서 정책 집행을 위한 응집력과 결속력을 한층 강화시키고자 했다. 나아가 앞에서 언급했듯 리스본 조약은 각료이사회와 집행위원회로 양분된 대외관계 시스템의 난맥을 해결하기 위해 집행위원회 대외총국을 유럽대외관계청으로 개편하여 각료이사회 내 외교안보정책고위대표의 산하에 위치시켰다. 이러한 조치는 각료이사회와 유럽집행위원회 간 협력을 통한 단일화된 대외정책 실행이라는 EU의 오랜 숙원을 실현한 것이었다.

그렇지만 안보방위정책의 광범위한 발전에도 불구하고, 그 한계 역시도 여전했다. 즉, 정부간주의 성격이 그러했고, 나토를 대표로 한 대서양 동맹에의 의존도 여전했으며, EU가 독자적으로 개입할 수 있는 임무 수행의 종류도 제한적이었다. 예를 들어 ESDP 혹은 CSDP의 수행은 나토가 개입할 의사가 없는 경우에 한해서만 EU가 독자적으로 임무를 수행할 수 있게 되어 있다는 점에서 한계가 있었다. 더욱이 그 수행에 필요한 군사력의 사용과 관련해 리스본 조약은 독자적인 유럽군의 창설을 의도하고 있지 않음을 명백히 규정하고 있다는 점에서 회원국과 나토의 지원이 없으면 사실상 임무 수행의 범위에도 제약이 있을 수밖에 없었다.

더욱이 CSDP와 국가주권의 충돌 가능성에 대한 회원국의 민감한 반응도 쉽게 사라지지 않았다. 예컨대 서유럽 동맹을 EU로 통합해 모든 회원국 정상들이 참여하는 유럽이사회를 사실상 미래 군사작전의 결정기구로 만들고자 한 프랑스와 독일의 주장에 대해 이를 EU의 완전한 정치화 및 군사화로 여겨 반대한 영국과 그에 동조한 스웨덴, 오스트리아, 핀란드, 아일랜드의 사례가 있었다. 특히 두 번에 걸친 국민투표를 통해 리스본 조약을 승인한 아일랜드의 경우 그 반대자들은 리스본 조약의 안보방위정책 조항이 아일랜드의 중립국 지위에 종식을 알리는 전조가 된다고 비난을 했다. 이들은 CSDP가 어떤 특정한 회원국의 특수한 안보방위정책의 성격에 편향되어서는 안 된다는 동 조약의 규정을 아일랜드와 같은 군사적 중립국을 겨냥한 것으로 보았던 것이다. 결과적으로 CSDP에 대한 아일랜드의 그러한 민감한 반응과 그리고 승인을 위해 두 번의 국민투표를 거쳐야 했던 아슬아슬한 상황은 새로운 외교안보방위정책과 관련해 리스본 조약의 준비 작업을 어렵게 하는 한 요인이 되었다.

따라서 탈냉전 이후 나토의 존재 가치에 대한 회의에도 불구하고, 새로운 국제적 위협요소에 대응함에 있어 EU의 독자적인 군사 활동과 이를 위한 능력 구비가 회원국 간 이견의 노정으로 쉽지 않은 상황에서, 그리고 EU의 독자적인 안보방위정책과 군사능력의 강화에 대한 회원국의 의구심이 계속되는 한 나토의 조직력과 동원력에 EU가 의존할 수밖에 없는 상황은 지속될 것이다. 그런 점에서 EU가 미국에 버금가는 군사적 능력과 독자적인 정책 개발을 얼마나 이루게 될 것인지, 그리고 얼마나 앞으로도 EU가 나토를 계속해서 필요로 하게 될 것이며, 얼마나 그로부터 탈피하게 될 것인지는 회원국에게 과제로 남아 있다.

5. 유럽연합의 내무사법협력

유럽연합(EU)의 내무사법협력은 가장 최신에 해당하는 EU정책 분야로서 국제범죄와 테러에 대한 대응, 이민관리, 경찰 및 사법협력을 통한 안전과 개인 권리를 보호하기 위한 연합 차원의 방안을 발전시키려는 노력이 응축되어 있는 분야이다. 이러한 노력은 1980년대 말 단일시장의 완성을 위한 작업이 그 속도를 더해 가면서 공동체 차원의 내무 정책과 역내외를 가르는 경계를 관리해야 한다는 정치적 요구가 증가하면서 등장했다. 그에 따라 마스트리히트 조약에 의해 내무사법협력의 목표가 정해졌고, 이후 EU를 '자유, 안전, 사법 지대(area of freedom, security and justice)'로 만들기 위한 노력이 동 정책 분야의 핵심을 차지하게 되었다.

그렇지만 그 노력은 정치적 논란을 불러왔으니, 그것이 국가 고유의 정치 및 사법체계에 속하는 주요 문제들을 잠식할 가능성이 있었고, 그 결과 국가주권에 대한 우려를 갖게 했던 것이다. 그러나 동 정책 분야에서도 개별 국가만으로는 효율적인 대처가 어려운 부분이 날로 증가했고, 그만큼 회원국 간의 협력을 통한 유럽 차원에서의 문제 해결을 모색해야 한다는 그 필요성에 대한 인식 역시 커져갔다. 그에 따라 유럽 차원의 역내외 문제, 곧 역내 사람의 자유이동과 역외국경의 통제를 비롯한 문제들을 다루기 위한 정책으로서 내무사법협력이 등장했던 것이다.

그동안 EU의 내무사법협력에 관한 정책은 무엇보다 난민신청과정을 표준화하고, 숙련노동자의 이민과 더불어 불법이민을 통제하고, 비자 및 개인의 신상정보보호에 관한 정책을 개발하며, 회원국 경찰력과 사법기관 간의 협력을 통해 테러와 조직범죄 및 마약과 인신매매를 방지하기 위한 노력을 전개해왔다. 시간이 가면서 그 노력이 정부 차원의 느슨한 집단행위의 구상에서 벗어나 초국가 차원의 조율된 방식으로 이동해 가면서 협력의 밀도를 높여가고 있다. 그러한 점은 사법문제에서 나타나는 상호인정의 추세를 확인하듯 '유럽 차원의 체포 및 증거영장제도(European arrest and evidence warrants)'에서 가장 극명하게 드러나고 있다.

1957년 로마조약에서 사람의 자유 이동을 규정하기는 했지만, 공동체 차원에서 내무사법협력에 대한 필요성은 동 조약에 전혀 언급되어 있지 않았다. 다만 로마조약 이래로 그 필요성이 목표나 제도 및 법적 수단의 결여와 더불어 간헐적으로 피력되었을 뿐이고, 오히려 공동체보다는 유럽평의회(the Council of Europe)가 더욱 적극적이었다. 즉 유럽평의회는 형사 및 인권에 관한 문제들을 제기했고, 범죄인 추방 및 기결수 인도에 관한 국제협약을 주도했으며, 다자간 접근법을 통해 내부 문제와 관련된 과제를 해결하고자 국가 간 장관급 회담을 주선하기도 했다. 그에 반해 유럽 공동체는 경제통합에만 주력했을 뿐, 내무사법협력에서 정책 조율을 위한 노력에는 전혀 관심을 갖고 있지 않았다.

동 정책 분야에서 구체적인 공동체 차원의 구상이 나오지는 못했지만, 1967년 공동체 회원국 관세당국 간의 협력을 위한 '나폴리 협약(Naples Convention)'의 체결은 작은 돌파구였다. 즉 이를 통해 회원국들은 회원국 경찰 및 관세당국에 의해 형사 피의자로 의심받는 자의 국경이월을 상호 감시하기로 함으로써 회원국 정부 간 협력과 교류를 촉진할 수 있는 주요한 전기가 마련되었던 것이다.

1971년에 마약과 밀거래 방지에 관한 경험을 공유하고자 당시 프랑스 대통령의 이름을 딴 퐁피두(George Pompidou) 그룹이 설립되었고, 1975년에는 트레비 그룹(TREVI group)이 설립되어 테러방지활동을 조율하기로 했으며, 1985년 이후에는 마약밀거래와 조직범죄에 대처하고자 그 권한이 더욱 확대되었다. 이후 내무사법분야에서의 협력을 위한 또 다른 전기로 쉥겐 협정(Schegen agreement)이 1985년에 체결되고 실행에 옮겨짐으로써 비자, 불법이민, 망명, 범죄인 추방, 경찰 및 사법 협력 등에 관한 정책에서 수렴 과정을 시작할 수 있는 길이 열리게 되었다. 더욱이 동 협정에 의해 전산 처리된 쉥겐정보시스템 또한 발족하면서 쉥겐 지대로 들어오는 입국자들의 관리를 위해 경찰과 관세 공무원들이 데이터베이스를 이용할 수 있는 길도 열렸다. 나아가 1990년에는 당시 유럽공동체(EC) 12개 회원국에 의해 망명신청에 관한 더블린 협약(Dublin Convention)이 체결되었다. 이를 통해 망명 신청자가 유리한 조건을 따라 신청국을 돌아다니는 일을 방지하도록 제3국적자의 망명 신청을 망명 신청국에서 심사하고, 거부될 시 EU 회원국 전체에서 거부된 것으로 간주되었다. 이후 더블린 협약은 2003년에 더블린 규정으로 대체되어 망명 신청자는 EU에 최초 입국한 회원국에서만 신청하도록 강화되었다.

공동체 회원국들 간 이러한 초기 협력의 경험으로 인해 보다 집중적이고 구조화된 접근법을 통해 정책에 접근해야 한다는 압력이 1990년대 들어와 높아지기 시작했고, 그에 따라 성과도 못지않게 있었다. 그렇지만 각 회원국들 고유의 내무 및 사법체계는 그대로 온존해 있었다. 더욱이 벨기에, 네덜란드, 포르투갈 같은 몇몇 회원국의 경우 단일시장의 완성이라는 이유로 공동체 비회원국에 대한 자국 국경의 통제를 느슨하게 함으로써 사실상 공동체 역내 인접국에게 국경통제의 책임을 떠넘기는 상황도 초래되었다. 그 결과 부담을 공유해야 한다는 필요성과 개혁 및 협력에 대한 압력이 더욱 높아졌다. 나아가 공산권 붕괴 이후 러시아계 범죄 집단의 활동과 발칸반도에서 벌어진 내전으로 이 지역 출신자들의 망명 신청이 쇄도함으로써, 그리고 2001년 9.11 사태로 촉발된 국제 테러리즘에 대한 종합적이고 구조적인 접근이 필요하다는 인식에 의해서도 그 압력이 더욱 가중되었다. 따라서 마스트리트 조약에 이른 일련의 논의 과정 속에 내무사법분야와 관련된 공동체 차원에서의 협력이 공식적으로 포함되었다. 당시에는 내무사법분야와 공동외교안보정책을 단일 구조 속에 하나로 통합시키려는 노력이 있었다. 그러나 회원국 간에 의견 차이가 있었고, 이는 국가주권의 주요 문제로까지 확대되었다. 요컨대 안전 혹은 안보는 국민국가의 등장 이래로 국가권력을 정의하는데 핵심을 차지했고, 민주주의와 시민자유 및 시민생활에서 정부의 적절한 역할과 관련해 오늘날에도 계속해서 도전적인 주요한 문제에 해당하는 것이었다. 그 결과 마스트리히트에서 타결된 타협에 의해 내무사법협력은 EU의 3개 지주(pillar) 가운데 하나가 되었지만, 동시에 동 분야에서 결정의 대부분이 만장일치로 이루어지는 정부간주의 성격을 지니게 되었다.

이러한 내무사법협력 곧 제3지주에 해당하는 마스트리히트 조약의 주요 내용을 간략히 정리하면 다음과 같다. 첫째, 회원국은 망명정책, 이민정책, 마약중독에 대한 대처 등을 포함해 9개 정책 분야를 공동의 주요 관심사로 다루기로 했다. 그리고 비자정책은 마스트리히트 조약의 제1지주인 유럽공동체(EC)의 관할로 넘겨졌고, 1996년 1월 1일 각료이사회에서 가중다수제로 공동비자정책을 채택하기로 합의되었다. 둘째, 결의안과 권고안의 제출 등 공동입장과 공동의 실천 방안을 정하고 협약을 입안할 수 있는 권한을 각료이사회에게 주기로 했다. 셋째, 협력과 조율을 추진하고 마스트리히트 조약에 의거 EU가 그 의무를 충족할 수 있도록 새로운 제도 기구를 설립하기로 했다.

마스트리히트 조약을 통해 제3지주로 등장한 내무사법협력이 활기를 띠게 되면서 다수의 선언 및 협약이 채택되었고, 1999년부터 공식적으로 활동에 들어간 유럽경찰국(Europol: European Police Office) 또한 신설되었다. 하지만 내부사법협력에 관한 문제에 대처함에 있어 회원국 정부들이 약속한 집단적 대응은 그 진전과 관련해 부진에서 완전히 탈피하지는 못했다. 그 주된 이유는, 내무사법협력에 속한 수많은 정책들이 민감성이 매우 높은 것들이었고, 특히 민감한 개인 사생활에 관한 정보 교환과 같이 심각한 문화적 문제들을 부각시켰을 뿐만 아니라 국가주권문제를 직접적으로 건드리기도 했던 것이다. 그런 민감성 때문에 제3지주는 정부간주의 방식에 입각해 설립되었던 것이고, 각료 이사회를 통한 의사결정도 매우 어려워졌다. 내무사법협력 분야에서의 정책 공조가 초기에 매우 느리게 발전된 또 다른 이유는, 동 분야에 속한 정책 영역의 다수가 국가별로 상이한 시민법과 해당 유관 기관들 때문에 성격상 복잡하고 일치가 어려운 점에도 있었다.

제3지주의 운영을 위한 정부간주의 방식에 대한 불만이 점증하면서 이를 반영하기 위해 그리고 일상의 유럽인에게 더욱 밀착된 유럽통합이 되어야 한다는 소망 속에서 암스테르담 조약에 의해 헌정상에 변화가 있었다. 첫째, 이민, 망명, 난민, 추방자를 포함한 내무사법협력에 속한 몇 가지 정책들이 정부간주의 방식의 제3지주에서 초국가주의 성격의 제1지주로 그 담당 관할이 이전되어 공동체화되었다. 비자정책을 제외하고 EC 관할의 제1지주 속에서도 각료이사회에서 의사결정의 대부분이 만장일치로 이루어지기는 했지만, 앞으로 5년이 지난 후 의사결정방식에서 가중다수제가 도입될 가능성을 지닌 조항이 만들어졌다. 둘째, 정책 목표들을 명확하게 했다. 셋째, 선택적 탈퇴(opt-out)를 얻은 영국과 아일랜드 및 덴마크를 제외하고 쉥겐 협정이 조약의 일부로 편입되었고, 이민·망명, 사법협력에 관한 책임권이 EU로 넘어갔다. 넷째, 정부간주의 성격의 제3지주가 '형사문제에서 경찰사법공조에 관한 조항들(Provisions on Police and Judicial Cooperation in Criminal Matters)'로 그 명칭이 변경되어 '자유, 안전, 사법지대(area of freedom, security and justice)'의 창설을 목표로 하게 되었다.

공동의 역외 국경을 가진 EU 역내에서 사람의 자유로운 이동을 겨냥한 '자유, 안전, 사법지대'의 실현을 위해 1999년 10월 핀란드 탐페레(Tampere)에서 유럽정상들 간의 특별회담이 개최되었다. 회담에서 유럽 정상들은 국경 간 자유이동에 따른 문제들을 해결하기 위한 실천 프로그램에 합의를 보았는데, 이 프로그램에는 1999년부터 2004년까지 5년에 걸쳐 이민·망명 및 국경 간 범죄에 관한 문제를 해결하는데 필요한 약 60개의 구상이 내용으로 들어가 있었다. 그 가운데 몇 가지를 든다면, 공동의 망명시스템 도입, 법원 제소와 사법판결의 상호인정에서 진전을 위한 방안, 그리고 유럽사법협력청(Eurojust) 및 유럽경찰대학(European Police College) 등 2개 기관의 신설이 있었다.

한편 암스테르담 개정 조약 이후로 '자유, 안전, 사법 지대'의 창설에 관한 정책들에서 그 발전의 속도는 가히 신속히 진행되었다. 그 이유는 대체로 3가지 상황에서 비롯되었다. 첫째, 역내시장이 계속해서 개방되고 있었고, 그와 더불어 역내 국경을 이월하기가 더욱 쉬워지고 있었다. 물론 역내 국경의 더욱 손쉬운 이월은 시민의 편익을 위한데 목적이 있었지만, 개별 국가 차원의 정치 및 사법체계만으로는 충분히 감당할 수 없는 관리상의 문제, 즉 시민의 권리, 외국인의 정주 요구, 국경 간 범죄 등의 문제를 가져오기도 했다. 둘째, 점점 더 많은 EU 역외 국가 출신자들이 국경을 넘어 EU 역내로 들어오려 하거나 혹은 역내 정주하려는 상황에 대한 우려가 점증하고 있었다. 이민, 망명 및 비자 관리에 관한 더욱 긴밀한 공동의 정책이 필요하다는 인식이 생겨나게 되었는데, 이는 무엇보다 2004년과 2007년에 이르는 동유럽 확대 과정에서 허술한 동유럽 경계와 더불어 관리가 제대로 되고 있지 못한 남유럽 경계와도 관계가 있었다. 특히 이 문제가 2002년 6월 스페인 세비야에서 열린 유럽이사회 정상회담에서 주요 주제로 다뤄졌고, 다음과 같은 일련의 패키지 안들에 대한 정치적 합의가 이루어졌다. 즉 출입국관리원의 네트워크 창설을 포함해 국경통제를 위한 회원국 간 협력강화, 역외 국가에 대한 재정 및 기술적 지원을 위한 EU 차원의 준비, 그와 더불어 협력이 부진하면 긴밀한 유대 형성에도 지장이 초래될 수 있음을 이들 국가에게 명확히 알림으로써 불법 이민과 관련해 그들과의 협력 강화, 그리고 망명 신청을 더욱 어렵게 하도록 더블린 협약의 법적 구속력을 강화하는 안들을 채택하도록 각료에게 지시를 발동하기로 하는 등이 그것이었다. 셋째, 2001년 9월 11일 미국과 그 이후 유럽에서 있은 테러 공격 등 서방 세계를 향한 국제 테러조직의 공격 및 그 위협이었다. 테러에 대한 위협으로 범죄인 인도에 걸리는 기나긴 본국송환절차를 대체해 역내 어디서든지 체포영장 발부를 가능케 하는 등 다수의 테러방지조치들이 채택되었다.

특히 미국에 대한 9·11 공격은 EU회원국 정부들로 하여금 EU 역내 국경해체에 따른 잠재적 위협에 대처해야 할 필요성을 절박하게 인식시켰고, 따라서 역외국경관리를 강화해야 할 필요성 또한 더욱 분명해졌다. 그 결과 2004년 유럽이사회는 탐페레 프로그램의 후속으로 2005년부터 2009년을 기간으로 한 헤이그 프로그램을 채택하여 EU가 우선해야 할 10가지 정책사항을 확정했다. 그 내용으로 기본권 및 시민권의 강화, 테러리즘에 대한 종합적 대응, 합법 및 불법이민 대처에 있어 균형 잡힌 접근법의 개발, EU 역외국경의 통합적 관리, 공동의 망명절차 수립, 이민자 단체의 통합을 위한 개선책 마련, 조직범죄에 대처하기 위한 전략적 방안 마련 등이 들어 있었다. 요컨대 헤이그 프로그램은 이전과 달리 안전 문제를 최우선으로 한 것이었다.

그렇지만 헤이그 프로그램은 이전과 다른 혁신적 프로그램이라기보다는 대부분이 기존에 개발된 정책을 완성하기 위한 것이거나 또는 연장한 것이었다. EU 차원의 통합된 망명정책 신설, 유럽경찰국에 의한 범죄위협평가, 쉥겐정보시스템의 강화 등이 그 예였다. 또한 제도적인 차원에서도 헤이그 프로그램은 실천되지 못한 공약, 즉 '자유, 안전, 사법 지대' 관련 입법의 상당량을 각료이사회의 만장일치에 의하는 자문절차에서 가중다수제의 공동결정절차로 변경하기로 한 공약이 재차 언급되어 있었다. 하지만 결과적으로 이 공약은 2004년 12월 회원국들의 실천을 통해 이행되어, 2005년 1월 이래로 역외국경통제, 시민법 협력에 관한 일부 사항들이 공동결정절차를 따라 각료이사회에서 가중다수제로 결정되기에 이르렀다.

2009년 12월 발효된 리스본 조약에 의해 그리고 지주구조가 사실상 폐지됨으로써 내무사법협력은 마침내 EU정책의 주류로 편입되었다. 그리고 그 해당 문제와 관련해 정부간주의 결정방식도 마감되었다. 왜냐하면 제3지주로 남아있던 '형사문제에서 경찰사법공조에 관한 조항들'이 리스본 조약에 의해 제1지주 즉, 유럽공동체 설립조약에서 명칭이 변경된 유럽연합운영조약(Treaty on the Functioning of the European Union: TFEU) 안에 포함되어, '자유, 안전, 사법지대'라는 명칭의 신설된 타이틀(Title Ⅴ) 속에 자리를 잡았기 때문이다. 이에 따라 내무사법협력 분야에서 공동체 방법이 의사결정방식이 되었고, 소수 정책 영역을 제외하고 모든 것이 각료이사회에서 가중다수제로 결정되기에 이르렀다. 따라서 리스본 조약은 암스테르담 개정 조약 이후로 내무사법협력 분야에서 의사결정방식과 관련해 정부간주의에서 초국가주의로의 변경을 가져온 중대한 진전을 뜻했다.

그렇다고 해서 이것이 현재 동 분야에서 단일 유럽정책이 존재하고 있음을 의미하지는 않는다. 영국과 아일랜드 및 덴마크가 쉥겐 협정과 관련해 아직도 선택적 탈퇴를 보유하고 있기 때문이다. 특히 영국은 '자유, 안전, 사법지대'의 타이틀 아래 주류화된 내무사법협력 분야에서 가중다수제로 법률이 제정되는 EU의 권한 확대에 완강히 저항했다. 유럽대륙 국가들과 상이한 자국 사법체계에 미칠 결과에 대한 우려가 그 한 이유였고, 정치권에서 격론을 불러온 국가주권의 상실에 대한 우려가 또 다른 이유였다. 그 때문에 영국은 쉥겐 협정의 선택적 탈퇴와 같은 특수 지위의 확인과 그 연장을 강력히 요구했다. 이를 반영해 리스본 조약은 '자유, 안전, 사법지대'의 창설을 위한 방안과 관련해 모든 회원국의 필수적 가입을 의무화하지는 않았다. 특히 리스본 조약은 쉥겐 협정의 비가입국인 덴마크, 영국, 아일랜드의 입장을 고려해 다음과 같은 방식을 확정했다.

첫째, '자유, 안전, 사법지대'를 위한 입법 조치가 자국의 사법체계에 영향을 미칠 경우 어느 국가든지 조치의 중지를 요구할 수 있다. 그리고 이와 관련해 유럽이사회에 자문을 구하고, 만일 타협점을 찾을 수 없다면 해당 회원국은 그 조치로부터 선택적 탈퇴를 받을 수 있다. 다른 나머지 회원국은 강화된 협력절차(enhanced cooperation procedure)를 이용해 그 입법 조치를 계속 추진할 수 있도록 했다. 둘째, 덴마크, 아일랜드, 영국은 '자유, 안전, 사법지대'에 속하는 해당 사항에서 특수 지위를 계속 보유할 수 있게 했다. 그에 따라 이 3개 국가들은 국경, 이민, 망명문제를 포함해 쉥겐 체제를 강화하기 위한 조치들에 참여나 불참 여부를 결정할 수 있고, 나아가 '자유, 안전, 사법지대'의 창설을 위한 신규 조치들에 대해서도 선택적으로 참여하거나 그 불참을 결정할 수 있게 했다. 이와 같이 완강한 저항국을 우회할 수 있는 방안이 마련됨으로써 회원국 간 내무사법협력에서 관련 법안의 준비와 실행 방안에 속도를 높일 수 있는 길이 열리게 되었다.

한편 리스본 조약에서 정한 '자유, 안전, 사법지대'의 창설과 관련된 내무사법협력의 실행력을 높이기 위해 헤이그 프로그램의 후속작으로 2009년 12월 유럽이사회에서 스톡홀름 프로그램이 발표되었다. 스톡홀름 프로그램은 2010년부터 2014년까지를 그 기간으로 한 것으로 국경통제 없이 쉥겐 지대 어디에서나 안전한 자유로운 이동을 가능하게 함으로써 EU 시민들이 유럽통합의 편익을 누릴 수 있어야 한다는 유럽집행위원회의 의중을 반영한 것이었다. 이를 위해 집행위원회는 아래와 같은 4가지 과제를 우선 사항으로 정했다. 첫째, '권리의 유럽(Europe of Rights)', 즉 리스본 조약에 편입된 유럽기본권헌장에 입각한 기본적 권리들이 보호되는 단일 지대로서의 '자유, 안전, 사법지대'가 되어야 하고, 그럼으로써 유럽 시민권이 가시적인 실체가 되어야 한다. 둘째, '정의의 유럽(Europe of Justice)', 즉 EU 시민들이 EU 어디서나 쉽게 법에 호소할 수 있게 함으로써 자신의 권리를 역내 어디서나 행사할 수 있게 해야 한다. 셋째, '보호를 제공하는 유럽(Europe that protects)', 즉 EU 시민의 생명과 안전을 보호하고 조직범죄와 테러 및 기타 위협에 대처하기 위해 EU를 둘러싼 역외 국경을 강화하고 법 집행 및 경찰력 행사에서 협력을 높이도록 한다. 넷째, '연대하는 유럽(Europe of solidarity)', 곧 EU 역외 국가들과의 공조는 물론이고 이민망명문제와 관련해 회원국 간 연대를 강화한다는 것이었다.

전반적으로 안전에 방점을 둔 이 스톡홀름 프로그램의 구체화를 위해 집행위원회는 2010년 초에 정밀한 세부 안들의 작성에 돌입했다. 그 결과 2010년 안에 정보시스템 침해범죄에 관한 지침을 마련하고 2012년까지 명의도용 범죄관련 법안을 제출하기로 했다. 또한 2010년 안으로 법 집행과 시민보호를 위한 협력 강화를 위한 포괄적인 치안전략의 수립과 계절적 취업 및 업무상 여타 회원국을 방문 또는 체류하는 제3국인의 입출국 및 체류조건을 명확히 하는 법안을 제출하기로 했다. 나아가 EU 시민을 위한 보호 강화 방안의 모색과 더불어 회원국 시민들 간의 결혼이나 사업 등에서의 불편을 해소하기 위해 2013년 안으로 회원국 민법의 상호인정에 관한 법안을 제출할 계획에 있다. 이러한 구체적 실행안과 더불어 집행위원회 자체적으로도 내부 조직 개편이 단행되어 1999년 신설되고 이후 '사법, 자유, 안전' 총국으로 명칭이 변경된 내무사법총국이 2010년에 2개의 별도 총국으로 분리되었다. 즉 EU의 자유, 안전, 사법 지대의 발전과 강화를 책임지는 사법총국(Justice DG, 정식 명칭은 Justice, Fundamental Rights and Citizenship)과 안전과 이민문제를 전담하는 내무총국(Home Affairs DG)이 그것이었다.

내무사법협력 분야는 유럽이사회와 유럽의회 논의 의제에서 더욱 중심을 차지하게 되면서 앞으로도 역동적이고 그 발전의 속도가 빠른 EU의 활동 분야에 속할 것으로 보인다. 그 이유는 리스본 조약이 실행되면서 내무사법에서 입법 활동이 강화되고 새로운 의사결정규칙에 맞게 재포장되어 일사분란하게 행사되어 오고 있기 때문이다. 그러나 불법이민과 테러방지조치를 위해 내무사법 분야에서 등장하는 일련의 입법 활동과 공동체 결정방식이 시민 권리에 미칠 영향에 대한 관심도 유럽 사회 일각의 시민단체에 의해서 조심스럽게 제기되고 있다. 요컨대 리스본 조약에 따라 적어도 내무사법 분야에서의 입법 활동 역시 더욱 더 민주적 감시의 대상이 되어야 한다는 점에서이다. 아직은 내무사법 분야에서의 입법 활동이 연합 차원에서 민주적 감시 및 통제를 위한 과제로 부각되고 있지는 못하지만, 앞으로 EU의 과제는 내무사법 분야에서의 회원국 간 협력 못지않게 개방과 감시 강화 사이에서 적절한 균형을 잡는 일이 될 것으로 보인다.

참고문헌

노명환 · 이선필 (2010), 유럽통합사, 높이깊이.

이무성 · 이선필 · 송병준 · 이종서 (2012), 유럽연합의 정체성 Ⅲ: 역사·제도·행위자·정책, 높이깊이.

이종서 (2011), "리스본조약과 공동통상정책: EU의 권한 변화를 중심으로, 『EU연구』, pp. 33-68.

송병준 (2012), 유럽연합 기구와 시스템, 높이깊이.

송병준 (2009), 유럽화, 높이깊이.

송병준 (2009), 유럽연합 지역정책의 이해, 높이깊이.

Bache, Ian, Stephen George and Simon Bulmer (2011), Politics in the European Union 3rd., Oxford University Press.

Cini, Michelle and Nieves Perez-Solorzano Borragan (2010), European Union Politics 3rd., Oxford University Press.

Corbeat et al. (2011), The European Parliament 8th., London, John Harper.

Dinan, Desmond (2010), Ever Closer Union: An Introduction to European Integration 4th., Lynne Rienner Publishers.

Dick, Leonard (2010), Guide to the European Union 10th., Ingram Pub Services.

Egenhofer, Christian (2011), The Ever-Changing Union: An Introduction to the History, Institutions and Decision-Making Process of the European Union 2nd., Center for European Policy Studies.

Foster, A. and Wallace, W. (2000), Common Foreign and Security Policy, in H. Wallace and W. Wallace, Policy-Making in the European Union, 4th ed., Oxford University Press, 461-491.

Hardacre, Alan ed. (2011), How the EU Institutions Work and How to Work with the EU Institutions, London, John Harper.

Hix, Simon (2008), What's Wrong with the European Union and How to Fix It, Blackwell.

Lelieveldt, Herman and Sebastiaan Princen (2011), The Politics of the European Union, Cambridge University Press.

Martin, Reichard (2006), The EU-NATO Relationship: A Legal And Political Perspective, Ashgate Publishing.

McCormick, John (2011), European Union Politics, Palgrave Macmillan.

McCormick, John (2011), Understanding the European Union 5th., Palgrave Macmillan.

Monar, J. and Wessels, W. (2001), The European Union After the Amsterdam Treaty, Continuum.

Nugent, Neill (2010), The Government and Politics of the European Union 7th., Palgrave.

Wallace, Helen, Mark A. Pollack and Asasdair R. Young (2010), Policy-Making in the European Union 6th., Oxford University Press.

찾아보기

ㄱ

ㄹ

ㅁ

ㅂ

ㅅ

ㅇ

ㅈ

ㅊ

ㅋ

ㅌ

ㅍ

G

V

유럽통합 연표

1946년 09월 19일	처칠의 취리히 연설
1947년 06월 05일	마샬플랜(Marshall Plan) 발표
1948년 03월 17일	브뤼셀조약 서명-서구연합(Western Union) 탄생
1948년 04월 16일	유럽경제협력기구(OEEC) 결성
1949년 04월 04일	대서양조약(Atlantic Pact) 서명
05월 05일	유럽평의회(Council of Europe) 창설
1950년 05월 09일	슈만플랜(Schuman Plan) 발표
10월 24일	플레벤플랜(Pleven Plan) 발표
1951년 04월 18일	유럽석탄철강공동체(ECSC) 창설 조약 체결
1952년 05월 27일	유럽방위공동체(EDC) 창설 조약 체결
1954년 08월 30일	프랑스 의회의 EDC 조약 비준 거부
10월 23일	서유럽동맹(WEU) 탄생
1955년 06월 1-2일	메시나(Messina) 외무장관 회담 개최
1957년 03월 25일	로마조약 서명
1958년 01월 01일	로마조약 발효
1959년 01월 01일	EEC 첫 관세인하 조치로 역내관세 10% 감축
1960년 01월 04일	스톡홀름에서 유럽자유무역협정(EFTA) 서명
07월 01일	EEC 두 번째 관세 인하
12월 14일	OECD 창설
1961년 01월 01일	EEC 세 번째 관세 인하
07월~08월	아일랜드, 덴마크, 영국의 EEC 가입 지원
1962년 01월 01일	관세동맹 형성 제2단계 돌입
11월 01일	그리스와 연합협정 체결
1963년 01월 14일	영국 가입협상에 대한 드골의 비토권 행사
01월 29일	프랑스-독일 우호조약(엘리제조약) 체결, 영국 가입협상 종결
07월 20일	야운데협정(Yaoundé Convention) 서명

1964년 07월 06일	EEC 각료이사회에서 프랑스 대표단의 철수로 공석위기 발생
1966년 01월 29일	룩셈부르크 타협
1967년 05월 10-11일	영국, 아일랜드, 덴마크 두 번째 EEC 가입 신청
07월 01일	기존 3개 공동체 기구 통합
11월	영국 가입에 대한 프랑스의 두 번째 거부
1968년 07월 01일	EEC 내 관세 철폐로 관세동맹 완성
1969년 12월 1-2일	헤이그 정상회담에서 영국가입에 대한 프랑스의 반대 철회
1970년 05월 29일	3개 공동체 단일위원회 형성
1972년 01월 22일	영국, 아일랜드, 덴마크 및 노르웨이 유럽공동체 가입조약 서명
07월 22일	EEC-EFTA 자유무역협정 체결
09월 25일	노르웨이 EEC 가입을 위한 국민투표 부결
1973년 01월 01일	영국, 아일랜드, 덴마크의 가입으로 EEC 9개국으로 확대
1974년 04월 01일	영국의 공동체 가입 조건 재협상 요구
1975년 02월 28일	로메협정(Rome Convention) 체결(1976년 4월 1일 발효)
1976년 01월 01일	틴더만 보고서 제출
1977년 07월 28일	스페인 EEC 가입 신청
12월 31일	신규 3개 회원국의 과도기 종식
1979년 03월 13일	유럽통화제도(EMS) 형성. ECU를 정산단위로 채택
06월 7-10일	유럽의회 최초의 직접선거 실시
1981년 01월 01일	그리스의 가입으로 EEC 10개국으로 확대
1984년 02월 14일	유럽의회가 스피넬리 주도의 유럽연합 조약안 채택
1985년 01월 07일	들로르(J. Delors) 집행위원장 취임
06월 12일	스페인과 포르투갈 EEC 가입조약 체결
12월 2-3일	단일유럽의정서(SEA) 채택
1986년 01월 01일	스페인과 포르투갈의 가입으로 EEC 12개국으로 확대
02월 17-18일	단일유럽의정서 서명
1987년 07월 01일	단일유럽의정서(SEA) 발효
1988년 02월 11-13일	브뤼셀 유럽이사회에서 경제통화동맹을 담은 들로르 패키지 채택
1989년 01월 06일	들로르 집행위원장 재선
11월 9-10일	베를린장벽 붕괴

1990년 06월 19일	독일, 프랑스, 벨기에, 네덜란드, 룩셈부르크 5개국 쉥겐협정 체결
07월 01일	EMU 형성을 위한 1단계 계획 돌입(자본의 자유이동 발효)
10월 03일	독일의 재통합으로 유럽공동체에 구 동독 편입
1991년 06월 25일	구 유고연방으로부터 크로아티아와 슬로베니아 독립
07월 01일	바르샤바 조약기구 해체
10월 22일	EC-EFTA 간 유럽경제지대(EEA) 형성 합의
12월 9-10일	마스트리히트 유럽이사회 개최
1992년 02월 07일	마스트리히트조약 서명
05월 02일	EFTA-EC 간 유럽경제지대(EEA) 창설
06월 02일	덴마크 국민투표에서 마스트리히트조약 거부
09월 17일	이탈리아, 영국의 유럽통화제도(EMS) 탈퇴
1993년 01월 01일	유럽단일시장 완성
05월 18일	덴마크 2차 국민투표에서 수정된 마스트리히트조약 승인
11월 01일	마스트리히트조약 발효로 유럽공동체(EC)를 유럽연합(EU)으로 개칭
1994년 01월 01일	유럽통화기구(EMI) 형성과 유럽통화동맹 2단계 시작
1994년 03월 16일	오스트리아, 핀란드, 노르웨이, 스웨덴 가입 합의
1995년 01월 01일	오스트리아, 핀란드, 스웨덴 가입으로 EU 15개국으로 확대
03월 26일	쉥겐협정 발효
12월 15일	유럽의 단일통화로 유로(Euro)를 결정
1996년 03월 27일	전 유럽에서 광우병 파동
12월 13일	안정과 성장협약 체결
1997년 10월 02일	암스테르담조약 서명(1999년 5월 1일 발효)
1998년 06월 01일	유럽중앙은행(ECB) 창설
1999년 01월 01일	단일통화인 유로화(EURO) 탄생
01월 12일	유럽의회의 집행위원장 불신임
05월 01일	암스테르담조약 발효
12월 10일	헬싱키 유럽이사회 개최, 동유럽 국가와 가입협상 개시 결정
2000년 12월 07일	유럽이사회에서 니스조약 합의
2001년 01월 02일	그리스가 12번째 Euro Zone 가입
02월 26일	니스조약 서명(2003년 2월 1일 발효)
03월 15일	유럽미래회의 개최

2002년 01월 01일	EU 12개 회원국에서 Euro화 통용 시작
02월 28일	Euro가 유럽연합 12개국에서 공식화폐로 통용(구권화폐 병용 종료)
07월 23일	ECSC조약 50년 기한 만료로 ECSC 기능의 공동체 이관
12월 12일	코펜하겐 유럽이사회에서 동유럽 10개 받아들이기로 결정
2003년 04월 09일	유럽의회는 폴란드를 위시한 10개국의 유럽연합 가입 승인
10월 04일	로마 유럽이사회에서 유럽헌법안 논의
2004년 05월 01일	중·동유럽 10개국 유럽연합 가입
2005년 05월 29일	프랑스 국민투표에서 유럽헌법 부결
06월 01일	네덜란드 국민투표에서 유럽헌법 부결
2007년 01월 01일	슬로베니아 유로화 도입
12월 13일	유럽연합의 제도 개혁을 위한 리스본조약 서명
2008년 01월 01일	사이프러스, 몰타 유로화 도입
2008년 06월	아일랜드에서 리스본조약 부결
2009년 10월	아일랜드에서 리스본조약 승인

집필진

장붕익

한국외국어대학교 네덜란드어과 교수
한국외국어대학교 EU연구소(HUFS-HRI EU Center) 소장
네덜란드 레이덴 대학교 Doctorandus

김용민

한국외국어대학교 정치학과 졸업
영국 엑스터 대학교 졸업

김일곤

한국외국어대학교 졸업
한국외국어대학교 대학원 정치외교학과 졸업

송병준

한국외국어대학교 연구교수
한국외국어대학교 국제관계학 박사

이선필

한국외국어대학교 EU연구소 연구교수
이탈리아 로마대학교 국제정치학 박사

유럽연합 : 연속성과 정체성

초판 인쇄 2013년 2월 10일
초판 발행 2013년 2월 20일

지 은 이 장붕익, 김용민, 김일곤, 송병준, 이선필
발 행 인 박 철
발 행 처 한국외국어대학교 출판부
130-791 서울특별시 동대문구 이문로 107
전화 02)2173-2495~7
FAX 02)2173-3363
홈페이지 http://press.hufs.ac.kr
전자우편 press@hufs.ac.kr
출판등록 제6-6호(1969. 4. 30)
편집·디자인 (주)이환디앤비 02)2254-4301
인쇄·제본 SM C&P 02)468-6100

ISBN 978-89-7464-754-4 94920 정가 14,000원
ISBN 978-89-7464-691-2 (세트)

[EU연구소 유럽연합총서 2]

HUEBOOKs는 한국외국어대학교출판부의 인문학도서 Sub Brand이다. 한국외대의 영문명인 HUFS, 사람을 위하는 Humanism, 교육의 Education, 색조의 Hue의 다의적인 뜻으로 해석할 수 있으며, 인문학 도서 출판에 대한 의지가 담겨있다.